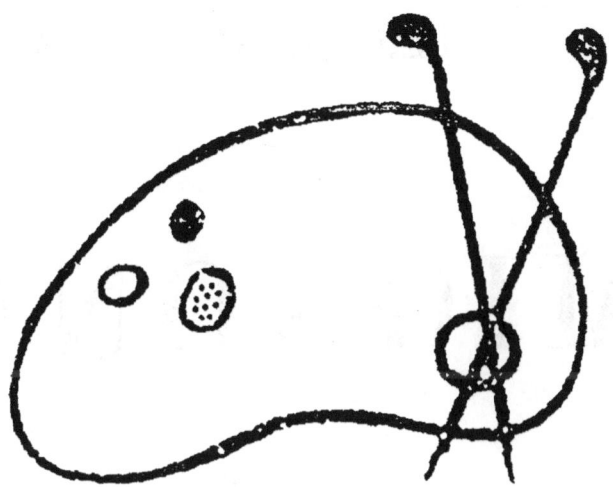

Début d'une série de documents
en couleur

COLLECTION A 1 FR. LE VOLUME

LES PÉCHERESSES

MIGNONNE

PAR

XAVIER DE MONTÉPIN

A. Boeswillwald
Directeur
9, RUE DE VERNEUIL, 9
PARIS

A LA MÊME LIBRAIRIE

ÉDOUARD MONTAGNE
HISTOIRE DE LA SOCIÉTÉ DES GENS DE LETTRES
Préface de Jules Claretie.

1 beau volume in-8° raisin, 12 portraits..... 10, 12 et 14 fr.
Tiré sur Hollande............................. 25 »
Tiré sur Japon............................... 35 »

Émile SECOND
Feux et Flammes. Souvenirs de garnison. 1 beau volume, imprimé avec luxe, tirage en couleur, 8 compositions hors texte et couverture de Félix Régamey.... 5 fr.

BIBLIOTHÈQUE MONDAINE à 3 fr. 50

Charles CHINCHOLLE
La Grande Prêtresse. Grand roman parisien.

Alph. de CALONNE
Bérengère. Roman de mœurs.

Jean DESTREM
Drames en cinq minutes. Nouvelles, elzévir.

Joseph MONTET
Salade russe. Nouvelles. Beau volume elzévir.

Eugène GUYON
La Donna è mobile. Grand roman parisien.

André VALDÈS
Lélia Montaldi. Roman de mœurs exotiques.

Henri DEMESSE
La Vénus de bronze. 1 fort volume.

Raoul POSTEL
Jeanne d'Arc.

Vont paraître :

Georges RÉGNAL
Monsieur le Docteur. Etude parisienne.

André VALDÈS
L'Opprobre. Roman de mœurs.

A. SIRVEN et A. SIÉGEL
Sans feu ni lieu. Roman de mœurs.

R. POSTEL et G. RIDLER
Au Secret. Roman de mœurs judiciaires.

Jules de GASTYNE
Le Drame des Chartrons. Roman d'aventures.

Paul d'ABREST
Vienne sous François-Joseph. Précis historique.

Joseph MONTET
Hors les murs. Nouvelles champêtres illustrées par Frédéric Régamey.................................. 5 fr.

Paris. — Imprimerie G. Rougier et Cie, 1, rue Cassette.

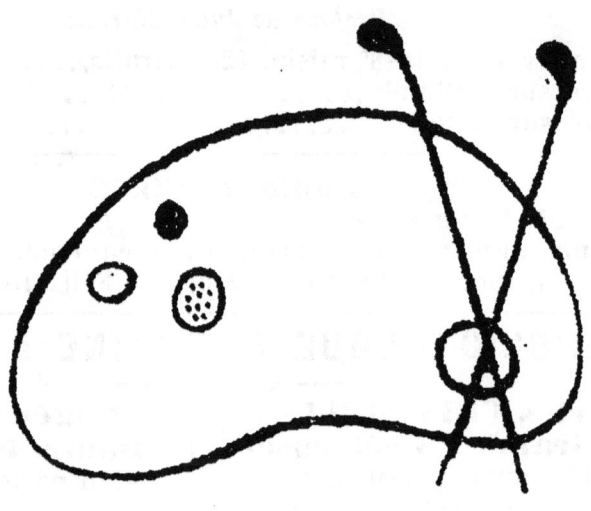

Fin d'une série de documents en couleur

MIGNONNE

OUVRAGES DE XAVIER DE MONTÉPIN

1 FRANC LE VOLUME, 1 FRANC 25 (FRANCO)

LES VIVEURS DE PARIS.	4 vol.
LES CHEVALIERS DU LANSQUENET	4 —
UN BRÉLAN DE DAMES.	1 —
LA SYRÈNE	1 —
LES VIVEURS D'AUTREFOIS	1 —
LES VALETS DE CŒUR	1 —
SOEUR SUZANNE.	2 —
LES AMOURS D'UN FOU	1 —
GENEVIÈVE GAILLOT	1 —
L'OFFICIER DE FORTUNE.	2 —
LA COMTESSE MARIE.	2 —
PIVOINE.	1 —
MIGNONNE	1 —
LES VIVEURS DE PROVINCE.	3 —
LA PERLE DU PALAIS-ROYAL.	1 —
LA FILLE DU MAITRE D'ÉCOLE.	1 —
COMPÈRE LEROUX.	1 —

Paris. — Imprimerie G. Rougier et Cie, rue Cassette, 1.

LES PÉCHERESSES

MIGNONNE

PAR

XAVIER DE MONTÉPIN

A. Bœswillwald
Directeur
9, RUE DE VERNEUIL, 9
PARIS

(C.)

MIGNONNE

PREMIÈRE PARTIE

UN AMOUR CHAMPÊTRE

I

UN SOUPER DE FAMILLE.

— Madame la baronne est servie, dit un domestique en ouvrant la porte du salon.

En ce moment huit heures du soir sonnaient à la pendule d'écaille rouge aux incrustations de cuivre, qui trônait sur la cheminée entre deux potiches de vieux Chine et deux candélabres en cuivre doré, de forme Pompadour.

Ceci se passait vers la fin du mois de septembre, dans le vieux château de Saint-André, situé au fond des montagnes du Jura.

Trois personnes étaient réunies dans le salon, vaste pièce pourvue d'un antique mobilier.

Ces trois personnes étaient le baron Hercule de Saint-André, la baronne Arthémise, sa femme, et le curé du village.

Le baron avait soixante-dix ans environ, trente mille livres de rente et la croix de Saint-Louis.

La baronne, de dix ans moins âgée que son mari, conservait encore quelques traces d'une très-remarquable beauté.

Enfin l'abbé Brigogne, le curé de la paroisse, était un beau et digne vieillard, à la figure douce et vénérable.

La soirée avait été fraîche.

Un grand feu de bois de hêtre et de pommes de pin pétillait joyeusement dans la cheminée.

Un domestique, avons-nous dit, venait d'annoncer que la baronne était servie.

Nos trois personnages se levèrent.

— Jean, dit madame de Saint-André au valet, avez-vous averti mon fils?

— Non, madame la baronne.

— Pourquoi donc?

— Je crois que M. Charles n'est pas rentré.

— Peut-être vous trompez-vous? Montez chez lui.

— Oui, madame.

Le domestique sortit.

— Messieurs, dit alors la baronne de Saint-André, le souper nous attend, et je vous montre le chemin.

La baronne passa la première. Les deux hommes la suivirent.

La salle à manger, suffisamment éclairée par des lampes posées aux deux bouts de la table, était boisée en chêne sculpté noirci par le temps.

Des chaises du même bois, à pieds contournés, recouvertes de cuir gauffré, complétaient l'ameublement avec un grand buffet plus moderne, chargé de vaisselle et d'argenterie.

La table était servie avec abondance et même avec luxe.

Autour de cette table il y avait quatre couverts.

Le curé prononça le *Benedicite* à haute voix.

— *Amen*, dirent ensemble le baron et sa femme.

Puis tous les trois s'assirent.

En ce moment le domestique entra.

— Eh bien? lui demanda madame de Saint-André.

— M. Charles n'est point dans sa chambre, répondit le valet.

— Savez-vous à quel heure il est sorti?

— J'ai vu M. Charles quitter le château vers une heure ou une heure et demie.

— A cheval?

— Non, madame la baronne, à pied.

— Avait-il son fusil?

— Oui, madame, et ses deux chiens *Mars* et *Tambelle*.

— Il va rentrer sans doute, se dit à elle-même madame de Saint-André. Puis elle ajouta presque aussitôt :

— Monsieur l'abbé, vous offrirai-je une tranche de ce filet de bœuf?

— Volontiers, répondit le curé en tendant son assiette.

Le souper commença.

Pendant un instant, toute conversation fut interrompue par le bruit continu des couteaux et des fourchettes.

Peut-être nos lecteurs s'étonnent-ils de n'avoir point entendu jusqu'à présent M. le baron de Saint-André prononcer une seule parole.

Il est bon de leur apprendre qu'un pareil silence entrait complétement dans les habitudes du bon vieillard.

M. de Saint-André, doué d'un cœur excellent mais d'une intelligence des plus bornées, jouait dans son ménage un rôle complétement passif.

Depuis son mariage, il s'était accoutumé à laisser sa femme agir, penser et parler pour lui.

L'inaction et en quelque sorte la somnolence intellectuelle étaient devenues pour lui une seconde nature.

Hâtons-nous d'ajouter que la baronne Arthémise, femme d'un vrai mérite et d'un grand bon sens, tenait d'une main ferme le sceptre de sa royauté intérieure.

Les deux époux étaient unis d'ailleurs par trente années d'une vie commune, exempte de tout orage, et par une égale adoration pour Charles de Saint-André, leur fils unique.

La baronne fut la première à rompre le silence.

— Monsieur l'abbé, dit-elle, savez-vous que je suis inquiète au sujet de mon fils?

— Au sujet de son absence? demanda l'ecclésiastique.

— Non, c'est un retard et voilà tout. Ce qui me tourmente, monsieur l'abbé, ce qui me préoccupe, c'est le changement survenu dans la manière d'être et dans les habitudes de Charles.

— Je ne l'ai pas remarqué...

— Le changement dont je parle?... il est cependant bien sensible... Depuis deux mois à peu près, mon fils est sombre, préoccupé, soucieux, il a des tristesses soudaines, dont il ne peut ou dont il ne veut pas expliquer le motif. Quand on lui parle, il ne répond qu'à peine, comme s'il n'avait pas écouté, ou comme s'il n'avait point compris. Enfin il passe au dehors la plus grande partie de ses journées, et je soupçonne fort la chasse de n'être qu'un prétexte, car Charles, si habile chasseur d'ordinaire, ne rapporte plus de ses excursions la moindre pièce de gibier... Que dites-vous de tout cela, monsieur l'abbé?

— Je dis... je dis... que je ne sais que dire.

— Ainsi, de toutes les circonstances que je viens de mettre sous vos yeux, vous ne tirez aucune conséquence?

— Aucune.

— Eh bien! moi, je crois ou plutôt je crains...

La baronne s'interrompit.

— Quoi donc? demanda le curé.

— Je crains que Charles ne soit amoureux.

— Amoureux! s'écria le pasteur avec un brusque haut-le-corps.

— Mon Dieu! oui.

— Et de qui, grand Dieu?

— Pour cela, je l'ignore.

— Mais réfléchissez donc, madame la baronne!... votre supposition me paraît complètement dénuée de toute espèce de vraisemblance.

— Pourquoi donc, monsieur l'abbé?

— A trois ou quatre lieues à la ronde, il n'y a pas dans les châteaux avoisinants une seule jeune fille noble...

La baronne sourit malgré elle.

— Eh! qu'importe cela, monsieur l'abbé? demanda-t-elle avec une légère ironie dans la voix.

— Comment, qu'importe cela? répliqua le vieux prêtre. Supposeriez-vous donc que M. Charles pût seulement jeter les yeux sur quelque paysanne?...

— Mon Dieu, monsieur l'abbé, Charles a vingt-deux ans; à cet âge, le cœur ne s'inquiète guère des distances sociales.

— Mais la morale, madame la baronne...

— Je sais à merveille que les mœurs de Charles sont irréprochables, aussi je n'admets point la possibilité d'une liaison coupable, je redoute seulement une inclination imprudente.

1.

— Rien n'est plus dangereux, en effet, madame la baronne.

— Comment faire pour m'assurer que mes soupçons sont fondés?

— Ne pourrait-on épier adroitement les actions de monsieur votre fils?

— Sans doute ; mais l'espionnage me répugne, et d'ailleurs, Charles ne me le pardonnerait pas.

— Alors, en le questionnant adroitement.

— Répondrait-il?

— Je n'en sais rien...

— Et moi, je ne le crois pas.

— Quelle est à ce sujet l'opinion de monsieur le baron? demanda l'abbé.

Le baron posa méthodiquement sur son assiette la cuisse de perdreau qu'il était en train de sucer, et répondit après avoir réfléchi pendant un instant :

— Oh! moi, je suis complétement de l'avis de ma femme.

En ce moment le domestique posa sur la table un salmis de bécasse savamment accommodé.

Le parfum des épices et du gibier faisandé à point chatouilla d'une façon si agréable l'odorat des trois convives que la conversation fut interrompue pendant quelques minutes.

Il était alors neuf heures du soir.

— Mon Dieu! dit la baronne en renouant l'entretien, comme le temps passe et comme Charles se fait attendre!

— C'est extraordinaire, en effet, répondit l'abbé.

Un nouveau silence eut lieu.

La figure de madame de Saint-André exprimait un commencement d'inquiétude...

Tout d'un coup le valet rentra précipitamment dans la salle à manger.

Il avait l'air effaré et les yeux hagards.

— Qu'y a-t-il, Jean, qu'y a-t-il? lui demanda la baronne.

— Rien... rien... il n'y a rien, madame la baronne... répondit le domestique d'une voix entrecoupée.

Puis il s'approcha du curé auquel il dit quelques mots tout bas.

Le vieux prêtre tressaillit et devint très-pâle.

Il se leva et quitta la salle à manger en balbutiant :

— Veuillez m'excuser, madame, et vous aussi, monsieur le baron. On me fait demander pour une affaire... urgente... dans un instant je vais revenir...

— C'est étrange! dit madame de Saint-André qui fit un mouvement pour suivre le prêtre.

— Au nom du ciel! s'écria le vieux domestique en se jetant au-devant de sa maîtresse avec angoisse et épouvante. Au nom du ciel! madame, ne sortez pas!... ne sortez pas!...

II

UNE CATASTROPHE.

Au bout d'un instant, l'abbé Brigogne rentra dans la pièce qu'il venait de quitter.

Sa pâleur était devenue livide.

La baronne, vaincue par une émotion instinctive, avait senti ses jambes fléchir sous le poids de son corps et s'était laissé tomber sur un siége.

Le curé vint à elle et lui prit la main.

La baronne leva les yeux sur lui avec une expression d'effroi.

— Du courage... murmura l'abbé... du courage.

— Du courage... répéta madame de Saint-André, et pourquoi?

— Votre fils... monsieur Charles...

La baronne bondit.

— Il est arrivé malheur à mon fils!... s'écria-t-elle.

L'abbé fit de la tête un signe affirmatif.

— Il est mort, peut-être? demanda la pauvre mère avec un accent déchirant.

— Non, grâce au ciel!

— Il est blessé, du moins?

— Oui.

— Dangereusement?

— J'espère que non.

— Où est-il?

— Là.

Et le geste de l'abbé désigna l'antichambre.

— Venez, s'écria la baronne en se précipitant au dehors, venez!

Le baron les suivit, silencieux, mais désespéré.

Un terrible spectacle les attendait dans la première pièce.

Sur le parquet, gisait une sorte de civière, improvisée avec des branches fraîchement coupées.

Deux chaises supportaient le corps inanimé d'un jeune homme.

Les bras de ce jeune homme pendaient inertes jusqu'à terre.

Ses cheveux en désordre couvraient son front et une partie de son visage.

A travers ses vêtements filtrait un petit ruisseau de sang qui rougissait le sol.

Deux grands chiens de chasse lui léchaient les mains en gémissant d'une façon lugubre.

Ce jeune homme était Charles de Saint-André.

— Il est mort! Mon fils est mort!... murmura la baronne en se jetant à genoux auprès du corps dont la vie venait peut-être de se retirer.

Le baron resta debout.

De grosses larmes roulèrent une à une sur ses joues.

— Espérons en Dieu!... dit l'abbé; peut-être le mal n'est-il pas sans remède.

— Oui... oui, répondit madame de Saint-André, espérons et prions...

Et, tout en parlant, elle déchira de ses mains tremblantes les vêtements qui couvraient la poitrine de son fils.

Un flot de sang jaillit et l'on put voir, au milieu des caillots figés, une plaie large et béante.

Madame de Saint-André s'évanouit.

Pour la première fois de sa vie, le baron fit preuve d'énergie.

— Jean, dit-il au domestique, montez à cheval et courez ventre à terre jusqu'à Pontarlier ; trouvez un chirurgien, donnez-lui votre monture et qu'il vienne ici sans perdre une seconde... la vie de mon fils en dépend peut-être... Allez!... allez!...

— Oui, monsieur le baron, s'écria le valet, je vais monter *Gizelle*, et dans moins d'une heure le chirurgien sera au château.

Tandis que ces quelques paroles s'échangeaient, madame de Saint-André avait repris connaissance.

Tout son sang-froid et toute sa présence d'esprit lui revinrent comme par enchantement.

Avec ce courage héroïque que Dieu ne donne qu'aux mères, elle baigna d'eau fraîche la poitrine trouée de son fils et elle appliqua sur la plaie un premier appareil.

Ensuite elle appuya sa main sur le cœur du blessé.

Ce cœur battait, mais si faiblement qu'on n'en pouvait qu'à grand'peine saisir les pulsations indistinctes.

Cependant Charles vivait encore.

Cette certitude apporta une consolation immense au pauvre cœur de la baronne.

Par ses ordres, on dressa en toute hâte un lit dans l'antichambre avec des matelas amoncelés, pour éviter un transport peut-être dangereux, et le corps toujours inanimé du jeune homme fut étendu sur cette couche improvisée.

Ensuite la baronne, un peu plus calme, put interroger les deux paysans qui avaient rapporté au château Charles de Saint-André mourant.

Ces braves gens, bûcherons de leur état, racontèrent

que, vers les trois heures de l'après-midi, comme ils étaient en train d'amonceler des fagots dans les bois, ils avaient vu le jeune homme passer non loin d'eux.

Il semblait excessivement préoccupé, car ses chiens ayant fait lever une volée de perdreaux, il ne s'était pas même arrêté pour leur envoyer un coup de fusil.

Quelques heures s'étaient écoulées, puis une lointaine détonation avait retenti dans le silence.

Comme cette détonation venait du côté par lequel Charles avait disparu, l'un des bûcherons avait dit à son compagnon :

— Il paraît que voilà monsieur Charles qui s'est décidé à entrer en chasse.

Puis il n'avait été plus question de rien entre les deux bûcherons, jusqu'au moment de se mettre en route, à la nuit tombante, pour revenir au village.

Ils avaient fait environ les deux tiers du chemin, quand il leur avait semblé entendre sur leur gauche, dans l'épaisseur du bois, des hurlements lugubres.

A leur approche, ces hurlements avaient redoublé. Il était évident que, pour un motif ou pour un autre, des chiens appelaient au secours avec la force de cet instinct qui équivaut presque à une intelligence humaine.

Les bûcherons marchèrent dans la direction du bruit.

Un chien s'élança du taillis.

Ce chien, qu'ils reconnurent pour un de ceux de Charles de Saint-André, sembla, par ses caresses et par la joie qu'il leur témoigna, les engager à le suivre.

Ce qu'ils firent avec d'autant plus d'ardeur, qu'ils commencèrent à deviner qu'il était arrivé quelque chose au jeune homme.

Ils ne se trompaient point.

A deux cents pas de là, dans une petite clairière, un

cadavre était étendu, la face contre terre et la poitrine baignée dans une mare de sang.

Les bûcherons s'étaient hâtés de fabriquer une civière avec des branches, de la mousse et des feuilles mortes, et de transporter au village le corps du pauvre garçon, victime d'un accident ou d'un assassinat.

Voilà tout ce qu'ils savaient.

Voilà tout ce qu'ils pouvaient dire.

§

Le bruit de l'événement sinistre que nous venons de raconter s'était rapidement répandu.

Déjà presque tous les paysans des environs encombraient la cour d'honneur, afin d'apprendre des nouvelles du blessé.

Le maire lui-même, venait de se rendre au château pour y procéder à une sorte d'enquête.

— Croyez-vous à un terrible hasard, ou croyez-vous à un crime? demanda-t-il à la baronne.

— Je ne saurais me prononcer, répondit cette dernière. A quel motif attribuer un crime!... mon pauvre Charles n'avait pas d'ennemis!

— En êtes-vous bien sûre!

— Autant qu'on peut l'être.

— C'est vous qui avez trouvé le corps? demanda alors l'officier ministériel à l'un des deux bûcherons.

— Oui, monsieur le maire.

— Où était le fusil de M. Charles?

— Par terre, à cinq ou six pas en avant.

— Qu'est devenu ce fusil?

— Nous l'avons rapporté.

— Où est-il maintenant?

— Le voici.

Le maire prit l'arme qu'on lui présentait.

Il fit jouer successivement la baguette dans chacun des canons.

Les deux coups étaient chargés.

Ceci fait, il s'approcha de la chaise sur laquelle avaient été déposés les vêtements du blessé.

Il fouilla ces vêtements.

La montre se trouvait toujours dans le gousset du gilet.

Et de plus, dans l'une des poches du pantalon, il y avait une bourse contenant quelques pièces de cinq francs.

Le maire se tourna vers la baronne, et lui dit :

— Votre fils, madame, j'en ai maintenant la certitude, a été assassiné, et assassiné par vengeance...

La baronne allait répondre.

Mais en ce moment le galop d'un cheval retentit dans la cour.

Puis ce bruit se tut, et, au bout d'une seconde, le chirurgien que Jean était allé chercher à Pontarlier entra dans la chambre.

Il s'approcha de la couche sur laquelle était placé le corps.

Il souleva l'appareil que la baronne avait posé sur la plaie pour essayer d'arrêter le sang.

Il sonda la blessure avec un instrument qu'il tira de sa trousse.

Il pencha la tête et écouta le bruit de la respiration dans la poitrine du blessé.

Quand il se releva, son visage avait une expression morne et pensive.

— Eh bien ? demanda madame de Saint-André, dont l'âme tout entière était suspendue aux lèvres du docteur.

— Eh bien, murmura-t-il, je ne réponds de rien...

III

MIGNONNE.

Nous devons à nos lecteurs l'explication des événements qui viennent de se passer sous leurs yeux.

Un récit rétrospectif devient indispensable.

Nous allons le commencer.

Charles de Saint-André avait vingt-deux ans.

C'était un très-joli garçon, de taille moyenne, blond, frais comme une jeune fille, avec de grands yeux bleus et une physionomie douce et intelligente.

Charles possédait de l'esprit naturel et cette éducation superficielle mais rigoureusement suffisante, que l'on acquiert dans les colléges.

Son cœur était excellent, son caractère impressionnable et peut-être un peu faible, sa tête ardente et exaltée.

Charles n'avait jamais quitté sa famille.

Ses parents passaient huit mois sur douze à Besançon, et le jeune homme avait suivi, comme externe, les cours du collége royal de cette ville.

Depuis deux années environ, ses études classiques étaient terminées.

Sa santé, quelquefois chancelante, ne lui avait point permis de se livrer immédiatement à des travaux d'un autre genre, et madame de Saint-André, bouleversant à dessein ses habitudes, était venue avec son mari et son fils passer à la campagne la plus grande partie de l'année, afin de donner à Charles, grâce aux longues promenades, à l'air pur et à la fatigue de la chasse, la force qui lui manquait.

Jusqu'à une époque de deux mois antérieure aux événements qui forment le premier chapitre de ce récit, le jeune homme avait vécu d'une vie insouciante et joyeuse, calme de cœur et d'esprit, partageant son temps entre son cheval, ses chiens et son fusil.

Un beau jour, tout cela avait changé.

Charles, ainsi que nous l'avons entendu dire à sa mère, était devenu tout d'un coup sombre, soucieux, préoccupé.

Voici les causes de ce changement.

Un soir, Charles de Saint-André, parti pour la chasse depuis le matin, suivait en sifflant un chemin creux qui le ramenait au château.

Il marchait gaiement et lestement, son fusil sur l'épaule, son chien derrière lui, et sa carnassière bien garnie de cailles et de perdreaux.

A cent pas en avant, à peu peu près, le chemin formait un coude brusque, et comme il était encadré dans une double haie de rosiers sauvages, on ne pouvait voir les personnes qui vous précédaient ou qui venaient à votre rencontre.

Charles s'arrêta tout d'un coup et prêta l'oreille.

Un chant doux et rustique, modulé par une voix jeune et pure, arrivait jusqu'à lui.

C'était une chanson naïve, primitive en quelque sorte,

comme en inventent les pâtres des montagnes pour tromper l'ennui de la solitude et du désœuvrement.

Ce rhythme, lent, monotone, cadencé d'une manière uniforme, et coupé de loin en loin par de rares modulations, avait un charme infini au milieu du silence de cette belle soirée.

Charles restait immobile, nous l'avons déjà dit, et cependant le chant approchait toujours.

Évidemment la chanteuse, car à la voix on devinait une femme, marchait dans la direction du jeune homme.

Enfin elle apparut au détour du sentier.

C'était une très-jeune fille.

A l'aspect de Charles, debout au milieu du chemin, elle se tut soudainement comme une linotte effarouchée.

Alors M. de Saint-André se remit en marche.

L'instant d'après, il n'était plus qu'à trois pas de la jeune fille.

Cette dernière pouvait avoir quinze ou seize ans, tout au plus.

Elle était frêle et petite.

De beaux cheveux bruns, d'une épaisseur et d'une finesse extrême, s'échappaient dans un gracieux désordre de dessous un bonnet d'indienne à fleurs.

De grands yeux noirs brillaient dans un visage doux et charmant dont les rayons du soleil avaient doré la pâleur mate et veloutée.

Tout le costume de la petite paysanne consistait en une jupe de futaine blanche à raies brunes, serrée à la taille sur une chemise de grosse toile qui laissait voir un cou d'une grâce extrême et la naissance des épaules hâlées, mais d'une forme charmante.

Le peu qu'on voyait de sa jambe était, ainsi que sa cheville, d'une irréprochable finesse.

De gros et lourds sabots chaussaient ses petits pieds nus.

De la main droite, la villageoise tenait une faucille, et sous son bras gauche elle portait un paquet d'herbe fraîchement coupée.

En passant à côté de Charles, la petite baissa les yeux, fit une demi-révérence et se disposa à continuer son chemin.

M. de Saint-André qui croyait connaître tout le monde à trois lieues à la ronde, étonné de voir pour la première fois le visage de cette jolie enfant, l'arrêta en lui disant :

— Bonsoir, ma petite.

— Bonsoir, monsieur Charles, répondit la paysanne.

— Vous me connaissez! fit le jeune homme avec étonnement.

— Dam! oui, que je vous connais; vous êtes le fils à monsieur le baron qui a le château de Saint-André à une demi-lieue d'ici.

— C'est juste, ma petite fille; et vous, qui êtes-vous?

— Moi je suis Mignonne, la nièce au père Nicod, qui demeure aux Étioux, tout contre le bois de la Souche.

— Mignonne, dites-vous?...

— Oui, on m'appelle comme ça à cause que je suis toute petite, et guère plus grosse qu'un oiseau...

— Est-ce que vous demeurez chez votre oncle?

— Dam! oui.

— Vous n'avez plus votre mère?

— Ni père, ni mère, monsieur, plus d'autres parents que mon oncle Nicod.

— Et que faites-vous chez lui, mon enfant?

— Je mène les bêtes aux champs et je vais faire de de l'herbe pour les moutons.

— Quel âge avez-vous, Mignonne!...

— J'aurai seize ans, vienne la Sainte-Catherine, monsieur.

— Comment se fait-il que je ne vous aie jamais rencontrée ?

— Je ne sais pas, c'est peut-être bien parce que je suis presque toute la journée sur *la roche* avec les chèvres.

— Mais vous, vous m'avez remarqué quelque part, puisque vous savez mon nom.

— Je vous ai vu deux fois le dimanche à la grand'messe, à l'église de Saint-André, et puis dans le pays tout le monde vous connaît bien...

— Qu'est-ce que c'est donc que cet air que vous chantiez tout à l'heure ?

— Ce n'est pas un air, monsieur, c'est une chanson.

— Eh bien! cette chanson, reprit Charles avec un sourire, qui vous l'a apprise ?

— Personne.

— Comment, personne ?

— Dam, non! ce sont des mots que je dis à mes chèvres et que j'ai mis sur une musique qui m'est venue toute seule.

— Vraiment ?

— Dam, oui!

— Redites-la-moi donc un peu, cette chanson, je vous en prie, Mignonne.

— Oh! monsieur, je n'oserais jamais.

— Pourquoi donc ?

— Ce n'est pas assez beau pour être chanté devant du monde, surtout devant une personne comme vous... vous vous moqueriez de moi.

— Je vous assure que non.

— Oh ! je sais bien que si, moi, et puis d'ailleurs, de vous voir comme ça devant moi, ça me ferait un si drôle d'effet, que je ne pourrais rien dire du tout et que vous ne m'entendriez point...

— Essayez...

— Ça n'est pas pour vous refuser, bien au contraire ; mais vous me le demanderiez jusqu'à la nuit noire que je ne le ferais pas...

— Vous êtes cruelle ! dit Charles en riant.

— Oh ! ça non, monsieur, répliqua l'enfant qui se méprit au sens de l'expression employée par le jeune homme, je ne ferais pas de mal à une mouche.

— Puisqu'il est impossible de vous fléchir, je vous quitte, continua M. de Saint-André, au revoir, mon enfant.

— Bien le bonsoir, monsieur...

— Seulement je vous demande, quand vous serez à deux trois cents pas d'ici, de reprendre votre chanson...

— Oh ! pour ça, tant que vous voudrez...

Et la petite s'éloigna lentement, après avoir fait à Charles une dernière révérence.

Le jeune homme resta quelques minutes à la même place, la suivant du regard.

Quand elle eut disparu, il la cherchait encore...

Et lorsque, fidèle à sa promesse, sa voix harmonieuse égrena dans le lointain les notes de son refrain champêtre, il se sentit tout d'un coup tressaillir.

Mais cette émotion dura peu.

Aussitôt que la dernière cadence de la mélodie rustique se fut éteinte dans le silence de la nature, Charles se remit en marche.

Au bout d'une demi-heure à peine, il arrivait au château où le souper l'attendait.

IV

LA GROTTE.

Rien ne nous serait plus facile que de raconter à nos lecteurs l'histoire d'une passion romanesque, née d'un seul regard dans le cœur de Charles et développée immédiatement outre mesure.

Mais rien ne serait moins conforme à la vérité, et comme nous sommes, avant toutes choses, un historien véridique, nous ne broderons point des dessins de pure invention sur la trame si simple de notre récit.

Le fait est que Charles, en arrivant au château, ne pensait pas le moins du monde à la gentille Mignonne.

Il se mit à table et soupa de bon appétit.

Après le souper, il fit sans distraction une partie de whist, dans laquelle il eut pour partenaires son père, sa mère et le digne abbé Bricogne.

Et enfin il alla se coucher et dormit, jusqu'au matin, d'un sommeil calme, profond et non interrompu.

Quand il se réveilla, il pleuvait.

Charles ne put sortir pour aller à la chasse.

Il s'ennuya fort pendant cette journée, mais nous ne prendrons point sur nous d'affirmer que pendant ces longues heures de désœuvrement, le souvenir de Mignonne vint le visiter une seule fois.

Évidemment les symptômes d'un naissant amour ne se manifestaient guère.

Le lendemain, le soleil brillait radieux dans un ciel sans nuages.

Aussi, dès le point du jour, Charles, désireux d'oublier les ennuis de la veille, se mettait en campagne.

Pendant toute la matinée, il battit avec ses chiens la plaine et les collines, tua quelques perdreaux, et déjeuna dans une ferme, de lait et de pain bis.

Restauré et reposé par ce frugal repas, le jeune homme se remit en marche. Les hasards de la chasse lui firent décrire un circuit de plusieurs lieues, et il était déjà près de quatre heures de l'après-midi quand il atteignit le plateau d'un monticule couvert de bruyères arides et dominé par une couronne de rochers granitiques.

Depuis cette éminence, le regard découvrait une partie de la contrée.

A gauche, s'étendaient à perte de vue, des champs coupés de petits bois et de landes incultes.

A droite, une forêt dont la sombre verdure allait se perdre à l'horizon.

Et enfin, en avant, un paysage immense tout émaillé de clochers et de villages, parmi lesquels on distinguait, à une assez grande distance, le hameau de Saint-André.

Charles reconnut sans peine le lieu où il se trouvait.

Il était sur la *roche*, et la forêt qu'il voyait à sa droite, s'appelait le bois de *la Souche*.

Le souvenir de Mignonne revint aussitôt à son esprit.

Il regarda tout autour de lui avec attention.

A une petite distance, quelques chèvres broutaient avidement l'herbe rare et desséchée qui croissait entre les cailloux roulants et les laves couvertes de mousse et de lichens.

Mais personne ne veillait sur ce petit troupeau qui semblait abandonné.

Charles, avec l'agilité de ses vingt-deux ans, grimpa jusqu'au sommet de l'un des rochers dont nous parlions tout à l'heure.

Du haut de ce piédestal, il aperçut Mignonne, assise au pied d'une touffe de buis gigantesques et s'occupant à construire un petit panier avec des écorces fraîchement coupées.

Il redescendit aussitôt et se dirigea du côté de la jeune fille.

En le voyant, cette dernière se leva d'un seul bond, devint rouge comme une pivoine et laissa tomber le travail inachevé qu'elle tenait à la main.

— Bonjour, ma petite Mignonne, lui dit Charles, touché, sans le savoir, de l'apparente émotion de la paysanne.

— Bien le bonjour, monsieur Charles, répondit-elle d'une voix troublée.

— Vous ne vous attendiez pas à me voir aujourd'hui, n'est-ce pas ?

— Oh ! ça non, monsieur Charles, mais n'empêche, j'en suis joliment contente, allez ! Est-ce que vous êtes venu exprès par ici ?

— Mais sans doute, répondit le jeune homme en rougissant un peu de ce demi-mensonge.

— Depuis avant-hier, poursuivit Mignonne, j'ai pensé à vous bien des fois.

— Vraiment ! s'écria Charles.

— Dam ! oui.

— Que pensiez-vous de moi, mon enfant ?

— Ah ! rien ! répliqua la petite en hésitant, je ne

pensais rien de vous... Je pensais à vous... voilà tout !

En face de cette tendresse ingénue qui se dévoilait avec une si adorable naïveté, Charles, pour la première fois, sentit battre son cœur.

Pour la première fois, il attacha sur Mignonne un regard qui déjà n'était plus indifférent, et elle lui parut en quelque sorte transfigurée.

Une douce expression d'amour et de candeur rayonnait sur le charmant visage de l'enfant.

Dans la vive étincelle voilée par les longs cils de ses yeux à demi-baissés, on devinait le désir qui s'ignore lui-même.

La bouche, un peu sérieuse, et les joues empourprées, témoignaient de la pudeur et de la chaste ignorance.

On eût dit une de ces têtes de jeunes filles dont Greuze nous a laissé de si charmants modèles.

A chaque seconde de cet examen, l'émotion de Charles augmentait, et cette émotion se communiquait à Mignonne. Les deux jeunes gens gardaient le silence.

Ce silence commençait à devenir embarrassant.

Charles le rompit le premier.

— Venez vous asseoir là-bas, dit-il, venez, Mignonne, nous causerons.

Et, tout en parlant, il désignait une sorte de petite grotte formée à peu de distance par une excavation naturelle pratiquée dans les rochers. La jeune fille le suivit.

Charles porta sous cette voûte deux pierres plates et mousseuses.

Il s'assit sur l'une d'elles et fit signe à Mignonne de prendre place sur l'autre à côté de lui.

Mignonne hésita d'abord, mais cette hésitation fut de courte durée. Elle suivit l'exemple de Charles.

Le jeune homme lui prit la main.

Elle fit un mouvement pour la retirer.

Charles ne céda point et la jeune fille n'insista guère.

— Mignonne, lui dit M. de Saint-André en pressant doucement la main qu'il serrait entre les siennes, vous m'avez dit l'autre soir que vous aviez seize ans?...

— Oui, monsieur Charles. C'est-à-dire pas tout à fait, mais je les aurai bientôt...

— Je vais vous faire une question qui vous semblera singulière, Mignonne, me promettez-vous de me répondre?

— Dam! oui...

— Mais la vérité... vraie?...

— Oh! monsieur Charles, je ne dis jamais de mensonges!

— Eh bien! mon enfant, n'avez-vous pas...

Charles s'interrompit.

— Quoi donc? demanda curieusement la jeune fille.

— Un amoureux?...

Mignonne devint écarlate.

— Un amoureux? moi!.. s'écria-t-elle.

— Vous êtes bien assez jolie pour cela, ma petite, et cela ne me surprendrait nullement.

— Oh! monsieur Charles... murmura l'enfant en cachant sa tête dans ses mains.

— Vous ne me répondez pas?

— Mais, mon Dieu, que voulez-vous que je vous réponde?...

— Ce qui est... Avez-vous un amoureux, Mignonne, oui ou non?

— Mais, non! Mais certainement non, que je n'en ai pas, monsieur Charles.

— Bien sûr?

— J'en jure!

— Quoi ! jusqu'à cette heure, personne ne vous a fait la cour ? personne ne vous a dit que vous étiez jolie ?

— Oh ! si fait... pour m'avoir dit ça, on me l'a dit, monsieur Charles.

Un mouvement involontaire fit tressaillir les muscles du jeune homme.

— Qui donc ? demanda-t-il.

— Dam ! mon cousin...

— Quel cousin ?

— Pierre Nicod ; le fils à mon oncle...

— Un garçon de votre âge ?

— Oh ! plus vieux que moi, il a pour le moins vingt-cinq ans.

— Et il vous aime ?

— A ce qu'il dit...

— Mais vous, Mignonne, vous ne l'aimez pas ?

— Oh ! Dieu non, bien au contraire ! quand je le vois venir d'un côté pour me parler, je m'*ensauve* de l'autre.

— Et si je vous disais moi, Mignonne, que je vous aime ?...

— Vous... monsieur Charles ?... balbutia la jeune fille.

— Que répondriez-vous ?

— Je répondrais... je répondrais... Dam ! que je ne vous crois guère...

— Pourquoi ?

— Parce qu'un grand monsieur comme vous ne peut pas aimer une pauvre personne comme moi...

— Vous pensez cela, Mignonne ?

— Dam ! il me semble...

— Enfant, interrompit Charles en attirant la jeune fille dans ses bras et en l'y retenant presque de force, vous avez tort de penser ainsi, car, aussi vrai que vous sentez battre mon cœur, je vous jure que je vous aime !

V

L'INCONNU.

Cependant la paysanne, effrayée du mouvement de Charles, troublée par ses dernières paroles, s'était arrachée par un mouvement brusque à son étreinte frémissante.

Elle se tenait debout devant lui, dans une attitude gracieuse et embarrassée, les yeux baissés, mais brillants de pudeur et d'émotion, les lèvres entr'ouvertes par un demi-sourire, indécise entre la surprise, la frayeur et la joie.

Elle était ravissante ainsi.

Charles la contempla pendant un instant en silence.

Ses artères battaient violemment.

Ses sens parlaient pour la première fois à son cœur un langage inconnu.

Il se sentait envahi tout entier par un violent et soudain amour.

Il voulait exprimer les sentiments tumultueux qui faisaient irruption dans son âme.

Mais la parole expirait sur ses lèvres brûlantes.

Il se souleva à demi de son siége improvisé, et l'un de ses bras enlaça de nouveau la taille de Mignonne.

La jeune fille se cambra instinctivement pour se dérober à cette douce étreinte.

La force lui manqua, ou plutôt le courage.

Au bout d'un instant, sa taille assouplie ne résista plus au bras caressant qui la pressait.

La pauvre enfant reprit bientôt sa place, non plus cette fois à côté de Charles, mais sur les genoux du jeune homme.

Ce dernier l'enferma dans ses bras et la serra passionnément sur son cœur.

— Tu m'aimes, n'est-ce pas? tu m'aimes?... murmura-t-il à son oreille.

Mignonne ne répondit pas.

Mais sa respiration entrecoupée, sa poitrine haletante, parlaient assez pour elle.

Charles, trop naïf encore pour comprendre toute l'éloquence de ce muet langage, répétait d'une voix indistincte :

— Dis-moi que tu m'aimes, Mignonne... car je t'aime, moi... je t'aime !... je t'aime !

A mesure qu'il parlait ainsi, sa bouche s'approchait davantage du visage de la jeune fille, dont sa respiration ardente brûlait les joues empourprées.

Bientôt sa bouche se colla sur ses joues.

Et enfin ses lèvres trouvèrent les lèvres de Mignonne.

Sous ce baiser de feu, le premier qu'elle eût jamais reçu, la paysanne sembla près de perdre connaissance.

Un tressaillement nerveux passa dans tous ses membres.

Puis un anéantissement presque complet succéda à cette émotion trop vive et son corps charmant s'affaissa dans les bras de Charles.

Sans être un roué bien habile, tout autre à la place de

ce dernier, aurait profité de ce demi-évanouissement voluptueux qui lui livrait la jeune fille sans défense.

Mais notre héros ne comprit rien aux symptômes, si clairs et si significatifs cependant, qui se manifestaient à lui.

Il eut peur.

Il recula devant un triomphe facile et assuré.

Il dénoua la chaîne vivante qui liait la jeune fille à son cœur et il l'assit avec des précautions infinies sur la mousse desséchée qui tapissait la grotte témoin de cette scène d'amour à laquelle il ne manquait qu'un dénouement.

A peine Mignonne fut-elle ainsi soustraite à l'action du fluide magnétique et amoureux qui s'échappait des baisers de Charles pour jeter le désordre dans ses sens vierges encore, qu'elle revint complètement à elle-même.

Son premier mouvement fut de cacher dans ses deux mains son visage pourpre de pudeur et d'amour.

Mais bientôt elle releva la tête et attacha sur les yeux de Charles, agenouillé devant elle, un regard long et brûlant.

Il y avait dans ce regard une expression si douce de reproche tendre et indécis, que Charles devina une partie de la faute ou plutôt de la maladresse qu'il venait de commettre.

Il essaya de la réparer.

Mais il était trop tard.

Au moment où il allait reprendre la jeune fille dans ses bras, un grand chien de berger, noir et fauve, se précipita dans la grotte en poussant deux ou trois hurlements d'alarme.

— Il arrive quelque chose à mes chèvres! s'écria Mignonne en bondissant au dehors, quoique Charles essayât de la retenir.

Il arrivait quelque chose en effet aux chèvres de la paysanne.

Un renard, sorti de son terrier situé aux environs, venait de s'emparer d'un jeune chevreau et de l'emporter sournoisement.

Le reste du troupeau s'enfuyait dans toutes les directions.

Mignonne poussa les hauts cris.

Le chien de berger se mit à la poursuite du ravisseur dont le fardeau ralentissait la course.

Charles saisit son fusil, mit en joue la bête fauve et fit feu.

Malheureusement, son arme n'était chargée qu'à petit plomb.

Cependant l'effet produit fut immédiat.

Le renard abandonna sa proie qui tomba tout ensanglantée sur le gazon, et il s'enfuit avec une célérité merveilleuse.

Mignonne courut à son chevreau, le prit dans son tablier et s'efforça de panser les blessures de ses membres délicats.

Ce puéril accident avait désolé la jeune fille ; d'ailleurs deux paysans qui passaient aux environs de la roche se dirigeaient du côté où les attiraient les hurlements du chien et le bruit du coup de fusil.

Il ne fallait plus songer à renouer ce jour-là la causerie d'amour si brusquement interrompue.

Charles le comprit.

Il serra la main de Mignonne et la quitta en lui disant tout bas :

— A demain !

§

Nous n'entreprendrons point l'analyse des sentiments

et des sensations qui se succédèrent dans le cœur et dans l'esprit de la paysanne restée seule.

Nous avons deux raisons pour nous abstenir.

La première, c'est qu'une étude consciencieuse et approfondie serait fort ennuyeuse pour nos lecteurs et très-fatiguante pour notre paresse.

La seconde, c'est qu'il nous paraîtrait difficile de débrouiller le cahos de pensées incohérentes dans lesquelles Mignonne elle-même ne voyait pas clair, à coup sûr.

Disons seulement que la jeune fille, après avoir répondu aux questions des deux paysans que nous avons vus se diriger de son côté, retourna dans la petite grotte où sa vertu venait de courir un si grand danger, et, assise sur l'une des pierres que Charles y avait transportées, les deux coudes appuyés sur ses genoux et la tête cachée dans ses mains, s'y plongea dans une méditation profonde, dont nous laissons à nos lectrices le soin d'apprécier la nature.

§

Le moment est venu de constater la présence d'un nouveau personnage, personnage étrange et bizarre, qui, à l'insu de Charles et de Mignonne, avait assisté à tous les incidents de la scène que nous venons de raconter.

Ce personnage était un jeune homme de vingt-cinq ans environ.

Rien ne pouvait se voir de plus hideux que sa personne et de plus repoussant que ses allures.

Qu'on se figure une sorte de nain, haut de quatre pieds tout au plus.

Qu'on imagine un torse de géant, soutenu par des jambes d'enfant, qui, trop faibles pour le poids disproportionné du buste, ployaient, déjetées et tordues comme les pattes d'un basset.

A ce torse s'ajustaient des bras longs et nerveux, terminés par des mains difformes et velues.

Une tête plate et déprimée, couronnée par une chevelure rousse, touffue et hérissée, complétait cet ensemble disgracieux.

Nous ne saurions donner une idée bien exacte des traits et surtout de la physionomie de cette tête.

Des yeux infiniment petits, qu'on eût dits percés avec une vrille et dont la prunelle, d'un gris pâle, nageait dans un fluide d'un bleu sale, lui donnaient, conjointement avec une bouche énorme et presque sans lèvres, une expression de méchanceté basse et astucieuse.

Le teint semblait blafard, sous les couches terreuses amoncelées sur les joues depuis un temps immémorial, par suite d'une inconcevable incurie.

Le costume de ce monstrueux personnage était digne en tout point de son extérieur peu prévenant.

Sur les broussailles incultes de sa chevelure se dressait un bonnet de coton à raies rouges, blanches et bleues.

Un sarreau de toile bise, tout déchiré et d'une malpropreté repoussante, descendait sur un pantalon de droguet rapiécé en cent endroits, et si court qu'il laissait à découvert les jambes rachitiques du nain presque depuis le genou. Ses jambes étaient nues et les pieds plongeaient dans de lourds sabots garnis de paille.

Au moment où M. de Saint-André était arrivé sur la *Roche,* le personnage dont nous venons d'esquisser le portrait semblait être en embuscade derrière un fragment de lave jeté par la main du hasard sur deux blocs de granit brisés et assez semblables aux *Dolmens* druidiques de nos aïeux les Gaulois.

Tant que Charles et Mignonne avaient causé ensemble sur le plateau, à la vue de tous et à ciel découvert, le nain était resté tapi dans sa cachette dans un état d'immobilité tellement grande qu'on aurait pu le croire endormi, si le regard clair et brillant de ses yeux n'eût fourni la preuve manifeste qu'il veillait et qu'il observait.

Mais, aussitôt que la paysanne eut suivi le jeune homme dans la grotte que nous connaissons, les yeux de l'inconnu étaient devenus inquiets et pour ainsi dire hagards.

Il avait quitté son poste, et, rampant à travers les inégalités du terrain, il avait atteint une touffe de buis et de genévriers derrière laquelle il s'était caché.

Ces arbustes croissaient en face de la grotte, à une distance de cinquante ou soixante pas, et, de là, on pouvait voir encore ce qui se passait sous la voûte.

A mesure que se déroulaient les péripéties amoureuses que nos lecteurs connaissent déjà, la physionomie du nain prenait une expression menaçante et sinistre.

Lorsque Mignonne, à demi-pâmée, s'affaissa dans les bras du jeune homme, le nain ramassa sur le sol et serra dans sa main droite un caillou aigu et tranchant.

Puis il se souleva à demi.

En ce moment, ses sourcils contractés annonçaient une fureur jalouse.

Mais bientôt il laissa retomber son arme et reprit son immobilité première.

. . . .
. . . .

Quand Charles se fut éloigné et quand Mignonne fut retournée s'asseoir sous la voûte, le nain quitta son abri et s'avança dans la direction de la jeune fille.

VI

PIERRE NICOD.

Au bruit des pas d'un homme, Mignonne tressaillit et leva la tête.

Le nain était debout devant elle.

A sa vue, elle ne put retenir un faible cri.

Le nain partit d'un éclat de rire qui ressemblait au bruit que produit une porte en tournant sur ses gonds mal graissés.

Puis, après avoir donné cours à cette hilarité contrainte, il dit d'une voix rauque :

— Est-ce que je vous fais peur, cousine?

— Nenni, mon cousin Pierre, répondit la jeune fille, pourquoi donc que' vous me feriez peur?...

— Dam! on ne sait pas! les jeunesses ont des idées si drôles! A propos d'idées, cousine, à quoi donc que vous pensiez, comme ça, la tête cachée dans vos mains?

Mignonne rougit involontairement.

— Je pensais..., répondit-elle, je pensais à mes chèvres...

—Ah! fit d'un air incrédule Pierre Nicod, car c'était lui.

— Oui, poursuivit vivement la paysanne, la preuve

qu'il est arrivé un malheur au troupeau tout à l'heure.

— Un malheur? répéta le nain.

— Le renard est venu...

— Ah! dit Pierre pour la seconde fois, et qu'est-ce qu'il a fait, le renard?

— Dam!... il emportait un chevreau...

— L'a-t-il emporté tout à fait?

— Non, grâce à un chasseur qui se trouvait là par hasard, et qui l'a épouvanté en tirant dessus...

— Un chasseur?

— Oui.

— Le connaissez-vous, ce chasseur?

— Je crois, balbutia Mignonne en tortillant entre ses doigts l'un des coins de son tablier, je crois que c'est le fils à M. le baron de Saint-André...

— Est-ce que vous n'en êtes pas sûre, cousine?

— Dam! il m'a bien semblé le reconnaître...

— Il passait ici, par hasard? en chassant?

— Mon Dieu, oui.

— Et il ne vous a rien dit, ce jeune monsieur?

— A moi? et qu'est-ce que vous voudriez donc qu'il m'eût dit, cousin?

— Est-ce que je sais?...

— Il ne me connaît seulement pas...

— Oh! ça n'est pas une raison!... Ces jeunes messieurs qui sont riches, qui ont de beaux habits, de belles manières et un beau langage, trouvent toujours un tas de choses à dire aux jeunes filles qu'ils rencontrent sur leur chemin, et ils n'ont pas besoin de les connaître pour leur jurer qu'ils en sont tombés amoureux et pour leur demander du premier coup... tout ce qu'un garçon peut demander à une fille!!!

En écoutant les paroles de Pierre Nicod, paroles prononcées avec un accent mordant et ironique, Mignonne se déconcertait de plus en plus et commençait à craindre que son cousin n'eût surpris quelque chose de ce qui venait de se passer.

— Mais le nain lui-même prit soin de la rassurer.

— Enfin, puisqu'il ne vous a rien dit, cousine, continua-t-il, c'est bon.

Il se tut pendant un instant, puis il reprit :

— C'est que, voyez-vous, je suis votre amoureux, moi, et si quelqu'un s'avisait de vous en conter, foi de Pierre Nicod, il ne ferait pas bon pour ce quelqu'un-là !

Les yeux du cousin de Mignonne prirent en ce moment une expression tellement féroce que la jeune fille pâlit et se mit à trembler.

Pierre feignit de ne point s'apercevoir de cette émotion douloureuse, et il reprit :

— Voici la nuit qui vient, cousine, il est bientôt l'heure de rentrer à la ferme. Je vas vous aider à ramener les chèvres.

Et, joignant l'action aux paroles, il siffla le chien, puis approchant de ses lèvres un de ces instruments faits d'une corne de bœuf, et qu'en Franche-Comté on appelle *Cornets à bouquin*, il en tira ces sons discordants qui annoncent aux troupeaux que le moment est venu de quitter les pâturages.

Les chèvres obéissantes comprirent ce signal, et bientôt, grâce à l'intelligence du chien de berger qui harcelait vigoureusement les retardataires, le troupeau tout entier se mit en marche sous la conduite de Mignonne et de son cousin.

§

Du plateau de la *Roche* à la ferme des *Étioux*, il pouvait y avoir une demi-lieue de chemin.

Pour aller de l'un à l'autre, il fallait traverser le bois de la S*uche*.

Au moment où Mignonne et Pierre Nicod s'engagèrent sous les grands arbres de la forêt, le crépuscule commençait à descendre, et les premières étoiles scintillaient déjà dans le velours sombre du firmament.

La feuillée épaisse des ormes et des chênes ajoutait à l'obscurité, et les sinuosités du sentier s'entouraient de ténèbres presque complètes.

Mignonne marchait en avant, rêveuse et serrant contre sa poitrine l'agneau blessé par les morsures du renard.

Son cousin la suivait, à une distance de deux ou trois pas.

Pierre Nicod était amoureux de Mignonne; nous avons entendu la jeune fille elle-même le dire à M. de Saint-André.

Mais ce que la paysanne ignorait, comme nos lecteurs, c'était la violence et la profondeur de l'amour qu'elle avait inspiré.

Le nain s'était épris d'une passion d'autant plus ardente qu'il se savait hideux, dédaigné de tous, et qu'il n'avait nulle espérance de se voir payé de retour.

Un amour pareil, tout de dévouement et d'abnégation, aurait épuré et agrandi une nature dont les instincts auraient été nobles et généreux.

Mais l'âme de Pierre Nicod rivalisait de laideur avec le corps qui lui servait d'enveloppe.

La passion avait développé outre mesure les instincts mauvais qui se trouvaient en germe dans le cœur du paysan; une haine jalouse pour tous ceux que la nature avait traités moins en marâtre et des désirs d'une brutalité bestiale et révoltante.

On devine ce qu'avait dû produire en lui la scène à laquelle il avait assisté et qui lui avait montré Mignonne livrée frémissante et éperdue aux bras de Charles de Saint-André.

Pierre Nicod, en proie à la double torture de la colère et de la jalousie, s'était juré deux choses, la perte de son rival et la possession de Mignonne.

— Elle m'appartiendra !... se disait-il en marchant derrière sa cousine, dont il devinait au travers des ténèbres la forme gracieuse.

« Elle m'appartiendra !... répétait-il, mais quand ?... »

Et il se répondait ainsi :

— Pourquoi pas demain ? Pourquoi pas cette nuit ? Pourquoi pas dans une heure ? Pourquoi pas à l'instant ?...

A peine cette dernière pensée venait-elle de se formuler dans son esprit, que sa résolution était prise.

Le sang lui monta au cœur et à la tête, pour l'étourdir et pour l'aveugler.

Il chancela comme un homme ivre.

C'est qu'il était ivre en effet, ivre de luxure et de brutale ardeur.

A l'endroit où Mignonne et Pierre Nicod venaient de parvenir, le sentier tournait dans la forêt et la voûte de verdure se faisait plus épaisse encore.

Le paysan s'arrêta.

— Mignonne, dit-il.

La jeune fille tourna la tête.

— Mignonne, répéta Pierre Nicod.

— Qu'est-ce que vous me voulez, cousin ? demanda la paysanne.

— Écoute un peu ici, j'ai quelque chose à te dire.

— Quoi donc ?

— Quelque chose que je t'ai déjà dit plus d'une fois et que je veux te répéter...

Il y avait un tremblement tel dans la voix rauque de Pierre Nicod, que Mignonne eut peur, et qu'au lieu de retourner en arrière elle fit un mouvement pour hâter le pas.

Mais son cousin prévit et empêcha ce mouvement.

D'un bond il se trouva devant elle.

— Écoute-moi... murmura-t-il.

— Plus tard, tout à l'heure... à la ferme... répondit Mignonne avec une frayeur croissante.

— Non pas plus tard ! non pas tout à l'heure ! non pas à la ferme ! mais ici, ici tout de suite.

— Enfin, cousin, balbutia Mignonne, qu'est-ce que vous me voulez ?

— Je veux te dire que je t'aime... et qu'il faut que tu sois à moi.

Et, tout en parlant, Pierre Nicod avait pris la jeune fille dans ses bras.

— Au secours ! cria Mignonne.

— Appelle si tu veux !... murmura le nain avec un ricanement farouche, nous sommes seuls ici... personne ne viendra, personne n'entendra tes cris, et d'ailleurs je les étoufferai !...

En effet, Pierre, soulevant la jeune fille avec une violence irrésistible, contint sans peine ses efforts désespérés et appuyant sa bouche sur les lèvres de sa victime, il la réduisit au silence.

Puis, comme un sanglier qui fait une trouée pour regagner sa bauge, il quitta le chemin battu et s'enfonça avec son léger fardeau dans l'épaisseur des taillis.

VII

UN CRIME.

— Au nom du ciel!... au nom de Dieu!... mon cousin, laissez-moi... s'écria Mignonne quand Pierre Nicod dénoua son étreinte pour la jeter sur le gazon.

— Je ne crains pas le ciel!.. Je ne crois pas en Dieu!., répondit le paysan, cesse donc de pleurer, cesse donc de prier, car il faut que tu sois à moi, et rien au monde, pas même le tonnerre en tombant sur nous, ne pourrait m'empêcher de te posséder...

Mignonne était perdue, bien perdue, on le voit.

Cependant, elle ne voulait pas succomber sans entreprendre une lutte suprême, sans essayer un effort désespéré. A coup sûr elle était la plus faible.

Mais les femmes qui défendent à la fois leur amour et leur pudeur, trouvent, par instant, une force miraculeuse.

Pierre Nicod, nous le savons, l'avait renversée sur la terre où il contenait violemment ses membres délicats.

Elle s'appuya sur ses coudes et sur ses mains, et roidit tout son corps pour essayer de se soulever.

Ce fut en vain.

Le nain presque étendu sur elle l'écrasait de son poids.

Une seconde tentative fut inutile comme la première.

Les efforts de Mignonne étaient paralysés par la position de Pierre Nicod qui redoublait ses caresses lascives.

Mignonne se sentait défaillir.

Le souffle lui manquait.

Des paillettes de feu semblaient passer devant ses regard, et des bruits étranges emplissaient ses oreilles.

Elle allait succomber.

En ce moment, le hasard, ou la Providence si l'on veut, vint à son aide.

Sa main, convulsivement crispée et dont les ongles labouraient le gazon, rencontra sur le sol un fragment de bois mort, long de quelques pouces et pointu par un bout.

Mignonne, ranimée par un espoir soudain, serra cette arme dans sa main, où elle l'assujétit de son mieux.

Puis, afin d'endormir pour un instant la défiance de Pierre Nicod, elle feignit d'être à bout de ses forces et de perdre complètement connaissance.

C'est ce que le paysan voulait.

— Enfin!.. murmura-t-il.

Et il se souleva à demi pour respirer lui-même.

Mais Mignonne, prompte comme l'éclair, s'était dressée en même temps que lui.

Sa main droite, rejetée en arrière, avait décrit une courbe rapide, et, toujours munie de son stylet improvisé, était revenue frapper Pierre Nicod en plein visage.

Mignonne sentit que la pointe acérée du morceau de bois pénétrait profondément dans la chair.

Le paysan poussa un cri terrible.

Il bondit sur ses jambes.

Il frappa l'air de ses deux bras.

Puis il retomba lourdement en arrière avec un gémissement sourd.

Mignonne, presque folle d'épouvante, franchit le corps inanimé qui lui barrait le passage, regagna, non sans peine, le sentier, en laissant des lambeaux de ses vêtements aux ronces des taillis, et, sans ralentir un instant sa course, elle parvint haletante à la ferme où son troupeau arrivait en même temps qu'elle, car l'instinct routinier des chèvres et la sagacité intelligente du chien qui leur servait de guide, ne leur avait pas permis de s'écarter du droit chemin. Mignonne enferma ses chèvres dans l'étable et entra dans la salle basse de la ferme.

Cette pièce, assez vaste, servait tout à la fois de cuisine, de salle à manger et de salle commune.

Elle n'était ni carrelée, ni planchéiée, on y marchait sur un sol dur et battu, hérissé de callosités boueuses.

Les solives du plafond, ainsi que les murailles jadis blanchies à la chaux, étaient aujourd'hui noircies, et pour ainsi dire vernies par la fumée.

Un grand bahut en bois de chêne supportait des assiettes et des plats, de cette faïence grossière à enluminures éclatantes, représentant le plus souvent un clocher avec sa girouette, ou deux coqs en train de se chercher querelle.

En face de ce bahut se trouvait une cheminée immense, sous le manteau de laquelle quatre ou cinq personnes pouvaient s'asseoir parfaitement à l'aise.

Malgré la saison, un feu de sarments et de pommes de pin pétillait dans l'âtre.

Une marmite, pleine de pommes de terre bouillies, se balançait à la chaîne de la cheminée au-dessus du foyer.

Deux carabines, en assez mauvais état, étaient suspendues à des crampons au couronnement de la cheminée et semblaient mises sous la protection d'une petite image de la Vierge en plâtre, coloriée de rouge et de bleu.

Des tiges de maïs, des jambons et des quartiers de lard pendaient en maint endroit du plafond.

Enfin, au milieu de la chambre, une longue table en bois de chêne comme le bahut supportait plusieurs couverts, un vaste plat de lard tout fumant et une petite lampe de cuivre dont la lueur tremblottante éclairait les convives, conjointement avec la clarté du foyer.

Ces convives, au nombre de quatre, étaient le père Nicod, Monique sa femme, un garçon de ferme et une grosse servante.

Deux couverts inoccupés indiquaient les places de Mignonne et de Pierre Nicod.

— Comme tu rentres tard, ce soir, pétiote, dit le fermier à sa nièce, au moment où cette dernière arrivait dans la salle.

— Dam! mon oncle, je n'ai point pu revenir plus vite, répondit cette dernière en s'efforçant de cacher les traces de son émotion récente.

— Ah! Jésus mon Dieu! s'écria Monique Nicod en jetant les yeux sur les traits décomposés et sur les vêtements en désordre de Mignonne, ah! Jésus mon Dieu! comme te voilà faite, et qu'est-ce qui t'est donc arrivé pour te mettre dans des états pareils?..

— J'ai eu joliment peur, allez!.. répondit Mignonne, décidée à cacher une partie de la vérité.

— Peur de quoi, pétiote?.. demanda le père Nicod.

— Peur d'une bête qui s'est jetée sur mes chèvres, et qui a mangé à moitié un de mes chevreaux qui est, à cette heure, en train de trépasser dans l'étable...

— Ah! Saint Jérôme, mon bon patron! et comment donc que ça est arrivé, pétiote?...

— Je vais vous dire, mon oncle...

Et Mignonne entama un récit long et diffus dans lequel elle ne parla, comme bien on pense, ni de Charles de Saint-André, ni de Pierre Nicod.

A l'entendre, une bête fauve, loup ou renard, elle ne savait au juste lequel, se serait jetée sur ses chèvres, au moment où elle allait entrer dans le bois avec son troupeau. La frayeur, alors, se serait emparée d'elle et l'aurait poussée à s'enfuir à travers les taillis, jusqu'au moment où, un peu rassurée et revenue sur ses pas, elle aurait trouvé dans le sentier le chevreau blessé que la bête fauve venait d'abandonner.

Tout ce récit n'était rien moins que clair ; mais Jérôme Nicod et sa femme s'en contentèrent parfaitement et rendirent grâce au ciel qu'il ne fût point arrivé de plus grand malheur.

— Allons pétiote, dit le fermier, ce n'est après tout qu'un chevreau de moins, il n'y a pas là de quoi se faire de la peine. Voyons, assieds-toi et soupe...

Mais Mignonne n'avait pas faim.

Le père Nicod remplit l'assiette de la jeune fille et il poursuivit :

— C'est étonnant comme tout le monde est en retard aujourd'hui !... où diantre peut être Pierre !... Tu ne l'aurais point rencontré, par hasard, petiote ?

Mignonne se prit à trembler de tous ses membres.

Elle devint très-pâle et n'eut pas la force de répondre.

— Est-ce que tu ne m'entends point ?... dit Nicod.

— Moi... mon oncle... balbutia Mignonne. Si... non... je ne sais pas...

— Je te demande si tu as rencontré Pierre ?...

— Non, mon oncle... non... je ne l'ai point vu... et, d'ailleurs, où l'aurais-je vu ?

— Est-ce que je sais, moi ?... sur la *Roche* ou dans le bois... ça serait tout naturel.

— Oh! certainement... tout naturel... mais ça n'est pas...

— Enfin, il n'y a pas à s'inquiéter, il reviendra sans doute tout à l'heure...

— Oui mon oncle, sans doute...

— Il est peut-être allé à Saint-André...

— Oui... mon oncle... peut-être bien...

— D'ailleurs, il y aura encore assez à manger pour lui, quand il arrivera.

— Je vais mettre sa soupe et son lard dans une assiette, sur la cendre chaude, fit Monique.

— C'est ça, ma femme, répliqua Jérôme Noud.

Puis il ajouta vivement, en regardant Mignonne qui chancelait sur sa chaise.

— Mais petiote, petiote... est-ce que tu te trouves malade ?...

— Non, mon oncle, dit la jeune fille d'une voix faible.

— Comment: *non*! mais *si*, au contraire! *si*, de par tous les diables! tu pâlis!... tu pâlis!... patatra! la voilà par terre!...

Mignonne, en effet, venait de perdre complétement connaissance et avait coulé de son siége sur le sol, où elle gisait étendue et livide.

On s'empressa autour d'elle.

Monique détacha sa robe.

Jérôme lui jeta de l'eau au visage pour la faire revenir à elle-même.

Enfin elle rouvrit les yeux.

En ce moment un nouveau personnage entra dans la ferme.

VIII

LE BORGNE

Ce nouveau venu était Pierre Nicod.

Mais si défiguré, si méconnaissable, si hideux, qu'un cri de surprise et d'effroi retentit à son aspect.

Les vêtements du jeune homme étaient non pas tachés, mais complétement imprégnés de sang.

Un filet sanglant coulait lentement sur sa joue en s'échappant de l'orbite de son œil droit.

Un mouchoir de poche, noué de manière à couvrir toute la partie supérieure du visage, cachait sans doute une plaie profonde.

La teinte pourpre du sang tranchait d'une manière horrible avec la pâleur cadavéreuse de la peau.

Les lèvres mêmes étaient blanches.

Un sourire sinistre les écartait.

— C'est moi, dit-il en entrant et d'une voix assez ferme, c'est moi, bonsoir tout le monde...

Les paysans étaient muets d'épouvante.

Mignonne s'était évanouie de nouveau.

Pierre Nicod s'avança jusqu'auprès de la cheminée.

Là, il se laissa tomber sur une chaise.

Monique, revenue de la première et terrible surprise que lui avait causée la vue de son fils dans un pareil état, accourut s'agenouiller à ses pieds, en s'écriant :

— Mon Dieu! mon Dieu! mon enfant, qu'est-ce que tu as?

— Oh! presque rien, mère, répondit Pierre Nicod avec un ricanement farouche.

— Comment presque rien, malheureux garçon! mais tu es blessé, mais ton sang coule que c'est pitié! est-ce que tu t'es battu? est-ce que tu as reçu quelque mauvais coup?

— Non, dit Pierre d'un ton d'impatience, non, je ne me suis pas battu.

— Enfin, voyons, qu'est-ce que c'est que ta blessure?...

— Regardez.

Monique finit par où elle aurait dû commencer.

Elle dénoua le mouchoir qui couvrait la plaie de son fils.

Mais à peine ce bandage était-il tombé, que Monique poussa un nouveau cri et se mit à éclater en sanglots.

Pierre Nicod avait l'œil crevé.

Le globe, déchiré et sanglant, sortait à moitié de l'orbite.

Il n'y a pas de mots qui puissent exprimer l'horreur de ce spectacle.

— Ah çà! dit Pierre brusquement, quand vous vous désoleriez, mère, et quand vous pousseriez jusqu'à demain des cris à fendre l'âme, est-ce que vous y changeriez quelque chose. Je suis borgne à perpétuité! C'est un malheur, mais qu'y faire?

— Ah! mon Dieu! répétait Monique, sans écouter son fils, ah! mon Dieu! ah! mon Dieu!

Et ses gémissements redoublaient.

— Non de D...! s'écria le nain en frappant du pied, nom de D...! taisez-vous! vous me brisez la tête... et j'y ai déjà assez mal, allez!...

— Le garçon a raison, dit Jérôme en intervenant entre la mère et le fils, il ne s'agit pas de se désespérer, mais de le panser le mieux possible.

— Le panser? demanda Monique, mais comment? Cours vite à Pontarlier, mon homme, chercher un *sirurgien.*

— Inutile! dit Pierre Nicod, je me soignerai mieux que ne le f raient les médecins de la ville...

— Jésus! Marie! ça ne se peut pas...

— Vous verrez!

— Comment! tu veux?...

— Je veux que vous me donniez ce qu'il me faut, et vite, car je souffre comme un damné!

— Dis ce qu'il te faut, et tu l'auras.

— D'abord de l'eau froide, pour ôter tout le sang qui sèche sur ma figure et qui m'aveugle de l'œil qui me reste.

— Voilà, et après?

— Déchirez des morceaux de la plus fine toile que vous aurez et mettez-les tremper dans de l'eau salée. J'appliquerai ça sur ma plaie... C'est le meilleur de tous les remèdes, à ce qu'on dit...

Monique s'empressa d'exécuter les volontés de son fils, et, au bout d'un instant, le nain appliquait sur l'orbite de son œil ensanglanté les compresses imbibées d'eau salée.

La douleur fut atroce et lui arracha une série de jurons nettement articulés.

— Ça ira mieux demain, dit-il ensuite. Parlons d'autre chose, et, à propos d'autre chose, faites donc un peu attention à ma cousine Mignonne, que voilà toute étendue par terre comme un paquet de linge sale... Est-ce qu'il lui est arrivé malheur aussi, à celle-là ?

Nos lecteurs devinent sans peine avec quel accent Pierre Nicod prononça cette dernière phrase.

Tandis que Monique relevait Mignonne, Jérôme répondit :

— Oh ! la petite, ce n'est rien, elle a rencontré un loup qui s'est jeté sur ses bêtes et la frayeur lui a tourné le sang, voilà tout !

— Ah ! fit Pierre.

— Mais toi, mon pauvre garçon, continua le fermier où donc que tu as attrapé ce mauvais coup ?

— Moi... dit le nain en paraissant hésiter.

Mais il répondit presque aussitôt :

— Mon Dieu, c'est bien simple ! J'étais monté sur un arbre dans le bois de la *Souche* pour dénicher des pies, j'ai mis le pied sur une branche pourrie, elle s'est cassée, j'ai essayé de me rattraper, je n'ai pas pu, j'ai dégringolé jusqu'en bas et il s'est trouvé par terre un maudit morceau de bois mort, juste en face de mon œil droit. Voilà !

— Nom de nom ! quelle sacrée chance !

— Le fait est que c'est du guignon ! mais, bast ! je ne serai pas beaucoup plus laid après qu'avant...

Pierre se mit à rire.

Cette apparence de gaieté était effrayante.

Il garda le silence pendant un instant, puis il reprit :

— Maintenant, je vais me coucher, car, comme bien vous pensez, je n'ai guère envie de souper. Allons, bonsoir tout le monde...

Mignonne venait de rouvrir les yeux.

Pierre Nicod s'approcha d'elle.

Il lui prit la main que la pauvre enfant n'osa pas lui refuser.

Et, serrant cette main à la broyer, il ajouta :

— Bonsoir aussi, cousine Mignonne, bonsoir et au revoir !

Puis il sortit en chancelant.

§

Trois semaines s'étaient écoulées depuis les derniers événements que nous venons de raconter.

Pendant quelques jours, Pierre Nicod, en proie à une fièvre violente, avait dû garder la chambre et le lit.

Mais la force prodigieuse de sa constitution l'avait miraculeusement tiré d'affaire, et, depuis une semaine environ, il quittait la ferme, chaque après-midi, pendant deux ou trois heures.

Mignonne continuait, comme par le passé, à mener paître son troupeau sur le plateau de la *Roche*, où M. de Saint-André ne manquait jamais de venir la rejoindre.

La jeune fille aimait Charles, nous l'avouons.

Elle l'aimait d'un amour tout à la fois naïf et absolu.

Seulement, et malgré les suggestions perfides de la jeunesse, de l'inexpérience et des désirs, Mignonne, mise en garde contre elle-même par la faiblesse qu'elle avait montrée lors de la scène de la grotte, avait élevé autour de sa pudeur une infranchissable barrière et n'avait rien accordé de complet et de décisif aux ardentes sollicitations de Charles.

La passion de ce dernier n'en était que plus vive.

Il savait bien que l'heure du berger sonnerait tôt ou tard pour lui.

Seulement il ignorait si cela serait bientôt.

Et, disons-le, au milieu des émotions d'un premier

amour, cette attente inquiète, fébrile, mêlée de grandes joies et de petites déceptions, cette attente ne manquait pas de charme.

C'est alors qu'était survenu dans les allures et dans les habitudes de Charles ce changement si complet dont nous avons entendu la baronne de Saint-André parler à l'abbé Bricogne dans les premières pages de ce livre.

La situation de nos principaux personnages étant ainsi posée, poursuivons.

IA

LA PASSERELLE.

Nous prions nos lecteurs de vouloir bien se transporter avec nous dans un lieu fort pittoresque assurément, et connu dans tout le pays sous cette désignation : *La passerelle du Val d'Ajoz.*

Le Val d'Ajoz, à trois ou quatre lieues de l'endroit qui nous occupe, était une vallée large et profonde, encaissée entre des collines abruptes et parcourue par une petite rivière dont les eaux bondissantes écumaient sur un lit de cailloux.

Peu à peu, et en se dirigeant du côté où vont se passer les faits dont nous sommes l'historien, les parois de la vallée se rapprochaient insensiblement.

Les collines devenaient des rochers taillés à pic.

Le ruisseau se faisait torrent et se brisait avec fureur contre les blocs de granit qui s'opposaient à sa course impétueuse.

Et enfin, à l'endroit nommé *la passerelle,* le val, profond de près de cent pieds, n'en comptait guère plus de huit ou dix de largeur.

Au fond de cet abîme, l'eau du torrent bruissait comme une cataracte, et, en se penchant sur les bords, on entrevoyait au milieu de la demi-obscurité une écume blanchâtre semblable à un brouillard léger et permanent.

La passerelle était un petit pont formé de deux planches de sapin, sans garde-fou, et étroit à donner le vertige.

Des ormes séculaires et des chênes immenses croissaient tout à l'entour et donnaient au paysage un cachet sévère et grandiose.

§

C'était un matin au point du jour.

Le soleil se levait pâle, à l'orient, au milieu de vapeurs épaisses.

Le torrent grondait au fond du gouffre et de petits nuages floconneux montaient à l'orifice.

Auprès de la passerelle un homme était accroupi.

On ne pouvait juger de la taille de cet homme, dont les jambes pendaient dans l'abîme.

Il était vêtu d'une blouse bleue, et une sorte de bandage cachait son front et presque tout le côté droit de son visage.

Nos lecteurs ont reconnu Pierre Nicod.

Le nain s'occupait à un travail étrange et incompréhensible.

A côté de lui se trouvaient une serpe, une petite scie et une vrille de menuisier.

Il avait enlevé les deux planches de la passerelle et l'extrémité de l'une de ces planches se trouvait sur ses genoux.

Il sciait adroitement cette planche, en biais, à trois pieds du bout.

Et, tandis que son outil mordait le bois sec, il chantonnait entre ses dents et avec distraction ce vieux rondeau populaire :

> Là-haut, là-bas, sur un rocher
> Il est une bergère...
> Lon-là,
> Il est une bergère...
> Qui chantait haut, qui chantait bas,
> En plaignant sa misère.
> Lou-là !
> En plaignant sa misère !

Quand le sapin se fut séparé en deux morceaux, il prit la vrille et perça dans la double extrémité de ces morceaux trois trous qui se correspondaient.

Chacun de ces trous reçut une cheville préparée d'avance, et la planche, ainsi rajustée, sembla, comme auparavant, d'une seule pièce.

Ceci terminé, Pierre Nicod se mit à l'œuvre pour la seconde planche en reprenant sa chanson :

> Le fils du roi l'a entendue
> Du logis de son père.
> Lou-là !
> Du logis de son père.
> Le fils du roi s'est demandé :
> Quelle est cette bergère?
> Lou-là !
> Quelle est cette bergère ?

Nous faisons grâce à nos lecteurs des autres couplets.

Dès qu'il eut achevé sa besogne, Pierre Nicod se leva.

Avec des précautions inouïes, il replaça les deux planches au-dessus du torrent, et la passerelle se trouva reconstruite, aussi solide, en apparence, qu'une heure auparavant.

Seulement, un piége horrible se cachait sous cette trompeuse apparence, car le poids le plus frêle devait disjoindre la passerelle et broyer dans l'abîme celui qui se serait aventuré à la traverser.

Un sourire effrayant vint écarter les lèvres du nain, tandis qu'il jetait un regard de triomphe sur le travail qu'il venait de mener à bien.

— Ah! ah! murmura-t-il, nous rirons tout à l'heure!

Et il alla se blottir sous les broussailles, à vingt pas de la passerelle perfide.

On devine que Pierre Nicod qui, depuis quelques jours, étudiait, dans l'intérêt de sa vengeance, les habitudes de son rival, s'était assuré que, chaque matin, Charles de Saint-André franchissait la passerelle du val d'Ajoz pour se rendre auprès de Mignonne au plateau de *la Roche*.

§

Comme de coutume, M. de Saint-André venait de se mettre en route.

Nous n'ignorons pas que la chasse servait de prétexte à ses longues absences.

Aussi ne manquait-il point d'emporter sa carnassière et son fusil, et d'emmener deux chiens d'arrêt, quoique tout cela lui fût parfaitement inutile.

Diane et Pompée, ses fidèles compagnons, bondissaient joyeusement devant lui, se jetant parfois à droite et à gauche dans les champs fraîchement moissonnés et semblant engager leur maître à les y suivre.

Mais Charles se souciait peu des lièvres et des perdrix, il allait revoir Mignonne. Il était absorbé par ses pensées d'amour, et tout le gibier de la terre aurait pu partir entre ses jambes sans qu'il se donnât la peine de faire un mouvement pour lui envoyer du plomb.

— Comme elle est jolie! se disait-il, comme elle est jolie et comme je l'aime, ma Mignonnette!... Pauvre petite! elle m'attend, elle m'appelle, et son cœur bat en pensant que je vais venir! elle m'aime bien aussi, Mignonne... pourquoi donc me résiste-t-elle? Puisqu'elle abandonne à mes baisers ses beaux yeux, ses lèvres si fraîches et ses cheveux si doux, puisque ses regards, en s'attachant aux miens, deviennent tremblants d'émotion et humides de volupté, puisque, lorsque je la tiens dans mes bras, je sens son jeune cœur palpiter et bondir contre le mien... pourquoi donc refuse-t-elle de me donner tout ce qu'une femme peut donner de bonheur à l'homme qu'elle aime et dont elle est aimée? Elle n'est ni coquette, ni fausse, ni artificieuse cependant! Elle est simple comme la fleur des champs! elle ignore l'art d'attiser les désirs par une adroite résistance. Qui donc combat ainsi pour elle? Qui donc la défend si vaillamment et contre moi et contre elle-même?... Son innocence et sa pudeur. Pauvre enfant que je veux tromper! Mais, la tromper... pourquoi? Si, au lieu d'être son amant, je devenais... son mari? Allons donc, je suis fou! Fou!... pourquoi? Elle est jeune, elle est belle, elle est sage, cette jeune fille, son esprit est inculte, mais il peut se former; elle m'aime, enfin, et elle n'a jamais aimé que moi... Ne serais-je donc pas heureux avec elle? Oui, sans doute. Mais que dirait ma mère?... Mais que dirait le monde?... Le monde rirait de moi. Ma mère ne consentirait jamais à une semblable mésalliance.

Une *mésalliance*. — Quel mot et quelle idée absurde !
« Qui m'empêche de braver un préjugé stupide ? Qui m'empêche de conquérir mon bonheur, malgré tous, et malgré tout ? Au fait, rien ne m'en empêche... Ah ! diable ! qu'est-ce que je dis donc ? J'oublie que je n'ai que vingt-deux ans ! Entre moi et la liberté, le Code élève une barrière de trois ans. Je déteste le Code civil !... Heureusement qu'à mon âge on a le droit de compter sur l'avenir... Si dans trois ans j'aime encore Mignonne, et ce n'est pas douteux, puisque je l'aimerai toujours ! eh bien, je ne dépendrai que de moi seul et je serai le maître d'obéir à mon cœur. Mais d'ici-là... Ah ! d'ici-là, je ne peux cependant pas me contenter des joies de l'amour platonique et des bonheurs de l'espérance ! Trois ans, c'est si long ! Je serai l'amant de Mignonne jusqu'au jour d'être son mari. Ce ne sera pas la tromper, puisque dans trois ans je l'épouse. C'est décidé, et ce matin même il faut que j'en finisse ?... »

. . . .

Charles avançait toujours, tandis que se succédaient dans son esprit les folles divagations que nous venons de reproduire.

Déjà il avait quitté les champs pour s'enfoncer dans la partie du pays montagneuse et boisée.

I approchait de la passerelle du val d'Ajoz.

X

LE RENDEZ VOUS.

Au premier bruit des pas de Charles dans le sentier qui conduisait à la passerelle, Pierre Nicod s'était soulevé à demi au milieu des broussailles qui le cachaient.

Il eût été curieux et terrible tout à la fois d'observer, en ce moment, la physionomie du nain.

Étendu sur le sol, mais appuyé sur ses poignets qui supportaient le poids de son buste, il regardait avidement dans la direction de Charles.

Sa figure était pourpre d'émotion.

Ses veines se gonflaient sous sa peau rugueuse et hâlée.

Son œil unique étincelait d'une joie farouche.

Enfin sa poitrine bondissait d'impatience, car Charles marchait lentement, et pourtant chaque pas du jeune homme le rapprochait d'une mort inévitable.

Pierre Nicod touchait au but.

Le premier de ces deux serments allait être accompli.

M. de Saint-André s'arrêta tout à coup.

Dix pas à peine le séparaient des bords de l'abîme.

Le cœur de Pierre Nicod cessa de battre.

Charles se retourna et promena son regard autour de lui.

Il ne vit pas ses chiens.

Il approcha de ses lèvres un petit sifflet en os qu'il portait suspendu à la bandoulière de son sac de chasse et il en tira à trois reprises différentes un son aigu et prolongé.

Puis il cria de cette voix perçante et gutturale dont les chasseurs savent prendre l'habitude :

— Ici, Diane! ici, Pompée! Allons donc!

On entendit dans le taillis un froissement rapide, et les deux chiens obéissants, bondirent jusqu'aux pieds du maître.

Charles les caressa de la main et se remit à marcher.

Les fidèles animaux, joyeux d'avoir reçu une caresse au lieu d'une correction qu'ils pensaient mériter, poussèrent un hurlement de satisfaction et se précipitèrent en avant.

Un cri sourd et un juron difficilement contenu s'échappèrent des lèvres contractées de Pierre Nicod.

Sa pâleur livide augmenta, et il se laissa tomber à plat-ventre dans les broussailles avec une expression de découragement profond.

Les chiens atteignirent la passerelle.

Tous deux s'y précipitèrent à la fois.

Un léger craquement se fit entendre.

La passerelle s'affaissa dans l'abîme, et les pauvres animaux, poussant vainement un hurlement d'angoisse et d'appel, disparurent avec les débris des planches perfides et brisées.

Charles, muet de stupeur, demeura d'abord immobile et les yeux hagards sur la rive du gouffre où la mort l'attendait s'il y avait fait un pas de plus.

Puis, revenu de sa première surprise, il chercha vainement à se rendre compte des causes de l'incroyable accident dont il venait d'être le témoin.

Et enfin, désespérant de trouver une solution raisonnable, et malgré le chagrin bien naturel que lui faisait éprouver la perte de Pompée et de Diane, il se dirigea vers la gauche afin de gagner le plateau de La Roche, à l'aide d'un détour de deux ou trois lieues.

§

Au moment où M. de Saint-André arriva auprès de Mignonne, la jeune fille l'attendait depuis plus d'une heure. Une inquiétude instinctive commençait à s'emparer d'elle.

Elle était pâle.

Une ride passagère se dessinait par instant entre ses jolis sourcils froncés.

Ses petits doigts effeuillaient distraitement les pétales d'une marguerite sauvage, sans qu'elle pensât même à interroger l'oracle de la fleur prophétique.

Déjà une larme furtive commençait à perler sous les longs cils de ses yeux attristés.

Soudain elle tressaillit, tourna la tête et poussa un cri joyeux. Le bruit d'un pas rapide retentissait parmi les bruyères, et Mignonne venait de reconnaître Charles qui s'approchait.

— Comme vous venez tard! murmura-t-elle aussitôt que son amant fut à ses côtés et en s'efforçant de cacher son émotion sous un petit air boudeur.

— Oui, sans doute, je viens tard, chère enfant, répondit Charles, mais je te jure que ce n'est pas ma faute.

— Vraiment? fit Mignonne d'un air incrédule.

— Certes! et si tu savais...

— Quoi donc ?

— Le danger que j'ai couru.

Au mot de *danger*, les couleurs vermeilles qui étaient venues empourprer les joues de la jeune fille disparurent comme par enchantement.

— Un danger ? s'écria-t elle.

— Oui, et le plus terrible de tous.

— Parle donc, Charles! parle vite... tu vois bien que je meurs d'impatience et d'effroi!...

Et, tout en disant ces mots, la jeune fille avait enlacé son amant dans ses bras où elle le serrait étroitement comme pour le protéger contre tout péril.

Charles lui raconta ce qui venait de se passer.

Rien ne saurait rendre l'expression de profonde épouvante qui se peignit sur les traits de Mignonne pendant ce récit.

— Oh! mon Dieu... s'écria-t-elle seulement quand Charles eut achevé. Oh! mon Dieu!

— A quoi tenaient cependant les destinées de notre amour; ajouta le jeune homme en manière de réflexion philosophique, si j'avais négligé de rappeler mes chiens, si j'avais fait un pas de plus en avant, nos beaux rêves se trouvaient brisés par un accident bien vulgaire!...

— Un accident! murmura Mignonne à demi-voix. Vous croyez à un accident?

— Sans doute, répondit Charles étonné de cette question.

— Ah! dit simplement la jeune fille.

— Et toi, Mignonne, à quoi crois-tu donc?

— A une vengeance.

— Une vengeance!... et de qui?

— Je ne sais pas, fit la paysanne après un instant de silence et d'hésitation.

— Je n'ai point d'ennemis, continua Charles.

Mignonne ne répondit rien.

— Je n'ai offensé personne, personne n'a le moindre motif pour chercher à me nuire, et d'ailleurs qui donc pouvait deviner que, chaque matin, à la même heure, je traversais la passerelle du val d'Ajoz? qui donc pouvait concevoir et exécuter la pensée d'un piège infernal? Décidément, ma petite Mignonne, tu es un peu folle, mais je ne t'en veux pas, car si tu trembles ainsi pour moi, si tu rêves sur mon chemin des haines imaginaires, c'est que tu m'aimes, Mignonnette!

— Oui, je t'aime! répondit la jeune fille.

Et elle murmura tout bas.

— Oh! Pierre Nicod! Pierre Nicod!

Puis la conversation reprit entre Charles et la paysanne, mais ce ne fut qu'une causerie d'amour et nous nous abstiendrons de la reproduire, car elle serait pour nos lecteurs monotone et sans intérêt.

Avons-nous besoin d'ajouter que le cousin de Mignonne assistait à cette entrevue, caché, comme de coutume, dans les touffes de buis et de genêts où il était venu se blottir aussitôt après avoir vu la non-réussite du traquenard tendu par lui.

§

Il est certaines âmes où le levain de la haine et de l'amertume ne fait que grossir et se développer chaque jour.

L'âme de Pierre Nicod était de celles-là.

Le paysan venait d'échouer une première fois dans ses projets sinistres.

Mais il n'en caressait pas avec moins d'ardeur l'amour et l'espoir de la vengeance.

Seulement il avait résolu, dût-il se compromettre jusqu'à porter sa tête sur l'échafaud, il avait résolu, disons-nous, de ne plus rien abandonner au hasard et de tuer Charles de sa propre main.

Nous allons le voir à l'œuvre.

Quatre jours environ après l'aventure de la passerelle, M. de Saint-André et Mignonne, vers les trois heures de l'après-midi, étaient assis l'un à côté de l'autre sous l'ombrage épais d'un hêtre gigantesque qui formait l'angle du bois de la Souche.

Charles tenait Mignonne à demi-renversée sur son cœur et lui parlait avec une extrême chaleur, mais presque à voix basse.

Car il est remarquable que les amoureux bien épris, même quand ils sont au milieu de la plus complète solitude, cherchent à s'isoler encore davantage en parlant tout bas.

Sans doute le jeune homme voulait obtenir quelque chose, son accent semblait supplier.

Mignonne, très-rougissante et très-émue, ne répondait qu'à peine.

— Dis-moi *oui*, ma bien-aimée, murmurait Charles à l'oreille de la paysanne, ce seul mot de toi me rendra si heureux...

Mignonne gardait le silence et Charles poursuivait :

— Tu sais que je t'adore ! tu n'en peux pas douter ! tu sais qu'en toi j'ai mis tout mon bonheur... tout mon avenir... Tu sais que tu seras ma femme... tu sais que j'ai pour toi autant de respect que d'amour... Que peux-tu donc craindre, Mignonne, et pourquoi me refuser depuis si longtemps cette faveur que j'implore à tes genoux?...

Il est bon de noter en passant que Charles, tandis qu'il parlait ainsi, n'était nullement à genoux; mais le jeune homme, novice autant qu'on peut l'être en matière de galanterie, s'était fortement imbu de la phraséologie d'usage dans les romans du temps de l'empire qu'il avait trouvés dans la bibliothèque de son père.

D'ailleurs il est reconnu que cela est toujours d'un excellent effet de dire à une femme qu'on est à ses genoux.

Et puis, enfin, Mignonne n'y regardait pas de si près.

— Au nom du ciel! au nom de notre amour! reprit Charles avec une ardeur croissante, reçois-moi dans ta chambre cette nuit, pour une heure si tu veux, rien que pour un instant, si tu l'exiges; quand tu me diras de partir, je partirai, tes moindres volontés seront pour moi des ordres. Je ne prendrai pas même ta main pour la porter à mes lèvres si tu me le défends, je te le jure, ma Mignonne!...

On pense bien que Charles n'avait pas le moins du monde l'intention de tenir ce dernier serment.

Mais bah!

Et il reprenait :

— Tu veux bien, Mignonne? tu veux bien, n'est-ce pas?

— Oui... balbutia la jeune fille, éperdue sous les caresses brûlantes dont son amant accompagnait ses promesses de sagesse et d'obéissance. — Oui... tout... tout ce que tu voudras...

— Ainsi, ce soir! s'écria Charles avec une joie infinie, ainsi, ce soir, tu me recevras?

— Oui...

— A quelle heure?...

— A la ferme on soupe à huit heures... à dix heures tout le monde est endormi...

— A dix heures j'arriverai...

— Mais vous ne savez pas où est ma chambre...

— Je le sais à merveille, au contraire...

— Ah!... fit la jeune fille avec étonnement.

— L'autre jour, continua Charles, je suis entré à la ferme sous prétexte de me rafraîchir; j'ai complimenté ton oncle sur le bon ordre de sa propriété et les agréments de sa maison, et, fier de mes éloges, il m'a fait visiter le logis dans tous ses coins et recoins, en ayant grand soin de m'indiquer la destination de chaque pièce.

— Vraiment? dit Mignonne avec un sourire.

— Je sais donc où est ta chambre et je te jure que je n'en ai pas oublié le chemin...

— Eh bien, je laisserai la porte du couloir entr'ouverte et vous n'aurez qu'à la pousser pour entrer... mais surtout, prenez bien garde de ne pas faire de bruit... Si l'on vous entendait, je serais perdue.

— Sois tranquille, chère Mignonne, personne ne me verra, personne ne soupçonnera ma présence...

— C'est bien mal peut-être ce que je fais là... murmura Mignonne.

— Quand on s'aime rien n'est mal! répondit Charles avec une magnifique audace de sophisme.

Puis, pour couper court aux vertueux scrupules de Mignonne, il prit de nouveau la jolie fille dans ses bras, la serra à deux reprises sur son cœur et s'éloigna rapidement en lui disant pour adieu :

— A ce soir !...

— A ce soir !... répondit-elle en baissant les yeux.

Mais bientôt elle les releva machinalement pour regarder si le soleil était encore bien haut sur l'horizon, et elle se dit, à son insu, que la nuit tarderait bien longtemps à venir...

XI

UN COUP DE CARABINE.

Au moment où Charles s'éloignait, une forme humaine, accroupie derrière le tronc du grand hêtre, se leva brusquement.

C'était Pierre Nicod.

Le nain serrait convulsivement entre ses mains longues et noueuses une petite carabine à moitié rongée par la rouille.

Il se coula comme un serpent à travers le taillis et disparut dans une direction parallèle à celle que venait de prendre M. de Saint-André.

Après avoir rampé plutôt que marché pendant quelques centaines de pas, Pierre Nicod trouva un sentier qu'il se mit à suivre en courant.

Mais peu à peu son allure se ralentit insensiblement jusqu'à ce qu'il fût arrivé, haletant et couvert de sueur, à l'issue d'une clairière de peu d'étendue.

Là il s'arrêta.

Il promena autour de lui son regard et, après un examen long et attentif du lieu dans lequel il se trouvait, il alla s'embusquer derrière un amas de fagots à moitié pourris.

Le nain, ainsi placé, se trouvait faire face au sentier par lequel il venait d'arriver.

Au bout de dix ou douze minutes on entendit les feuilles sèches craquer sous un pas rapide.

Le nain arma sa carabine.

Il en visita le bassinet.

Il examina le tranchant de la pierre à feu.

Il épaula la crosse lourde et massive et il posa son doigt sur la gâchette.

Le bruit des pas retentissait plus rapproché.

Un tremblement convulsif agitait tous les membres de Pierre Nicod.

Enfin M. de Saint-André apparut à l'extrémité de la clairière.

L'espoir d'un prochain bonheur rendait son visage radieux.

Son front rayonnait.

Ses yeux étincelaient de joie.

Ses lèvres étaient souriantes.

Pierre Nicod lui laissa faire trois pas encore.

Puis il appuya sur la détente de son arme, après avoir longuement visé.

Le coup partit.

Charles poussa un grand cri.

Son fusil s'échappa de ses mains.

Il tourna par deux fois sur lui-même et tomba en avant la face contre terre.

En même temps, le sol se rougit tout autour de lui d'une écume sanglante.

Pierre Nicod attendit pendant quelques minutes.

Puis, rassuré par la complète immobilité de sa victime,

il quitta sa cachette et marcha jusqu'au corps inanimé qu'il heurta du bout de son pied.

Un sourire farouche vint alors écarter ses lèvres et il s'éloigna en disant tout bas :

— J'en ai fini avec celui-ci ! A l'autre, maintenant !!

§

Neuf heures du soir venaient de sonner au coucou rustique, seul et peu invariable chronomètre de la ferme des *Elioux*.

L'aspect de la grande salle était à peu près le même que celui que nous avons décrit dans le septième chapitre de ce volume.

Seulement la famille était au complet.

Ce qui veut dire que Pierre Nicod et Mignonne assistaient au souper.

La jeune fille ne mangeait qu'à peine.

Elle semblait très-émue et très-agitée.

Tantôt sa figure était pâle comme les pétales d'une rose blanche.

Tantôt ses joues devenaient pourpres comme la fleur du coquelicot.

Sa gorge se soulevait avec un mouvement rapide et irrégulier, et, à travers le corsage grossier de sa robe, on aurait presque pu compter les palpitations de son cœur.

A deux ou trois reprises, Jérôme avait remarqué ces symptômes inaccoutumés et il avait dit à Mignonne avec un véritable intérêt.

— Est-ce que tu te sens malade, petiote ?

Ce à quoi la paysanne avait répondu :

— Malade, non, mon oncle ? oh ! que nenni ! bien au contraire !!!

Pierre Nicod, qui savait merveilleusement à quoi s'en

tenir sur la maladie de sa cousine, ne la perdait pas de vue un seul instant.

Quoique lui-même fût très-pâle, son œil unique étincelait d'une joie farouche et d'une ardeur brutale en se fixant sur elle.

Il épiait chacun de ses tressaillements.

Et quand, ainsi que nous le disions tout à l'heure, elle changeait subitement de visage, ses lèvres, en se contractant, semblaient ébaucher un sourire.

C'est que Pierre Nicod avait son plan.

Le souper touchait à sa fin.

— Dis donc, petiote, demanda tout à coup l'oncle Nicod à Mignonne, pendant que tu gardais les chèvres à ce tantôt, sur la roche, n'aurais-tu point vu passer par hasard le fils à M. le baron de Saint-André ?

— Oui, mon oncle, je l'ai vu passer, répondit Mignonne en devenant cramoisie, pourquoi donc que vous me demandez cela ?

— Parce qu'on m'a rapporté qu'il venait presque tous les jours à la chasse par ici, et que vers les trois ou quatre heures, j'ai entendu tirer un coup de fusil du côté du bois de la Souche.

— C'est peut-être bien un braconnier... interrompit Pierre Nicod.

— Oh ! quant à ça, sa peut tout de même, répondit Jérôme.

Et il poursuivit :

— Mais pour en revenir au fils à monsieur le baron de Saint-André, c'est ce qu'on peut appeler un jeune homme bien aimable...

— Tiens, vous le connaissez !... fit Pierre en ricanant.

— Certainement que je le connais... Il est venu l'autre jour à la ferme se rafraîchir d'un verre de vin... Oh !

oui, que c'est un jeune homme comme il y en a peu ! aimable et poli, et pas fier du tout ! Il cause avec nous comme si qu'on était de pair et compagnon avec lui... il a voulu tout voir dans la maison, et même qu'il a trouvé que tout était bien tenu et en bel ordre... Oh ! mon fils Pierre, il serait à souhaiter que tous les gens riches ressemblassent à ce jeune monsieur là...

— Oui... oui... père !... répliqua le nain avec un accent intraduisible, ça serait à souhaiter et je le souhaite !...

Il y eut un instant de silence.

L'émotion de Mignonne, émotion qui avait failli la trahir tandis qu'on parlait de Charles de Saint-André, s'était un peu calmée.

Pierre Nicod reprit.

— Je ne sais pas si c'est que le temps veut changer, mais mon œil me fait souffrir, à ce soir, que c'est une malédiction. Je m'en vas me coucher, bonne nuit tout le monde.

Le paysan sortit.

Un instant après, le garçon de ferme et la grosse servante suivirent son exemple.

Il ne resta plus dans la salle que Jérôme, sa femme et Mignonne.

— Tu devrais t'aller coucher aussi, petiote, dit Jérôme à cette dernière, véritablement, et quoi que tu en dises, tu es un petit peu malade.

Mignonne prit une chandelle.

— Bonsoir, mon oncle, dit-elle, bonsoir, ma tante, bien bonne nuit.

Et elle quitta lentement la chambre, car ses jambes pliaient sous elle.

Il était en ce moment dix heures moins un quart.

XII

. . .

Mignonne, pour gagner sa chambre, devait traverser la cour de la ferme.

En sortant de la pièce commune elle s'arrêta un moment afin de respirer l'air pur et rafraîchi du soir.

Elle espérait apaiser ainsi les torrents de flammes qui coulaient dans ses veines.

La nuit était d'une beauté et d'une sérénité merveilleuses.

Aucun bruit ne venait troubler son silence solennel, si ce n'est le petit cri faible et monotone du grillon et l'aboiement lointain du renard pourchassant sa proie.

Mais ni cette fraîcheur, ni ce calme, ni ce silence ne calmaient la puissante émotion de Mignonne, ne ralentissaient les battements de son cœur.

Tout d'un coup, illusion ou réalité, il lui sembla entendre un bruit de pas furtifs.

— C'est lui! pensa-t-elle, c'est lui qui vient... déjà!...

Il se fit alors dans ses oreilles un bourdonnement confus, et elle serait tombée à la renverse si elle ne s'était appuyée au mur pour se soutenir.

Instinctivement, elle approcha de ses lèvres la lumière qu'elle tenait à la main et souffla sur la flamme.

L'obscurité devint complète.

Mignonne écouta de nouveau.

Tout bruit avait cessé.

Elle s'était trompée sans doute.

La jeune fille songea à retourner dans la salle commune pour y rallumer sa chandelle.

Mais depuis quelques instants déjà elle était dans la cour. Comment expliquerait-elle ce retard, si on l'interrogeait?

D'ailleurs, elle réfléchit qu'une lumière pourrait trahir le secret de son rendez-vous.

La clarté de la lune était faible et indécise, mais suffisante cependant pour se guider au travers des ténèbres.

Mignonne alla jusqu'au couloir.

Elle en ouvrit la porte qu'elle eut soin de ne refermer qu'à demi.

Puis elle gagna sa chambre à tâtons et se laissa tomber sur une chaise auprès du lit.

§

Nos lecteurs devinent facilement que Pierre Nicod ne s'était point couché, ainsi qu'il en avait exprimé tout haut l'intention.

Blotti dans un hangar à remiser les charrues, lequel se trouvait situé à l'un des angles de la cour, il avait épié la sortie de Mignonne.

Quand la jeune fille éteignit sa lumière, il ne put retenir un brusque mouvement de joie.

Après l'avoir vue pénétrer dans le couloir qui conduisait à la chambre à coucher, il attendit pendant quelques instants, silencieux et immobile.

Et enfin, côtoyant la muraille et assourdissant le bruit de ses lourds sabots, il se dirigea à son tour du côté du couloir où il entra pieds nus.

La porte céda sous la première pression de sa main, mais en tournant sur ses gonds rouillés, elle cria légèrement.

Si faible et si indistinct que fût ce bruit, Mignonne l'entendit :

— Qui est là ? murmura-t-elle d'une voix étouffée.

— Moi, répondit le paysan tout bas.

— Vous ? Charles ?.. demanda de nouveau Mignonne.

— Oui... répliqua le nain.

— Alors, ajouta la jeune fille, attendez... je vais vous conduire...

Et Mignonne, craignant que son amant se heurtât dans l'obscurité, courut à la rencontre du nouveau venu et lui prit la main, afin de lui servir de guide.

Mais elle recula aussitôt en poussant une exclamation de surprise et de terreur.

— Ce n'est point la main de Charles !... s'écria-t-elle, qui êtes-vous... qui êtes-vous ?

Pierre Nicod ne répondit pas.

Il marcha rapidement en avant, pour chercher à s'emparer de Mignonne.

Mais déjà la jeune fille était rentrée dans sa chambre.

Elle en repoussa violemment la porte et s'efforça de la fermer...

Pierre Nicod appuyait de l'autre côté, et ses bras avaient la puissance de deux leviers de fer.

Mignonne fut repoussée et la porte s'ouvrit.

L'épouvante de la jeune fille était telle qu'elle ne lui laissait même pas la possibilité d'appeler au secours.

La pauvre enfant se rejeta dans le fond de la chambre, espérant, à la faveur des ténèbres, pouvoir regagner la sortie et s'enfuir au dehors.

Pierre Nicod voyait clair la nuit, comme les chats.

Il marcha droit à Mignonne.

Cette dernière devina qu'il approchait et bondit de côté.

Mais ses pieds s'embarrassèrent dans un paquet de vêtement qui venait de rouler à terre.

Elle tomba.

Dans sa chute, son front porta sur l'angle d'une table.

Le coup fut horrible et le sang jaillit.

Mignonne perdit connaissance.

Le nain, triomphant, la releva dans ses bras et la porta jusque sur le lit en murmurant à ses oreilles ces paroles qu'elle ne pouvait plus entendre :

— Tu me demandais qui je suis, je suis ton cousin Pierre, Pierre le paysan, Pierre le nain, Pierre le monstre, comme on dit ! J'avais juré de tuer ton amant, et ton amant est mort ! J'avais juré que tu serais à moi, et tu vas être à moi, Mignonne !!!

. . . .

§

Nos lecteurs savent maintenant pourquoi Charles de Saint-André avait été rapporté mourant au château de ses parents et pourquoi le second chapitre de ce volume se termine par ces mots du chirurgien venu de Pontarlier :

— Je ne réponds de rien !

Reprenons maintenant le fil de notre récit, récit interrompu, d'une manière fatale mais indispensable, par l'exposé des faits, qui remplissent les chapitres intermédiaires.

Voyons d'abord ce qui se passait au château de Saint-André à cette même heure où, dans la chambrette de la ferme des Etioux, Pierre Nicod violait Mignonne.

Le chirurgien avait opéré, avec habileté et avec bonheur, l'extraction de la balle qui se trouvait logée dans le côté droit de la poitrine de Charles.

Cette opération, longue et douloureuse cependant, n'avait point rappelé le jeune homme à lui-même.

La baronne et son mari sanglotaient, agenouillés tous deux près du corps inanimé de leur fils.

Tous les assistants étaient consternés.

— Il me reste une lueur d'espoir, dit le chirurgien en se tournant vers madame de Saint-André ; mais il y a dans cette pièce beaucoup trop de monde et beaucoup trop de bruit, veuillez donner des ordres, madame, pour qu'on me laisse seul avec le blessé, et faites-moi apporter des sels ou, à leur défaut, le vinaigre le plus fort qu'il sera possible de se procurer !

— Je ne veux pas quitter mon fils !... s'écria la baronne.

— Alors, restez avec moi, madame, mais vous seule, et qu'on me donne à l'instant même ce que je viens de demander.

Les volontés ou plutôt les ordres du docteur furent exécutés sans retard.

Madame de Saint-André, avec des précautions de mère, c'est tout dire, souleva la tête pâle de son fils.

Pendant ce temps, le chirurgien appuyait contre les narines du jeune homme un mouchoir imbibé de vinaigre.

Charles, au bout d'une minute, entr'ouvrit les yeux.

Il essaya de faire un mouvement ; mais, sans doute, ce mouvement détermina une douleur aiguë.

Un gémissement douloureux s'échappa des lèvres décolorées du mourant.

Ses yeux se refermèrent et sa tête pesa plus lourdement sur les mains tremblantes de sa mère.

— Mon Dieu! s'écria la baronne, mon Dieu, mon fils est mort!

— Non, répondit le chirurgien, mais je crains que la nuit ne soit terrible!...

— Y a-t-il quelque chose à faire?

— Rien, si ce n'est de préparer une potion calmante dont je vais écrire la formule, et de soutenir le blessé, tandis que je vais poser un appareil.

Au bout d'une heure, la baronne, penchée sur le chevet de son fils, s'aperçut que la pâleur livide de son visage faisait place à une teinte rosée qui devenait, par gradations, d'une rougeur ardente.

— Docteur, dit-elle avec effroi, voyez donc... voyez donc!...

— La fièvre arrive, répondit le chirurgien; je m'y attendais.

L'instant d'après, Charles ouvrait de nouveau les yeux et se dressait sur son séant.

Son regard était vague et indécis.

Ses lèvres murmuraient des mots qu'on ne pouvait entendre.

La baronne lui prit la main et couvrit cette main de baisers et de larmes en disant, à travers ses sanglots :

— Mon fils... mon Charles... mon pauvre enfant!...

Charles continua à balbutier des paroles indistinctes.

— Ne lui parlez point, madame, dit le chirurgien, il a le délire et il ne peut ni vous comprendre ni vous répondre.

A mesure que les minutes se passaient, les yeux du

blessé devenaient plus brillants et ses paroles plus distinctes.

On eût dit qu'une rapide ivresse envahissait son cerveau.

— Mignonne, répétait-il, Mignonne... Mignonne...

Le chirurgien remplit une tasse avec la potion qu'on avait préparée.

Il l'approcha lui-même des lèvres du malade.

Charles but sans résistance.

Un bien-être soudain se manifesta.

L'écarlate des joues pâlit.

Les yeux devinrent moins ardents.

Le malade sembla se calmer.

Mais, au bout d'une demi-heure à peine, ces symptômes satisfaisants disparurent.

Le délire et la fièvre reprirent toute leur intensité.

Le chirurgien fit boire à Charles une seconde tasse de la potion.

Son effet fut aussi prompt que la première fois.

Le jeune homme laissa retomber sa tête sur son oreiller et s'assoupit, en répétant encore le nom de Mignonne.

XIII.

LE RÉVEIL.

Quoique ce livre ne soit pas le moins du monde un roman inventé à plaisir, mais bien une histoire très-réelle, aussi vraie dans le fond que dans les détails, nous nous abstiendrons de rapporter ici l'historique du traitement que le chirurgien de Pontarlier fit suivre à Charles de Saint-André.

Disons seulement quels furent les résultats de ce traitement.

Le jeune homme, pendant plus de quinze jours, fut entre la vie et la mort.

La baronne et son mari durent passer par d'horribles alternatives d'espérance et de désespoir.

Mais enfin un mieux sensible se manifesta.

Le délire disparut peu à peu.

La fièvre céda et fut remplacée par une faiblesse extrême et un anéantissement presque complet.

Charles était sauvé.

Seulement son corps épuisé ne lui permettait aucune action, de même que son intelligence engourdie se refusait à la pensée et au souvenir.

Occupons-nous maintenant de ce qui se passait à la ferme des *Étioux*, le lendemain de la nuit sinistre dont les ténèbres avaient caché le crime de Pierre Nicod.

Il était sept heures du matin.

Un brouillard épais obscurcissait l'atmosphère.

A travers les petits carreaux enchâssés dans du plomb de la fenêtre de Mignonne, un jour pâle et blafard pénétrait dans la chambre de la jeune fille.

Cette lueur douteuse éclairait une scène étrange et effrayante. Par terre, une chaise renversée et des vêtements épars. Sur le sol, des traces de sang.

Sur le lit, Mignonne, demi-nue, au milieu d'un effrayant désordre.

Sous les taches sanglantes qui marbraient son visage, ce visage était pâle comme celui d'un mort.

Sa tête se noyait dans ses cheveux dénoués.

Une large coupure traversait le front.

Un cercle bleuâtre et bistré dessinait autour des yeux fermés son auréole sombre.

Les lèvres étaient blanches.

La poitrine, à moitié découverte, laissait voir des meurtrissures livides.

Le sommeil de Mignonne était si profond qu'il ressemblait à un évanouissement.

Mais, à en juger par l'expression de la bouche et par la contraction des muscles du visage, ce sommeil même était douloureux.

Un chien de berger se mit à hurler dans la cour.

Mignonne s'éveilla brusquement.

Elle se souleva sur son coude et regarda autour d'elle avec une sorte de stupeur.

A coup sûr, elle ne se rendait pas compte de ce qui s'était passé.

Au bout d'un instant, son regard revint sur elle-même. Elle s'aperçut de sa nudité désordonnée et ramena sur son corps la couverture qui ne le voilait plus.

Il lui sembla qu'elle éprouvait à la tête une vive douleur. Elle porta la main à son front.

La douleur augmenta, et elle vit sa main couverte de sang. Alors elle commença à se souvenir et elle se prit à trembler de tous ses membres.

— Il devait venir, se dit-elle avec un profond effroi, il devait venir...

« Mais il n'est pas venu...

« Et c'est un autre...

« Un autre !.. qui donc ?.. »

Mignonne sauta au bas de sa couche.

Elle poussa un cri terrible.

Puis, un nom s'échappa de ses lèvres.

— Pierre Nicod !!! murmura-t-elle.

Et le nain lui-même n'aurait pu s'empêcher de frémir, s'il avait écouté l'accent avec lequel la jeune fille venait de prononcer son nom.

Presque en même temps, Mignonne s'entendit appeler dans la cour.

C'était la voix de Jérôme.

La paysanne se traîna jusqu'auprès de la fenêtre et essaya de l'ouvrir.

Mais ce fut en vain.

Ses forces la trahirent.

Elle ne put que frapper contre le vitrage, pour indiquer à son oncle qu'elle était dans la chambre.

Le pas lourd du paysan retentit dans le couloir.

Il venait d'entrer dans l'étable où l'on enfermait le troupeau, et son étonnement avait été grand en voyant que les chèvres étaient encore là, au lieu de brouter dans les champs, comme de coutume, depuis deux bonnes heures au moins.

— Eh bien !.. petiote !.. s'écria-t-il en ouvrant la porte, qu'est-ce que cela veut donc dire ? d'où vient que tu es encore à la maison à des heures pareilles ?

Ces paroles furent prononcées d'un ton de mauvaise humeur et presque avec colère.

Mais ce ton se modifia aussitôt.

Jérôme s'apercevait de l'état de Mignonne.

— Ah ! mon Dieu ! mon Dieu ! dit-il rapidement, qu'est-ce que t'as, petiote ? qu'est-ce que t'as ?

Mignonne fit signe qu'elle ne pouvait répondre.

Une faiblesse s'emparait d'elle, et elle serait tombée si son oncle ne l'eût soutenue.

Quand elle parut un peu remise, Jérôme renouvela sa question. La jeune fille avait des motifs pour cacher une partie de la vérité. Elle répondit :

— Je ne sais pas...

— Comment ! tu ne sais pas ? fit Jérôme.

— Non, mon oncle, la tête me tourne, et je ne me rappelle *quasiment* de rien.

— Cherche, pauvre petiote, cherche à te souvenir.

— Dam !.. mon oncle... il me semble... il me semble...

— Quoi donc ?

— Il me semble qu'hier soir, en venant me coucher, j'ai eu un si fort étourdissement en traversant la cour, que je me suis appuyée contre le mur...

— Et après ?

— Quand ça été passé, je suis entrée dans ma chambre. Il paraît que là j'ai eu un second étourdissement encore plus fort que le premier... Ma chandelle est tombée d'un côté, je suis tombée de l'autre, le front contre le pied de la table ; le tranchant du bois m'a coupée, et j'ai beaucoup saigné... Ensuite il me semble que je me suis couchée tant bien que mal...

— Et ensuite ?..

— Ensuite... dame !.. je n'ai plus rien senti... bien sûr que je dormais, et je viens seulement de me réveiller.

— Mais, petiote, pourquoi donc que tu n'as pas appelé à ton secours hier au soir ?

— Faut croire, mon oncle, que je n'en ai pas eu la force.

— Ah! mon Dieu! quel malheur! Dire que tu pouvais comme ça, trépasser sans qu'on en sache rien de rien, et qu'on t'aurait trouvée froide à ce matin!.. Tiens! rien que d'y penser, vois-tu, ça me donne la chair de poule!

— Ça ne sera rien, mon oncle, je vas aller aux champs!!!

— Aller aux champs! dans l'état où te voilà, s'écria chaleureusement Jérôme; tu ne sais pas ce que tu dis, petiote!.. tu vas te recoucher bien vivement, et attendre sans bouger que ta tante vienne te soigner et te dorloter, et ça ne sera pas long, car je cours la prévenir.

— Ça sera comme vous voudrez, mon oncle, répondit la jeune fille, car, aussi bien, je ne me sens pas bonne à grand'chose aujourd'hui.

— Allons, petiote, fais vite! Comme tu disais tout à l'heure, ça ne sera rien, mais n'empêche, le malheur est sur notre maison, bien sûr!

Et Jérôme sortit.

— Ah! murmura Mignonne, restée seule, ah! mon oncle, vous avez raison... bien raison!.. oui, le malheur est sur votre maison.

Et, comme elle venait de se recoucher, elle cacha sa tête dans le traversin de son lit et pleura amèrement.

XIV

PERFIDE COMME L'ONDE.

L'esprit humain, nous ne savons pourquoi, est naturellement plus disposé à croire et à propager le mal que le bien.

Une mauvaise nouvelle, le bruit d'un accident ou d'un crime, gagne de proche en proche avec la rapidité miraculeuse d'une traînée de poudre.

Le soir de ce même jour, on savait à la ferme des Étioux que Charles de Saint-André avait été assassiné, la veille au soir, dans la clairière du bois de la Souche.

Seulement, comme la rumeur populaire exagère assez volontiers les bruits dont elle se fait l'écho, on raconta que Charles avait été trouvé mort sur la place, percé de douze balles et d'une dixaine de coups de couteau.

Fort heureusement, on eut assez de sens pour taire devant Mignonne cette horrible nouvelle, car, dans l'état où se trouvait la jeune fille, il y aurait eu de quoi la tuer.

Cette terrible émotion fut sauvée à la pauvre enfant, et quand elle apprit, au bout de quelques jours, le crime dont son amant avait été victime, elle apprit en même temps que tout espoir n'était pas perdu.

Du reste, il n'y eut pas dans son esprit un seul moment de doute, elle devina tout aussitôt que la main qui avait frappé Charles était la main de Pierre Nicod.

A partir de l'instant où cette conviction entra dans son esprit, une passion nouvelle, plus forte que son amour pour Charles, s'empara d'elle tout entière, nous voulons parler de l'ardent et de l'impétueux désir de venger son amant et de se venger elle-même.

Pour arriver à ce résultat, la ruse était indispensable.

Mais Mignonne, en vraie fille d'Ève, n'avait qu'à le vouloir pour exceller en fait de fourberie.

Perfide comme l'onde ! a dit le vieux Shakspeare.

Il fallait tromper Pierre Nicod.

Elle y parvint. Voici comment :

D'abord, et aussitôt que la blessure de son front fut assez cicatrisée pour lui permettre de reprendre ses travaux journaliers et ses occupations habituelles, au lieu de manifester au nain toute l'horreur qu'il devait lui inspirer et qu'il lui inspirait en effet, elle se montra pour lui, au contraire, prévenante et gracieuse plus qu'elle ne l'avait jamais été.

Ce changement soudain et étrange dans les manières de la jeune fille commença par exciter la défiance de Pierre Nicod.

Mais bientôt il se dit que sans doute Mignonne ne le soupçonnait point du meurtre de M. de Saint-André, et que peut-être elle ne s'était point aperçue de l'attentat commis sur elle-même.

Il conçut d'autres idées encore bien plus folles et bien plus extravagantes que les premières.

Il alla jusqu'à s'avouer que sa laideur n'était pas sans charmes, et qu'il n'y avait rien d'étonnant à ce que Mignonne en fût arrivée à l'aimer.

Aussi son étonnement ne fut-il point trop grand quand la jeune fille lui dit un beau matin :

— Cousin Pierre, venez au plateau de la Roche, sur le coup de midi.

— Aujourd'hui ?..

— Oui.

— Pourquoi faire, cousine?

— J'ai à vous parler,...

— Et il faut que ce soit au plateau de la Roche?..

— Sans doute !

— Pourquoi là plutôt qu'ailleurs?..

— Eh! mon Dieu! répliqua Mignonne avec impatience, parce que, là, nous serons seuls, et que les choses que j'ai à vous dire ne doivent être entendues que de vous.

C'est bien, cousine, j'y serai.

— A la bonne heure! N'allez pas manquer au moins!

— Sois tranquille.

— A midi.

— Oui, cousine, à midi.

Mignonne s'éloigna avec ses chèvres en fredonnant du bout des lèvres le même refrain qu'elle chantait le jour de sa première rencontre avec Charles.

— Que peut-elle avoir à me dire? se demanda Pierre Nicod, en grattant sa tête hideuse.

Puis, au bout d'un instant de réflexion, il se répondit à lui-même :

— A midi je le saurai.

§

Le soleil, parvenu dans sa course au point le plus élevé du ciel, indiquait que l'heure convenue était proche.

Mignonne assise sur le fragment de roche dont nous avons déjà parlé, et qui semblait une pierre druidique, les mains croisées sur ses genoux et les yeux attachés au sol, semblait distraite et préoccupée.

Pierre Nicod sortit du bois de la Souche.

De loin il aperçut la jeune fille.

En quelques minutes il la rejoignit.

— Me voici, cousine, dit-il.

Mignonne tressaillit et leva vivement la tête.

— Ah! c'est vous! murmura-t-elle.

— Je croyais que tu m'attendais, répliqua Pierre un peu surpris.

— Oui, sans doute, dit Mignonne avec un petit sourire tout à la fois naïf et provoquant, sans doute que je vous attendais, puisque même je pensais à vous.

— Ah! fit le nain d'un air de satisfaction, et c'est bien vrai cela, cousine?

— Dam! puisque je vous le dis!

— Au fait, c'est juste! et puis, cousine, si je suis venu, c'est que tu m'avais dit de venir; de quoi donc c'est-il qu'il retourne?

Mignonne baissa les yeux pendant un instant, comme pour se consulter.

Puis elle articula nettement en regardant Pierre Nicod en face :

— Je sais tout.

Le nain tressaillit à son tour.

— Qu'est-ce que tu sais? demanda-t-il vivement.

— Tout, répéta la jeune fille.

— Ça n'est pas une réponse, cela...

— Vraiment!..

— Tout!.. ça ne veut rien dire!.. ce *tout* dont tu parles, qu'est-ce que c'est!

— Vous voulez que je vous l'explique, cousin?

— Dam! ça me ferait plaisir...

— Soit! Eh bien! donc, je sais d'abord que c'est vous qui avez voulu noyer M. Charles à la passerelle du val d'Ajoz...

— Ce n'est pas vrai! s'écria brusquement le nain.

Mignonne ne sembla point tenir compte de cette interruption, et elle continua :

— Je sais que c'est vous qui, furieux de n'avoir pas réussi une première fois, avez assassiné M. Charles, la semaine passée, dans la clairière du bois de la Souche...

— C'est un mensonge! un horrible mensonge!!! interrompit pour la seconde fois Pierre Nicod.

Mignonne ne poursuivit pas moins.

— Je sais enfin que c'est vous, toujours vous qui, le soir de ce même jour, profitant de l'obscurité et de mon erreur, vous êtes introduit dans ma chambre, et...

Mignonne ne put continuer.

Une rougeur ardente couvrait son visage.

Une émotion toute-puissante ne lui permit point d'articuler une parole de plus.

Pierre Nicod profita de son silence pour entreprendre une justification impossible.

— Cousine, fit-il avec volubilité, dans tout ce que tu viens de dire, il n'y a pas un traître mot qui soit vrai! C'est facile de jeter à la face de quelqu'un : *Tu as fait ceci! tu as fait cela!* Mais ça n'est point facile de prouver de pareilles menteries; je serais devant le juge, vois-tu bien, cousine, que je soutiendrais que je suis aussi innocent que l'enfant qui n'est pas encore né, et le juge me donnerait raison, car personne ne m'a vu commettre ces tas de méchantes actions dont tu m'accuses, puisque je ne les ai pas commises.

— En voilà assez! fit Mignonne, enfin remise de son trouble ; je suis sûre de ce que je vous ai dit...

— Mais... balbutia Pierre Nicod.

— Et d'ailleurs, continua la jeune fille, et d'ailleurs je ne vous en veux pas...

— Ah! fit le nain avec une expression de stupeur qui eût été grotesque si elle n'eût pas semblé hideuse.

— Non, répéta Mignonne, je ne vous en veux pas ! Tout ce que vous avez fait, c'est l'amour que vous avez pour moi qui en est cause. Vous désiriez la mort de M. Charles, parce que M. Charles cherchait à devenir mon amoureux... Vous aviez la tête à moitié tournée, et ça vous rendait fou... Ce n'est pas votre faute, mon pauvre cousin ; et maintenant que ma folle idée m'est passée à l'endroit du jeune monsieur, je ne vous en aime que mieux...

Les natures effroyablement vicieuses n'ont aucune peine à croire au vice chez les autres.

Pierre Nicod se persuada sans conteste que l'âme de Mignonne était faite à l'image de la sienne.

Il en éprouva une joie des plus vives, et il s'écria :

— Vrai, cousine, tu m'aimes un peu ?

Un mouvement de dégoût souleva le cœur de la jeune fille.

Cependant elle eut la force de prendre sur elle, et elle répondit :

— Non pas un peu, cousin, mais beaucoup.

— D'amour ?

— Oui ! d'amour.

— Mais, auparavant, tu me détestais..

— Auparavant, je ne dis pas, mais aujourd'hui ça n'est plus la même chose.

— Et comment donc que ça a fait pour venir ?

— Dam! je ne sais point... ça est venu, voilà tout.

Pierre Nicod se mit à rire d'un gros rire brutal et insolent.

Il rayonnait.

Il était hideux de joie et de luxure.

Il passa son bras autour de la taille de Mignonne.

Mignonne le laissa faire.

Il approcha ses lèvres difformes des joues subitement pâlies de la jeune fille.

La courage manqua à la pauvre enfant.

Elle se recula brusquement.

— Hein!.. fit Pierre Nicod, un peu surpris de ce mouvement qui lui rendait une partie de sa défiance.

— Songez-y donc, cousin, dit Mignonne, nous sommes au milieu des champs... il peut passer du monde, on peut nous voir... et que dirait-on?..

— C'est vrai, fit le paysan; mais quand donc?..

— Quand vous voudrez... répondit Mignonne en baissant pudiquement les yeux.

— Eh bien! ce soir, n'est-ce pas?..

— Oui...

— Dans ta chambre?

— Oh! non! ma tante y entre quelquefois la nuit...

— Dans la mienne, alors?...

— Le garçon de ferme n'aurait qu'à venir vous chercher.

— Mais! cependant...

— J'ai une idée, interrompit Mignonne.

— Voyons, fit Pierre.

— Vous savez bien l'ancien colombier?..

— Où l'on a serré le reste de la récolte de foin de l'année dernière?

— Justement.

— Eh! bien?

— En avez-vous la clef?

— Oui, répondit le paysan.

— C'est là qu'il faut m'attendre... j'irai vous rejoindre à onze heures.

Puis, après avoir prononcé ces paroles, Mignonne quitta son cousin, et, comme honteuse de ce qu'elle avait dit, elle cacha son visage dans ses deux petites mains et courut rejoindre ses chèvres.

Pierre Nicod, lui, bouffi d'orgueil comme un paon qui fait la roue, reprit lentement le chemin de la ferme.

La passion charnelle faisait battre violemment tout ce qu'il y avait de boue et de fiel dans son cœur, et, dans la joie immense de son triomphe inespéré, le nain chétif, l'avorton monstrueux, se demandait de très-bonne foi s'il n'allait pas heurter son front aux plus hautes branches des grands arbres du bois de la *Souche*.

XV

UNE VENGEANCE.

L'ancien colombier était une espèce de tour ronde, haute d'un étage et demi et située à cinq minutes de la ferme.

Les pigeons ayant été installés quelques années auparavant dans une autre partie des bâtiments, l'ancien colombier était devenu une succursale du grenier à fourrage.

Quand la récolte se trouvait être très-abondante, on y entassait le foin de qualité inférieure produit par les prairies marécageuses de certaines parties du Val d'Ajoz.

Une petite lucarne, pratiquée à douze ou quinze pieds du sol et excessivement étroite, était, avec une porte massive et très-solide, les deux seules ouvertures de l'ancien colombier.

C'est là que Mignonne avait donné rendez-vous à Pierre Nicod.

§

A la nuit tombante et aussitôt après avoir enfermé son troupeau dans l'étable, la jeune fille sortit de la ferme emportant avec elle une échelle légère qu'elle coucha dans les grandes herbes auprès de la tourelle.

Ensuite elle revint, et entra dans la salle commune avant que personne eût eu le temps de remarquer son absence.

Le souper commença.

Excepté Jérôme Nicod qui parla beaucoup de toutes sortes de choses insignifiantes, les convives furent silencieux.

Mignonne était muette et ne mangeait pas.

Le nain dévorait, mais ne disait mot..

Quant à Monique, au garçon de ferme et à la grosse servante, ils n'échangeaient que de rares monosyllabes.

Un peu avant dix heures, Pierre Nicod quitta le reste de sa famille, après avoir échangé avec Mignonne un coup d'œil d'intelligence.

Le regard de la jeune fille brillait d'une ardeur fébrile.

— C'est de l'amour, pensa le nain.

Bientôt après, les habitants de la ferme s'étaient séparés et toutes les lumières venaient de s'éteindre successivement.

Onze heures étaient près de sonner quand Mignonne se glissa en dehors de sa chambre et se dirigea d'un pied furtif du côté du vieux colombier.

A mesure qu'elle approchait, elle s'efforçait d'étouffer davantage le bruit de ses pas.

Au moment d'atteindre la tourelle, elle marchait avec une lenteur et une précaution si grandes qu'on eût dit qu'elle craignait de faire ployer en passant les tiges d'herbes humides de la rosée du soir.

Il n'y avait pas de lune, et de gros nuages couraient sur la surface du ciel.

L'obscurité était si profonde que Mignonne ne s'aperçut qu'elle était arrivée que lorsque sa main étendue rencontra la muraille. Elle suivit cette muraille à tâtons, jusqu'à la porte d'entrée qu'elle trouva à demi-ouverte.

Mignonne s'assura que la clef était restée dans la serrure, en dehors.

Elle mit la main sur cette clef, et, avançant la tête, elle demanda doucement:

— Êtes-vous là, cousin ?...

— Oui, pardieu! je suis là!... répondit Pierre. Entre vite!...

— Me voici... dit la jeune fille.

Mais, au lieu d'entrer, elle poussa vivement la porte et tourna par deux fois la clef dans la serrure.

— Qu'est-ce que tu fais donc, cousine ? cria le nain de l'intérieur.

— Ce que je fais ! murmura la jeune fille se parlant à elle-même, patience, cousin, vous allez le savoir.

Et, tandis que Pierre frappait contre la porte avec impatience, Mignonne ramassait dans les broussailles l'échelle qu'elle y avait cachée, et la dressait contre la muraille à l'endroit où était percée la lucarne.

Elle arracha deux ou trois poignées d'herbes desséchées qu'elle serra dans son tablier, puis ensuite elle gravit les degrés de l'échelle.

— Pierre Nicod, dit-elle en passant sa tête par la lucarne, écoutez-moi un peu.

— Eh ! cousine, s'écria le nain en cessant de heurter la porte, ouvre-moi d'abord ! je sais bien que c'est une farce, elle est bonne la farce, elle est même très-bonne, mais elle a duré assez longtemps.

— Pierre Nicod, reprit Mignonne, je vous ai dit de m'écouter.

Il y avait une solennité si terrible dans l'accent grave de la jeune fille, que le nain, malgré lui, se tut et écouta.

— Il faut que la volonté du ciel vous ait rendu fou, continua la paysanne, pour que vous soyez venu vous livrer à moi comme vous l'avez fait ce soir! Ah! vous avez voulu m'assassiner mon amant!... ah! vous m'avez tuée à moitié pour me déshonorer!... et vous avez cru que je vous aimais!... et vous avez cru que je venais ici, avec vous, à un rendez-vous d'amour!... Ah! Pierre Nicod! Pierre Nicod! recommandez votre âme au bon Dieu, et priez-le qu'il vous pardonne, car, moi je ne vous pardonnerai pas.

— Ah! ah! s'écria Pierre Nicod en s'efforçant de rire, mais avec un tremblement dans la voix qui démentait son hilarité convulsive. C'est très-drôle, cousine, ce que vous venez de me dire là, mais, maintenant que vous me l'avez dit, ouvrez-moi vite la porte, car j'étouffe ici dedans et je ne vois pas clair...

— Je vais vous donner de la lumière, cousin, répondit Mignonne en ricanant à son tour.

Puis, sans répondre davantage aux interpellations précipitées de Pierre Nicod, la jeune fille prit dans la poche de son tablier un briquet et un morceau d'amadou.

Avec les herbes sèches qu'elle avait arrachées, elle fit une sorte de torche.

Dans cette torche, elle introduisit l'amadou allumée, et, avec son haleine, attisa le feu jusqu'à ce que la flamme jaillît.

Alors elle jeta dans l'intérieur de la tourelle le brandon incendiaire.

En ce moment, Pierre Nicod comprit, pour la première fois, quel était le projet de Mignonne.

Il poussa un épouvantable cri et il se précipita contre

la porte qu'il secoua avec toute l'énergie de l'angoisse et du désespoir.

La porte résista.

L'amas de foin s'était embrasé avec la promptitude de la poudre.

La fumée aveuglait le nain.

Les flammes se croisaient autour de lui et s'attachaient déjà à sa chevelure et à ses vêtements.

Il redoubla ses cris d'agonie et ses invocations suppliantes.

Mais Mignonne était sans pitié.

Elle était descendue lentement de son échelle, et elle attendait à dix pas de la tour, pâle, mais résolue.

Bientôt des gémissements sourds succédèrent aux clameurs désespérées.

Une dernière fois la porte s'ébranla sous les efforts d'une main défaillante.

Puis on n'entendit plus d'autre bruit que le pétillement du brasier qui dévorait les solives du toit.

Au bout de cinq minutes ce toit s'effondra, et une colonne de fumée, suivie d'une gerbe de flammèches éblouissantes, s'élança vers le ciel en jetant sur tout l'horizon des teintes d'une pourpre sanglante.

En même temps la porte, entièrement calcinée, tomba en cendres.

Mignonne s'approcha de l'ouverture et regarda dans l'intérieur.

Au milieu de la fournaise, quelques débris informes achevaient de se consumer en exhalant une odeur infecte.

C'était tout ce qui restait de Pierre Nicod.

— Que Dieu ait son âme! murmura la paysanne.

Puis elle reprit le chemin de la ferme.

XVI

PROJETS DE FAMILLE.

Les trois personnages que nous avons mis en scène dans le premier chapitre de ce volume, c'est-à-dire le baron de Saint-André, la baronne Arthémise et l'abbé Bricogne, se trouvaient réunis, vers les deux heures de l'après-midi, dans le salon du château.

L'abbé Bricogne venait d'arriver.

— Eh bien! madame la baronne, demanda-t-il en entrant, comment va notre malade aujourd'hui?

— Bien, tout à fait bien, grâce au ciel! répondit la mère de Charles, et je suis heureuse que vous soyez venu, car nous avons à causer au sujet de ce cher enfant.

— A vos ordres, madame la baronne, fit le curé en s'asseyant.

— Vous savez, cher abbé, quelle est ma manière de voir au sujet de l'horrible événement qui nous a tous plongés dans le désespoir?

— Vous supposez que M. Charles est tombé victime, non point d'un hasard ou d'un accident, mais d'une vengeance.

— Mes convictions à cet égard n'ont nullement changé.

— Cependant l'enquête commencée par les ordres de M. le procureur du roi...

— N'a amené aucun résultat, je ne l'ignore point. Eh bien ! cela prouve que les indices ont été insuffisants pour arriver à la découverte de la vérité. Voilà tout.

— Vous avez peut-être raison...

— Non pas *peut-être*, mais certainement. Charles, je rougis de le dire, s'est épris de quelque paysanne de nos environs...

— Oh ! madame la baronne ! s'écria le curé en baissant pudiquement les yeux.

— Hélas ! oui, et c'est un rival jaloux qui s'est vengé par l'assassinat !

— Ceci n'est qu'une conjecture !..

— C'est une conviction. Songez donc que Charles, dans le délire de sa maladie et jusque dans ses rêves, ne cessait de répéter le nom de *Mignonne*... Quelle est cette Mignonne inconnue ?..

— Je l'ignore.

— Et moi aussi, malheureusement. J'ai essayé d'interroger adroitement mon fils à ce sujet, il a rougi beaucoup, mais n'a pas répondu. Je ne puis pas, je ne veux pas insister avec lui sur ce sujet.

— Et vous avez raison.

— Seulement il importe que nous n'ayons pas à déplorer bientôt un second malheur, plus terrible, plus irréparable que le premier.

— Un second malheur, dites-vous ?..

— Sans doute, Charles est guéri ; dans quelques jours Charles pourra sortir ; à son âge il est impossible de prétendre restreindre sa liberté d'action ; rien ne l'empêche donc de renouer la liaison un instant interrompue par une main meurtrière; et qui nous assure que la même main ne le frappera pas bientôt et, cette fois, mortellement?...

— Vous pourriez supposer?...
— Je ne suppose rien, je crains tout!
— Mais alors...
— Comment faire, n'est-ce pas?...
— Justement.
— J'ai un projet, ou plutôt M. le baron et moi nous avons un projet au sujet duquel nous désirons vous consulter.
— Et c'est?...
— C'est d'éloigner Charles.
— N'allez-vous pas prochainement retourner à Besançon?...
— Cela ne suffit point. Charles a fini ses classes, et dans une ville de province, c'est l'oisiveté qui l'attend. Or, à son âge, l'oisiveté est chose fatale... Nous songeons à lui faire faire son droit et à l'envoyer à Paris.
— La grande ville est bien dangereuse : c'est la Babylone moderne, le foyer des iniquités et des corruptions!...
— Oui, mais nous avons à Paris des parents et des amis auxquels Charles sera chaudement recommandé et qui veilleront sur lui avec une sollicitude paternelle. Le travail et des distractions honnêtes rempliront tout son temps et l'éloigneront des plaisirs dangereux.
— Alors, madame la baronne, je suis de votre avis, et j'approuve de tout mon cœur ce que vous avez décidé dans votre sagesse.
— Je suis heureuse de votre approbation, cher abbé!
— Et quand comptez-vous faire partir M. Charles?

6.

— Le plus tôt possible.

— Ce qui veut dire ?...

— Que, dans une dizaine de jours, mon fils sera sur la route de Paris.

— Connaît-il vos projets?

— Pas encore, mais je ne doute pas qu'ils ne lui sourient; l'horizon de la vie parisienne a pour un jeune homme des séductions si puissantes!

— Trop puissantes même, madame la baronne, hélas!

— Enfin, cher abbé, que voulez-vous? Sans doute nous risquons quelque chose, mais au moins nous évitons un péril certain...

— Vous avez raison... comme toujours...

— Chut! voici mon fils!

En ce moment Charles entrait en effet dans le salon.

Le jeune homme était pâle encore et semblait ne point marcher sans peine.

Cependant une teinte plus rosée commençait à se remontrer sur ses joues et annonçait le retour à la santé.

La conversation à laquelle nous avons fait assister nos lecteurs fut interrompue par sa présence, et l'entretien roula sur des choses qu'il n'est point utile de rapporter ici.

§

Quand Charles fut instruit de son prochain départ, il ne fit pas une seule objection et parut même enchanté de la perspective qui s'offrait à lui.

— Et Mignonne, diront nos lecteurs, l'avait-il donc tout à fait oubliée?

— Non, sans doute, répondrons-nous, mais ses sentiments à l'endroit de la jeune fille s'étaient forcément modifiés.

D'abord la perte de son sang, la maladie et la diète, avaient bien calmé les ardeurs juvéniles de son tempérament.

Ensuite il avait longuement et profondément réfléchi sur le double accident de la passerelle du Val-d'Ajoz et de la clairière du bois de la Souche, et il s'était avoué à lui-même que Mignonne avait dû être la cause involontaire de ces mortelles embûches.

De là une certaine défiance de l'avenir mêlée d'un peu d'effroi.

Bref, Charles se trouva heureux de songer qu'en s'éloignant de la Franche-Comté, il coupait court à une liaison dont l'unique résultat avait été de mettre à deux reprises sa vie en péril.

D'ailleurs, ainsi que l'avait judicieusement supposé la baronne, Paris l'éblouissait.

Charles se promit donc de ne pas même chercher à revoir Mignonne avant son départ.

Quinze jours après, muni de nombreuses lettres de recommandation et d'une somme de cent louis, premier semestre de la pension qu'il devait toucher, convenablement embrassé par son père et sa mère, et béni par le curé, il se mettait en route pour la Babylone moderne, la ville des iniquités et des corruptions, comme disait l'abbé Bricogne.

Nous l'y retrouverons bientôt.

DEUXIÈME PARTIE

MISS DUDLEY

I

LE COMTE RÉNÉ.

Le comte Réné, peut-être ne s'en souvient-on plus, avait trente-deux ou trente-trois ans.

Il était, au physique, ce que l'on est convenu d'appeler un *très-bel homme.*

Ce qui veut dire :

1º Que sa taille dépassait cinq pieds six pouces.

2º Qu'il ne péchait ni par trop de ventre ni par de trop larges épaules.

3º Que ses traits réguliers s'encadraient dans les massifs d'une barbe brune bien plantée et admirablement soignée.

4º Que son pied et sa main étaient fort aristocratiques.

5º Enfin, qu'il avait un bon bottier et un excellent tailleur.

Au moral, le comte Réné était fort infatué de sa personne et de son mérite.

Singulièrement vain, et désireux de collectionner de beaux tableaux ou d'acquérir des chevaux de race et de jolies maîtresses, au moins autant pour *la montre* (qu'on nous passe cette expression significative) que pour sa satisfaction personnelle.

Nous savons en outre qu'il avait près de cent mille livres de rentes, qu'il habitait le numéro 19 de la rue de la Chaussée d'Antin, qu'il était fort épris de *Pivoine*, la maîtresse de *Fra-Diavolo* le peintre, et qu'il avait été éconduit par la jeune fille, dans le jardin du Luxembourg, d'une manière formelle et décisive.

Le comte Réné venait de rentrer après cet échec.

Il semblait de fort mauvaise humeur.

Étendu dans une chauffeuse devant la cheminée de marbre blanc d'un petit salon de forme ovale, il présentait successivement les semelles de ses bottes vernies à la flamme brillante du foyer.

Et, tout en fumant du bout des lèvres un panatellas habilement choisi, il murmurait avec une impatience manifeste.

— En vérité, je suis un grand sot! Je me figurais connaître les femmes!... Et le fait est que je ne les connais pas plus qu'un écolier de rhétorique qui en est à sa première passion. Qui l'aurait jamais dit? qui l'aurait jamais cru? Moi! Moi le comte Réné! Jeune (mon acte de naissance en fait foi); joli garçon (tout le monde le dit), riche (tout le monde le sait), repoussé! dédaigné! Et par qui?... Par une petite fille du quartier latin! par une grisette!... par moins que cela! Encore si c'était par vertu! Mais non! la péronnelle a un amant! Et quel amant?... Quoi? j'offre des perles, des diamants, du velours, des chevaux, une fortune, et mon cœur!... Et l'on refuse tout cela! Et on le refuse pour un être qui s'appelle *Fra-Diavolo!* Pour un jeune homme qui n'a ni argent ni renommée, qui n'est pas beau et qui est ridicule ! En vérité, c'est à ne pas le croire ! Oh ! les femmes !... les femmes ! les femmes !

Arrivé à cet endroit de son monologue, le comte Réné fit tomber du bout du doigt la cendre blanche de son cigare. Puis il reprit avec une vivacité nerveuse :

— Le plus simple est de n'y plus penser... « Mais le moyen ? Elle est si jolie, cette petite !... Non pas jolie vraiment, mais ravissante, mais divine !... »

Le comte Réné se leva et alla se mettre en contemplation devant un tableau suspendu dans l'un des panneaux du salon. Ce tableau représentait *Ariane abandonnée.*

Pivoine, nous le savons, avait servi de modèle pour l'Ariane.

— Certes ! reprit le comte Réné. Divine ! le mot n'est pas trop fort. « Quelle pureté de lignes ! Quelles formes ! Quelle grâce, tout à la fois chaste et voluptueuse ! Oui, cette jeune fille est une merveille, un trésor, et à tout prix, dût-il m'en coûter le quart de ma fortune, il faudra qu'elle m'appartienne ! »

On voit que le comte Réné, même quand il était stimulé par la passion et par l'amour-propre, savait compter à merveille. Certaines gens eussent parlé de sacrifier leur fortune tout entière. Lui n'en promettait que le quart. Il revint se rasseoir et acheva son cigare d'un air parfaitement mélancolique et préoccupé.

Il cherchait à échafauder un nouveau plan de stratégie amoureuse.

Mais, comme l'imagination n'était point son fort, nous devons à la vérité de déclarer qu'il ne trouvait rien.

En ce moment, on heurta discrètement à la porte du petit salon.

— Entrez ! dit le comte Réné.

Un valet de chambre se présenta.

II

PIVOINE.

— Qu'y a-t-il, Baptiste?... demanda Réné à son valet de chambre.
— Il y a là quelqu'un qui désire parler à monsieur le comte.
— Quelqu'un?... Qui est ce quelqu'un?
— Une dame.
— Jeune?
— Oui, monsieur le comte.
— Jolie ?
— Oui, monsieur le comte.
— Bien mise?
— Non, monsieur le comte.
— L'avez-vous déjà vu venir ici, cette dame?
— Jamais, monsieur le comte.
— Que vous a-t-elle dit?
— Elle m'a dit qu'elle désirait parler le plus tôt possible à monsieur le comte, qu'elle attendrait monsieur le comte s'il était sorti, et que, dans le cas où monsieur le comte serait chez lui, il n'y avait qu'à lui dire son nom pour que monsieur le comte la reçût immédiatement.
— Eh bien! ce nom, le savez-vous

— Sans doute, monsieur le comte.

— Et c'est?...

— Pivoine, monsieur le comte, mademoiselle Pivoine.

Réné eut un éblouissement.

Il bondit sur son siége et s'écria :

— Imbécile ! et vous me faites attendre un quart d'heure, au lieu de me dire ce nom tout d'abord?... Où est cette jeune fille ?

— Dans l'antichambre, monsieur le comte, répondit le valet confus.

— Dans l'antichambre ! double brute ! triple crétin ! Introduisez-la ici à l'instant, à l'instant même !

— Oui, monsieur le comte.

Et Baptiste sortit rapidement.

Au bout d'une minute à peine, Pivoine rentrait dans le petit salon.

La jeune fille était très-pâle.

Ses paupières, rougies et gonflées, attestaient qu'elle venait de pleurer abondamment.

Et pourtant, malgré ces larmes récentes, malgré son costume plus que modeste, qui consistait en une robe de laine, en un vieux châle tartan à carreaux et en un chapeau qui n'était plus neuf et n'avait jamais été élégant, Pivoine semblait ravissante.

Le comte courut à sa rencontre et lui prit la main.

Cette main était froide.

Mais Réné ne s'en aperçut pas.

Il conduisit la jeune fille jusqu'auprès de la chauffeuse, dans laquelle il la fit asseoir.

Ensuite il se tint debout près d'elle, semblant attendre qu'elle parlât la première.

Mais Pivoine se taisait.

Elle avait les yeux baissés.

Son embarras était manifeste.

Le comte Réné se décida à rompre le silence.

— Puis-je vous demander, mademoiselle, fit-il lentement et en cherchant ses expressions, puis-je vous demander à quel motif je dois attribuer une visite dont je suis très-heureux... mais aussi très-surpris... surtout après...

Le comte hésita.

Pivoine releva la tête.

Son regard était ferme, et toute émotion avait disparu.

— Après la manière dont je vous ai accueilli ce matin, n'est-ce pas, monsieur? dit-elle.

— C'est vrai, répondit le comte en s'inclinant.

— Il est étrange, n'est-ce pas, de me voir maintenant chez l'homme que j'ai repoussé il y a une heure? poursuivit la jeune fille.

— C'est encore vrai, fit Réné.

— Et vous trouvez ma démarche inexplicable, sans doute?

— C'est toujours vrai, dit le comte pour la troisième fois.

Tandis que Pivoine parlait, le cœur de Réné bondissait de joie, mais la froideur calculée qu'il affectait lui semblait tout à la fois fort habile et de très-bon goût.

— Monsieur le comte, continua Pivoine avec un redoublement de résolution, vous m'avez dit que j'étais belle...

— Comme un ange ou comme une déesse! s'écria Réné d'un ton de galanterie mythologique.

— Vous m'avez dit que vous m'aimiez...

— Et je vous le répète... je vous aime comme vous méritez d'être aimée, c'est-à-dire exclusivement et avec adoration.

7

— Vous m'avez dit, enfin, que vous désiriez devenir mon amant...

— Je ne croirais pas trop payer un pareil bonheur en l'achetant au prix de ma vie!

— Eh bien! murmura Pivoine, dont la voix s'éteignit malgré elle en prononçant ces mots, eh bien! je viens m'offrir à vous, prenez-moi!...

Il y eut chez le comte Réné un instant de stupeur en écoutant ces étranges paroles.

Mais il comprit bien vite qu'il n'avait qu'à interroger la jeune fille pour découvrir leur véritable sens.

Il s'assit à côté de Pivoine.

Il lui prit de nouveau la main, mais d'une façon presque fraternelle, et il lui dit :

— Voyons, chère enfant, je ne puis vraiment pas croire à tout le bonheur que semble me promettre ce que vous venez de me dire...

— Pourquoi donc?... interrompit vivement Pivoine.

— Vous n'êtes pas une femme comme toutes les femmes, continua le comte, j'ai su apprécier votre noble résistance, et il faut qu'il vous soit survenu quelque chose de bien grave pour bouleverser tous vos sentiments et faire que vous veniez ainsi m'offrir ce que vous refusiez à mes ardentes prières...

— Monsieur... balbutia Pivoine.

— Je vous aime, continua Réné, je vous aime d'un amour ardent... impétueux, vous le savez! Mais en ce moment je vous conjure de ne voir en moi qu'un ami, un vieil ami, ayez confiance, dites-moi tout...

Ces paroles, et surtout l'accent bienveillant avec lequel elles avaient été prononcées, triomphèrent de la résolution de Pivoine.

Elle se sentit dominer de nouveau par l'émotion.

Son cœur trop gonflé déborda. Les larmes lui vinrent aux yeux et elle se mit à pleurer amèrement.

— Comme vous êtes bon, monsieur! dit-elle à Réné, quand la source de ses pleurs commença à se tarir un peu.

— Du courage! reprit alors le comte, du courage! et dites-moi tout...

— Eh bien!.. balbutia Pivoine, c'est fini...

— Quoi? demanda vivement Réné.

— Je l'ai quitté...

— Votre amant?

— Oui.

— Et pourquoi l'avez-vous quitté?

— A cause de vous...

— A cause de moi!! s'écria Réné très-surpris. Mais, cependant, ce matin...

— Ce matin j'avais refusé d'écouter vos offres, c'est cela que vous voulez dire?..

— Sans doute.

— Vous allez voir : il était jaloux de vous, lui, il m'avait suivie ce matin, il vous a vu me parler, et quand je suis rentrée, il m'a demandé si j'avais rencontré quelqu'un. Moi qui connaissais son caractère emporté et soupçonneux, je lui ai répondu que non. Alors il m'a dit qu'il avait tout vu, il m'a traitée de misérable, il m'a crié que je le trompais, il a levé un bâton sur moi, et, comme je le suppliais d'avoir pitié de moi, il m'a frappée, monsieur, il m'a frappée jusqu'à me renverser sans connaissance sur le carreau...

— Oh!.. fit Réné avec horreur.

Pivoine cacha sa tête dans ses mains, et de nouveau elle éclata en sanglots convulsifs.

— Pauvre enfant! pauvre enfant! s'écria le comte,

ainsi vous, vous si innocente, vous avez souffert à cause de moi !..

Pivoine fit signe que oui.

— Me pardonnerez-vous cela ? demanda Réné.

— Ce n'est pas votre faute, dit Pivoine.

— Donnez-moi votre main en signe de pardon.

Pivoine lui tendit la main. Réné y appuya les lèvres. Il y eut un instant de silence.

— Ainsi, dit Réné en renouant l'entretien, c'est fini, bien fini, avec ce misérable ?..

— Oui, répondit Pivoine ; c'est fini ! bien fini !..

— Ainsi, vous ne l'aimez plus ?

— Non.

— Mais, avant l'horrible scène que vous venez de me raconter, vous l'aimiez encore, cependant ?..

— Non, depuis longtemps je ne l'aimais plus...

— Mais, fit Réné au comble de la surprise, pourquoi donc restiez-vous avec lui, alors ?

— Pourquoi ? demanda Pivoine.

— Oui.

— Parce qu'il était pauvre, parce qu'il était malheureux, parce que je croyais à son amour, et que comme tout le bonheur qu'il avait en ce monde lui venait de moi, je voulais lui laisser ce bonheur.

— Ainsi, par dévouement, rien que par dévouement, vous subissiez la froide, l'horrible misère ?

— Je vous le jure.

— Et, sans la scène de ce matin, vous n'auriez point quitté cet homme ?

— Jamais.

— Vous n'êtes pas une femme, dit Réné, ému pour la première fois de sa vie, vous n'êtes pas une femme, vous êtes un ange !!

III

CONFIDENCE.

— Dites-moi, mon enfant, reprit le comte Réné après un moment de silence, comment avez-vous connu cet artiste ?

Pivoine baissa les yeux et ne répondit pas.

Elle souffrait dans sa pudeur de jeune femme à l'idée de mettre un étranger dans la confidence du caprice si mal placé qui l'avait poussée à faire des avances à Fra-Diavolo.

En présence de cette hésitation, Réné insista.

— A partir de ce moment, chère petite, dit-il, vous avez en moi, et pour toujours, un protecteur et un ami. Traitez-moi donc en ami, c'est-à-dire avec confiance. Racontez-moi votre vie tout entière. Vous êtes trop jeune et trop charmante pour qu'il puisse y avoir dans votre passé quelque chose dont vous deviez rougir, ce passé renferme des erreurs, peut-être, et des imprudences, mais, j'en suis bien sûr, pas une seule faute...

— Voyons, mon enfant, parlez, je vous écoute.

— Vous le voulez ? demanda Pivoine.

— Je vous en prie.

— Eh bien ! soit !

— Merci ! merci !.. dit le comte en portant de nouveau à ses lèvres la main de la jeune fille.

Pivoine commença le récit de sa vie.

Elle raconta sa jeunesse écoulée sous les ombrages séculaires des grands arbres du parc de Nodêsmes.

Elle soupira timidement l'idylle de ses premières amours, amours si naïves et si chastes.

Quand elle prononça le nom de M. de Nodêsmes, le comte Réné l'arrêta brusquement.

— Le vicomte Jules !.. s'écria-t-il. Ah ! bah !!

— Vous le connaissez ? demanda Pivoine.

— Parbleu ! Il vient de se marier...

— Ah !

— Il a épousé une riche héritière de Normandie, mademoiselle de Choisy.

— Esther de Choisy !! dit à son tour Pivoine avec étonnement.

— Vous la connaissez aussi ? demanda le comte.

— La fiancée de Georges d'Entragues !! murmura la jeune fille, mais si bas que Réné n'entendit pas le nom.

Il répéta sa question.

— Oui, certes ! je la connais... répondit Pivoine.

— Comment cela ?

— Attendez, vous allez le savoir.

Et la jeune fille continua son récit.

— Un jour, dit-elle, jour de malheur ! un étranger, un Parisien arriva au château... il se nommait Georges d'Entragues.

Réné l'interrompit pour la seconde fois.

— Georges d'Entragues ! dit il, en vérité, voilà qui est bizarre !..

— Il était votre ami, peut-être ? demanda Pivoine.

— Mon ami ? non, grâce au ciel !

— Grâce au ciel ? Pourquoi ?

— Parce que M. d'Entragues, fort bon gentilhomme, du reste, était une franche canaille...

— En êtes-vous sûr ! fit vivement la jeune fille...

— Tout ce qu'il y a au monde de plus sûr !.. mais comme il s'est rendu justice, ne parlons plus de lui...

— Il s'est rendu justice ! s'écria Pivoine, que voulez-vous dire, monsieur ? qu'est devenu Georges d'Entragues ?

— Il s'est tué.

— Georges d'Entragues est mort !.. murmura lentement Pivoine, tandis que quelques larmes obscurcissaient ses yeux et que son cœur battait plus vite au souvenir de son premier amour.

Puis, aussitôt que cette émotion se fut un peu calmée, elle poursuivit son récit.

Ce qu'elle dit au comte Réné, tous nos lecteurs le savent, tous ceux du moins qui ont lu *les Chevaliers du Lansquenet* et le premier volume des *Pécheresses*.

Quant aux autres (et notre amour-propre nous fait une loi d'espérer qu'ils sont en nombre infiniment petit) nous les renvoyons aux romans dont nous venons d'écrire les titres un peu plus haut.

Lorsque Pivoine eut achevé, Réné la remercia d'abord de la confiance qu'elle venait de lui témoigner.

Puis il ajouta :

— Maintenant que je sais le passé, chère enfant, parlons du présent et de l'avenir.

La jeune fille fit signe qu'elle le voulait bien.

— Vous consentez à être ma maîtresse ?.. poursuivit le comte.

— Oui, répondit Pivoine.

— Et, cependant, vous ne m'aimez pas?
— C'est vrai.
— M'aimerez-vous un jour?..
— D'une affection sincère et profonde, je le crois, d'amour, je n'en sais rien.
— Du moins, vous n'en aimerez pas un autre?
— Le jour où j'en aimerais un autre, je vous le dirais, et, si j'étais votre maîtresse, je vous quitterais pour cet autre.
— Ce que vous me dites là me prouve que je ne m'étais pas trompé et que votre âme est aussi charmante que votre beauté; mon amour pour vous s'en augmente, mais je ne puis accepter que vous me donniez des droits qui seraient désavoués par votre cœur.

Le comte Réné s'interrompit.

— Vous me repoussez?.. murmura Pivoine.

— Non, certes, s'écria le comte, non, certes, je ne vous repousse point; seulement je veux me montrer digne de votre loyale confiance.

Il quitta le siége sur lequel il était assis.

Il prit Pivoine par la main et la conduisit devant le tableau d'Ariane abandonnée.

— Connaissez-vous ceci? lui demanda-t-il.

Pivoine leva les yeux.

Mais elle les baissa aussitôt en rougissant.

Elle se voyait reproduite, nue et palpitante, par le pinceau de Fra-Diavolo.

— Dès à présent, continua Réné, je puis comparer le doux et gracieux visage peint sur cette toile, avec votre ravissante figure qui l'emporte encore en beauté, mais je veux ignorer les formes divines de l'Ariane dévoilée, jusqu'au jour où vous m'aurez dit vous-même : *Réné, je vous aime!* d'ici là, Pivoine, vous passerez pour ma maîtresse, mais ce jour-là seulement je serai votre amant.

La générosité si complète et si inattendue du comte toucha la jeune fille plus encore que ne l'avaient fait ses paroles bienveillantes au commencement de leur entrevue.

Elle lui prit la main à son tour, malgré lui elle la porta à ses lèvres et la mouilla de ses larmes.

Réné retira vivement cette main.

Il enlaça la taille de la jeune fille qu'il souleva à demi et qu'il embrassa sur le front.

— Attendez-moi deux heures ici, chère enfant, dit-il, je sors pour m'occuper de vous. Jusqu'à mon retour tâchez de ne point trop vous ennuyer... Voici sur cette table des livres, des brochures, des albums. Regardez, lisez, distrayez-vous, et surtout songez aux jours heureux que l'avenir vous destine.

Le comte Réné sortit, laissant Pivoine seule, et stupéfaite de ce qui venait de lui arriver.

§

Nos lecteurs doivent être surpris de l'apparent désaccord qui existe entre les paroles du comte Réné et le caractère que nous avons attribué à ce gentilhomme.

Évidemment ce caractère ne comportait point la grandeur de sentiments avec laquelle nous venons de le voir agir.

Nous devons à ce sujet une brève explication.

Nous allons la donner.

Le comte Réné, quoiqu'il ne brillât ni par une intelligence hors ligne, ni par une délicatesse de cœur infinie, était cependant un homme du monde et de manières irréprochables.

Il avait l'habitude d'affecter à l'endroit des femmes

un respect et une déférence que souvent il n'éprouvait point. Il était, de plus, infiniment et savamment libertin, et ceci nous donnera la clef de sa conduite envers Pivoine.

Son apparent désintéressement n'était en effet que de l'égoïsme. Voici comment et voici pourquoi.

Le comte Réné n'appréciait la possession d'une femme qu'autant que cette possession était accompagnée des plus exquises recherches de la volupté.

Or, en s'emparant immédiatement de la jeune fille qui venait s'offrir à lui, pouvait-il espérer ce résultat?

Non, certes.

De pâles caresses, de froids baisers, un abandon glacial, une obéissance d'odalisque achetée pour le sérail par un pourvoyeur du sultan, voilà tout ce qu'il était en droit d'attendre. Et cependant le merveilleux modèle de l'Ariane abandonnée recélait des plaisirs infinis.

Seulement, il fallait attendre que l'étincelle jaillît du bloc de glace qui la tenait enfermée.

Pour cela faire, il était indispensable de commencer par fondre la glace.

Voilà ce que le comte Réné s'était dit.

Et, aussitôt, il avait dressé ses batteries.

S'attacher Pivoine par la reconnaissance, tel était sans contredit le meilleur chemin pour arriver bien vite à son cœur. Une fois la jeune fille éblouie, attendrie, enthousiasmée, elle ne tarderait point à se reprocher comme une marque d'ingratitude chaque moment de retard qu'elle apporterait au bonheur complet de son généreux et désintéressé protecteur, et ce serait elle-même qui ne tarderait guère à prononcer ces mots :

— Réné, je vous aime.

Nous croyons, pour notre part, qu'en raisonnant ainsi le comte avait raison.

IV

RUE CASTELLANE.

Le comte Réné, en quittant Pivoine, ne fit point atteler sa voiture.

Il monta dans l'un de ces petits coupés de régie qui stationnent sans cesse aux alentours du café de Foy.

Puis il se fit conduire dans le quartier de la Madeleine, afin de l'explorer et d'y découvrir un appartement dans lequel il pût loger sa nouvelle maîtresse.

Ce qu'il cherchait se présenta à lui dans une fort belle maison de la rue Castellane.

Cet appartement était au second étage.

Il se composait d'une antichambre assez vaste, d'une salle à manger, d'un beau salon, et de deux pièces, dont l'une pouvait servir de chambre à coucher, et l'autre de boudoir.

Il y avait de plus une écurie pour deux chevaux et une remise.

L'appartement venait d'être entièrement remis à neuf; les papiers fort élégants étaient vierges encore; il n'y avait qu'à emménager et à s'installer.

Le comte Réné, satisfait de sa découverte, s'en alla sans perdre un instant chez son tapissier.

— Monsieur le comte, j'ai bien l'honneur de vous saluer, dit obséquieusement ce dernier, qui se confondit en saluts et en courbettes en voyant entrer l'un de ses meilleurs clients.

— Bonjour, monsieur Roland, bonjour.

— Qu'y a-t-il pour le service de monsieur le comte?

— Peut-être rien, peut-être beaucoup.

— Je désire que ce soit *beaucoup*.

— Cela dépend de la réponse que vous allez faire à une question que je vais vous adresser.

— Ah! et cette question, monsieur le comte?...

— La voici : Pouvez-vous meubler un appartement en vingt-quatre heures?

— Diable!...

— Eh bien?

— Eh bien! monsieur le comte, c'est impossible...

— En ce cas...

Le comte Réné n'acheva point sa phrase et fit un mouvement pour sortir.

Le tapissier le retint et se hâta d'ajouter :

— Oui, sans doute, c'est impossible, mais monsieur le comte sait bien que pour lui je ferais l'impossible.

— A la bonne heure...

Le tapissier sourit.

— Ainsi, continua Réné, vous vous y mettrez?...

— Quand monsieur le comte voudra.

— A l'instant même.

— Soit.

— Et, demain, à cette heure-ci...

— Tout sera prêt.

— A merveille...

— Où est l'appartement en question?...

— Venez avec moi, monsieur Roland.

— J'ai l'honneur de suivre monsieur le comte.

René et le tapissier arrivèrent à la rue Castellane.

— Dans l'antichambre, dit le comte, nous mettrons des banquettes recouvertes en velours vert et clous dorés.

— Parfaitement.

— La salle à manger sera meublée en chêne sculpté, nous recouvrirons les sièges en cuir de Cordoue gaufré; que pensez-vous de cela, monsieur Roland?...

— Ce sera riche et de bon goût, comme tout ce dont monsieur le comte peut avoir l'idée.

— Je tiens à ce que les buffets soient d'un beau travail de ciselure.

— J'y aurai la main, monsieur le comte.

— Nous installerons de grandes jardinières remplies de fleurs dans les embrasures des fenêtres.

— Très-bien.

— Passons au salon, maintenant. Comment en comprenez-vous le meuble, monsieur Roland?

— J'aurai l'honneur de demander à monsieur le comte si cet appartement est destiné à une femme?

— Parbleu!

— Ah! le fait est que j'aurais dû le deviner.

— Pourquoi donc?

— M. le comte est si généreux!

— Revenons à nos moutons, monsieur Roland, le temps presse!...

— C'est juste!...

— Nous disions?...

— Le papier de tenture est blanc et or, je suis d'avis de garnir ce salon de meubles en damas feuille-morte, avec les rideaux, la cheminée et les portières en velours de la même couleur. Dans le panneau qui fait face à la fenêtre du milieu, nous mettrons un grand bahut en ébène sculpté, le tapis sera blanc et cerise.

— J'aimerais mieux un tapis d'Aubusson à figures mythologiques.

— Ce sera beaucoup plus cher.

— Qu'est-ce que ça me fait?...

— Au fait, monsieur le comte ne regarde point à l'argent.

— Un piano d'Érard, des statuettes et des tableaux compléteront le mobilier.

— Avec une table ovale en ébène, que nous placerons au milieu de la pièce...

— Recouverte d'un tapis turc et de toutes sortes de jolies bagatelles.

— Oui, monsieur le comte.

— Ne vous occupez pas des tableaux, monsieur Roland, je m'en charge. Seulement je vous laisse le soin de veiller à la garniture de cheminée.

— Soyez tranquille, ce sera d'un Pompadour achevé.

— Je vous recommande de m'avoir de très-belles potiches du Japon.

— Justement, j'en connais qui proviennent de la vente de M. Aguado.

— C'est au mieux.

Le comte ouvrit une des portes latérales du salon et entra dans une autre pièce, suivi de M. Roland.

— Ceci est la chambre à coucher, dit-il.

— Je suis d'avis de la tendre en étoffe.

— Quelle étoffe?...

— Soie, velours, perse ou cachemire.

— Le cachemire me sourit.

— Quelle est la nuance que préfère monsieur le comte?

— Gris perle, avec des encadrements formés par les palmes.

— Le lit pareil?

— Sans doute, ainsi que les rideaux de croisées, les doubles rideaux des fenêtres et du lit en mousseline brodée.

— Quant au meuble?...

— Ébène et cachemire. Je n'ai pas besoin d'entrer dans le détail, vous voyez d'ici ce qu'il me faut.

— Oh! très-bien.

— Occupons-nous maintenant du boudoir, fit le comte Léné, en traversant de nouveau le salon et en indiquant la pièce qui faisait face à la chambre à coucher :

— Il s'agit de vous surpasser, monsieur Roland, ajouta-t-il. Je veux que ce boudoir soit un chef-d'œuvre, une petite merveille... Déployez tout votre talent.

— Je ferai de mon mieux, monsieur le comte, répondit le tapissier avec un salut et un sourire.

— La tenture sera en soie blanche, style Louis XV, brodée de guirlandes de lilas, de roses et de chèvre-feuilles.

— J'aurai l'honneur de faire observer à monsieur le comte qu'il sera impossible de trouver une étoffe toute prête et rentrant précisément dans les indications de monsieur le comte.

— Oh! je ne tiens pas autrement au chèvre-feuille, au lilas et aux bouquets de roses, pourvu que les guirlandes soient charmantes, c'est tout ce que je demande, je vous donne carte blanche, monsieur Roland.

— Monsieur le comte ne s'en repentira pas.

— J'y compte bien...

— Comment ferons-nous les siéges, fantaisie, n'est-ce pas?

— Pure fantaisie, dessins pareils, mais couleurs variées, étoffe Pompadour, à larges raies, cerise et blanc, bleu et blanc, orange et blanc, etc..., etc...

— La garniture de cheminée?

— La pendule en vieux Sèvres, pâte tendre, les candélabres pareils, coupes chinoises montées en vermeil. Vous en trouverez d'adorables chez Clésinger.

— Monsieur le comte connaît les bons endroits!

— Mais, un peu, mon cher monsieur Roland, et maintenant que nous sommes convenus de tout, du moins de toutes les choses importantes, mettez-vous à l'œuvre sans perdre une minute, et songez que je veux prendre possession de l'appartement demain à trois heures précises.

— Organiser un appartement pareil en moins de vingt-quatre heures!... de mémoire de tapissier, il ne sera point vu un tour de force pareil! s'écria M. Roland.

— Vous passerez pour le Napoléon du Meuble! dit Réné en riant.

— Monsieur le comte me flatte!

— Nullement. Enfin serez-vous en mesure?

— Ce qui est promis est promis.

— J'ai votre parole?

— Demain, à trois heures moins une minute, mes ouvriers sortiront d'ici.

— C'est un plaisir de traiter avec vous; quand il vous faudra de l'argent, vous savez que vous pouvez tirer sur moi à vue.

— Oh! rien ne presse.

— Enfin, vous êtes prévenu; demain, dans la matinée, je viendrai donner un coup-d'œil à vos travaux.

— Je préférerais que monsieur le comte ne vînt que dans l'après-midi, pour juger de l'ensemble.

— Amour-propre d'auteur, n'est-ce pas?...

— Dam !

— Eh bien ! soit, je vous laisserai le champ libre.

Et Réné, après avoir ramené monsieur Roland jusque chez lui, se dirigea vers sa demeure où l'attendait Pivoine.

V

MISS DUDLEY.

Chemin faisant, le comte Réné acheta toutes sortes d'étoffes de soie et de damas, en assez grande quantité pour en faire deux ou trois douzaines de robes, et il donna l'ordre de les envoyer chez lui escortées d'une très-habile couturière.

Il passa chez une modiste à laquelle il commanda trois ou quatre chapeaux, et il acheta deux châles des Indes qu'il rapporta lui-même.

— Mon enfant, dit-il à Pivoine en rentrant dans le salon où se trouvait la jeune fille, demain vous serez installée d'une façon, sinon tout à fait digne de vous, du moins à peu près convenable. En attendant, j'ai songé à votre garde-robe, et vous allez tout à l'heure vous entendre avec la couturière.

Pivoine croyait rêver.

Au moment où elle allait répondre, le valet de chambre de Réné vint dire quelques mots tout bas à l'oreille de son maître.

— Faites entrer dans ma chambre, dit ce dernier.

Puis il ajouta en s'adressant à Pivoine.

— Je vous quitte de nouveau, chère petite, mais pour cinq minutes seulement. Vous permettez, n'est-ce pas ?

Pivoine sourit.

Le comte prit avec raison ce sourire pour une réponse affirmative et quitta la jeune fille.

Une autre femme l'attendait dans sa chambre à coucher.

Honni soit qui mal y pense ! Cette femme n'avait point été, n'était point et ne devait jamais être la maîtresse du comte.

— Miss Dudley ! s'écria-t-il en entrant et en portant à ses lèvres la main que la nouvelle venue lui tendit gracieusement. Combien je suis heureux que ma bonne étoile vous amène aujourd'hui chez moi !

— Monsieur le comte, répondit Miss Dudley en souriant, ma visite est intéressée.

— Tant mieux ! de quoi s'agit-il ?...

— Je vais vous le dire.

Mais avant de mettre nos lecteurs au courant de la conversation ainsi commencée, disons-leur d'abord ce que c'était que miss Dudley.

Anna Dudley, Anglaise, ainsi que l'indiquait son nom, mais née à Paris qu'elle n'avait jamais quitté, était une jeune fille de dix-neuf ans.

Il nous faudrait, pour la peindre d'une façon complète et charmante, ces moelleux et doux pastels à l'aide desquels Latour reproduisait si bien les têtes adorables des plus jolies femmes du siècle dernier.

Mais, au lieu des magiques crayons du peintre, nous n'avons, hélas ! que notre pauvre plume.

Des mots au lieu de couleurs.

Et des phrases au lieu d'images.

Évidemment nous sommes au-dessous de la tâche que nous entreprenons.

Nous allons cependant essayer.

Miss Anna était grande et mince.

Sa taille, gracieuse et souple, réunissait cette double perfection de la finesse sans maigreur et des formes tout à la fois arrondies et d'une merveilleuse élégance.

Cette taille, élancée et droite comme un jeune frêne, n'avait pas besoin, pour sembler irréprochable, des ressources savantes et souvent menteuses de la couturière et du corsetier.

Le buste offrait ces contours merveilleux des compagnes de Diane chasseresse dont les frontons des temples d'Athènes reproduisent le torse divin dans leurs bas-reliefs de marbre blanc.

Cette taille, frêle et forte en même temps, devait se courber et frémir en s'abandonnant avec une molle et voluptueuse langueur à l'étreinte d'un bras caressant.

Et si l'œil, après avoir suivi sous la robe les ondulations d'un corps sans défaut, si l'œil, disons-nous, montait jusqu'au visage, il s'arrêtait charmé, il croyait entrevoir une vision fugitive, une vignette, une fée, un ange, il doutait de lui-même, il regardait encore et bientôt ne pouvait plus se détacher de cette tête jeune et charmante.

Comment décrire ce front pur et blanc sur lequel rayonnaient la pensée et l'intelligence, ces sourcils merveilleusement arqués, qu'on aurait crus tracés avec l'une des flèches du petit dieu Cupidon de mythologique mémoire, ces yeux surtout, ces yeux dont les prunelles sombres avaient, comme l'océan, des teintes vertes et profondes.

Rien de plus mobile, de plus changeant, de plus enchanteur que le regard de ces yeux lumineux et doux, dont l'expression se modifiait d'instant en instant avec le cours des pensées de la jeune fille.

Tantôt ils étaient calmes et fiers, empreints d'une nonchalance hautaine et d'un dédain aristocratique, tantôt ils pétillaient de malice et d'esprit, spirituels comme un mot charmant, railleurs comme une vive épigramme, tantôt enfin ils se voilaient d'une langueur amoureuse et semblaient, à travers leurs longs cils à demi baissés, entrevoir les espaces infinis du ciel de la volupté.

Un petit nez, coquet, mignon, aux narines roses et mobiles, un nez comme en créait Watteau pour ses déesses d'opéra, surmontait une bouche, spirituelle et mobile comme les yeux, et dont les lèvres de corail humide semblaient ne cacher qu'à regret des dents éblouissantes.

Le menton, d'une finesse extrême et d'un modèle merveilleux, était, aussi bien que les joues, d'une pâleur rosée et d'un velouté frais et virginal.

Des cheveux d'un châtain pâle, à reflets blonds et cendrés dans leurs ondulations, des cheveux de soie, épais longs et soyeux à rendre tous les hommes fous d'amour et toutes les femmes folles de jalousie, des cheveux, doux aux regards et doux aux lèvres, couronnaient cette tête adorable et lui formaient un diadème naturel, royal insigne de la jeunesse et de la beauté, contre lequel bien des duchesses eussent échangé de grand cœur tous les diamants de leurs écrins.

Ajoutez à cela une distinction si complète et si parfaite, que pas une femme du monde le plus aristocratique n'aurait pu la surpasser. Une grâce infinie dans toutes les allures, quelque chose d'inimitable et de charmant jusque dans les moindres mouvements, et vous saurez à peu près ce qu'était Anna Dudley.

Elle portait une robe gris de fer, à volants.

Un petit châle de l'Inde, carré, et une capote de crêpe blanc complétaient sa toilette, d'une simplicité et d'un goût exquis, comme on voit.

— Je vais vous le dire, avait répondu miss Anna à la question du comte Réné, qui lui demandait de quoi il s'agissait.

Et elle continua :

— Vous savez que je joue la comédie?

— Je le sais et je vous ai vue.

— Ah! — fit miss Anna avec un peu d'étonnement.

— C'est comme j'ai l'honneur de vous le dire.

— Et, par quel hasard donc êtes-vous allé au théâtre des Batignolles?...

— Ce n'est pas par hasard! il me semble que pour voir réunis la jeunesse, la beauté et le talent, on peut bien faire quelques pas. J'aurais été beaucoup plus loin s'il l'avait fallu, je vous jure?

— Et dans quel rôle m'avez-vous vue?

— Dans la *Chanoinesse*...

— Et comment m'avez-vous trouvée ?

— Charmante.

— Là, bien vrai! j'aime beaucoup les éloges, mais seulement quand ils sont mérités : ainsi, parlez-moi franchement.

— Eh bien! la vérité vraie est que vous avez joué comme on jouait au Gymnase, dans le bon temps; vous étiez décente, gracieuse, spirituelle, pleine de naturel et d'abandon, et par-dessus tout cela attrayante à tourner dix fois la tête du vieux général, de monsieur son neveu et de tous les spectateurs, par dessus le marché. Vous aviez l'air d'une excellente comédienne de Paris, égarée par hasard au milieu d'une troupe de province.

— Et vous pensez tout ce que vous dites? demanda miss Anna en souriant.

— Je n'exagère pas un mot.

— Alors, merci, et puisse le public parisien être de votre avis.

— Est-ce que vous débutez dans l'un de nos théâtres?

— Probablement.

— Lequel?

— En sortant d'ici, je vais aux Variétés, où l'on me propose un engagement.

— Tant mieux pour nous, si vous l'acceptez.

— Merci, encore, mais, avec tout cela, je ne vous dis pas un mot de ce qui m'amène.

— J'écoute cependant de toutes mes oreilles.

— L'autre jour, un des machinistes des Batignolles s'est blessé dangereusement en tombant dans le premier dessous. C'est un brave homme, il a trois ou quatre petits enfants, et j'ai eu l'idée d'organiser une représentation à son bénéfice.

— Excellente idée?

— Vous devinez maintenant ce que j'attends de vous?

— Vous m'apportez des billets, n'est-ce pas?

— Oui.

— Merci d'avoir pensé à moi.

— Vous les prenez donc?

— Certes!

— Voici une avant-scène.

Et miss Anna présenta un coupon au comte Réné.

Ce dernier le prit, ouvrit son porte-monnaie et mit un billet de cent francs dans la main d'Anna.

— Mon protégé vous remercie, dit la jeune fille.

— Étourdi que je suis, s'écria le comte, je ne pense

pas à vous demander si vous jouez dans cette représentation !...

— Sans doute, je joue la *Marraine*...

— Oh! alors, dit Réné, je me suis trompé !

Il prit dans son porte-monnaie un second billet de banque qu'il joignit au premier, en disant :

— Ce n'est pas moi que votre protégé doit remercier, c'est vous.

— Le pauvre homme ne se sera jamais vu si riche, dit la jeune fille avec un adorable sourire.

— Grâce à vous.

— Oh! moi, je ne serai que la *marraine* de son bonheur, et maintenant, monsieur le comte, au revoir.

— Pas encore, s'il vous plaît, dit Réné, car j'ai, moi aussi, un service à vous demander.

— Je dirai, comme vous : *Tant mieux* ! dit Anna en se rasseyant.

VI

L'ENGAGEMENT

— Vous êtes une bonne et charmante jeune fille, reprit le comte, et vous ne vous moquerez pas de moi, du moins je l'espère, en écoutant le secret que je veux vous confier.

— Un secret! s'écria miss Dudley, ça m'intéresse déjà!

— Fille d'Ève! murmura Réné en souriant.

— Voyons, cher comte, me voici dans la pose classique des confidentes de tragédie?

> Que la pensée en vous, ne reste point captive,
> « Je prête à vos discours une oreille attentive.

— Vous dites donc?

— Je dis que je suis amoureux...

— Pourvu que ce ne soit pas de moi, je n'y vois pas grand mal...

— Je ne sais comment vous avouer qu'en effet ce n'est point de vous!...

— Bravo!...

— C'est d'une jeune fille qui est, après vous bien entendu, la plus jolie femme de Paris.

— Je ne réponds rien à ce compliment, beaucoup plus galant que véridique, et je me hâte de vous demander le nom de cette merveille?

— Pivoine.

— Ah!

— Vous ne la connaissez pas?

— Non.

— Vous n'en avez jamais entendu parler?...

— Non plus, et je me demande comment je puis être utile à vos amours?

— La jeune fille dont il s'agit n'est point ma maîtresse.

— Vraiment?...

— Mon Dieu, oui. Je file le parfait amour, ni plus ni moins qu'un berger du Lignon...

— Votre belle est donc bien farouche?

— Non, c'est moi qui suis vertueux.

— Vous m'étonnez énormément, mon cher comte.

— Je le crois bien, que je vous étonne, je m'étonne moi-même, mais en quelques mots je vais vous mettre au courant de ma situation.

— J'écoute.

Réné recommença pour miss Dudley le récit que Pivoine lui avait fait à lui-même une heure auparavant.

— Pauvre jeune fille, s'écria miss Anna quand il eut achevé.

— Devinez-vous maintenant ce que j'attends de vous? dit le comte.

— Vous voulez me prier d'être l'amie de Pivoine, n'est-ce pas?

— Oui.

— Eh bien! je ne demande pas mieux.

— Ainsi, vous consentez?

— A la prendre sous mon patronage exclusif? J'y consens, et de grand cœur.

— Quand me permettez-vous de vous la présenter?

— Quand vous voudrez.

— Alors, tout de suite.

— Comment! tout de suite! Pivoine est donc ici?

— Sans doute.

— Alors, mon cher comte, conduisez-moi près de ma future amie, le plus tôt sera le mieux.

— Je vous préviens que la toilette de la pauvre enfant est plus que modeste.

— Qu'importe? Si elle est jolie sous une étoffe de laine ou d'indienne, la soie et le velours la rendront adorable.

— Vous en jugerez vous-même; permettez-moi de vous offrir la main pour vous conduire jusqu'au salon.

Le comte Réné présenta les deux jeunes femmes l'une à l'autre. Miss Anna fut frappée de la merveilleuse beauté de Pivoine. Mais elle était trop ravissante elle-même pour être un seul instant jalouse.

Elle accueillit Pivoine avec cette grâce infinie, avec cette bienveillance croissante qu'elle savait déployer vis-à-vis des gens qui lui plaisaient.

Car, autant miss Anna était, dans certaines circonstances, dédaigneuse et hautaine, autant, quand cela lui convenait, elle avait d'irrésistibles séductions.

Pivoine fut enchantée de miss Dudley, avec laquelle elle se trouva sur-le-champ tout à fait à son aise.

Et Anna se dit tout d'abord que Pivoine deviendrait, en très-peu de temps, une des plus gracieuses et de plus élégantes femmes de Paris.

— Puis, au bout de dix minutes de conversations miss Dudley embrassa Pivoine, tendit la main au comte

Réné, et prit le chemin des Variétés où, comme nous savons, elle allait pour un engagement.

§

Anna, arrivée au passage des Panoramas, s'engagea résolûment dans le couloir qui sert d'entrée aux acteurs des Variétés.

L'honorable concierge du théâtre la reconnut pour une jolie femme et la laissa monter sans difficulté.

Anna parvint dans le long corridor qui circule entre le foyer des artistes et la scène.

A l'entrée de ce couloir, elle rencontra quelqu'un à qui elle demanda le directeur.

— Cette porte entr'ouverte que vous voyez là, au fond, au-dessus de ces cinq ou six marches, est celle de son cabinet, lui fut-il répondu.

Anna s'avança. Au moment où elle atteignait l'escalier, le directeur l'aperçut et se hâta de descendre.

— Est-ce à moi que vous désirez parler, madame? demanda-t-il.

— Oui, monsieur.

— J'ai du monde en haut, entrez ici, je vous en prie.

Et il lui indiqua à droite la porte du cabinet du secrétaire-général. Anna entra.

— Que puis-je faire pour vous être agréable? demanda le directeur.

— On a dû vous parler de moi, répondit la jeune femme, et elle se nomma.

— Je sais, en effet, dit le directeur, que vous désirez débuter dans l'un des théâtres de Paris, et que vous voulez bien donner la préférence au mien. Je n'ai pas besoin de vous dire que nous vous accueillerons avec un plaisir infini. Vous avez du talent, m'a-t-on dit, mais dans tous les cas, votre jeunesse et votre beauté vous en tiendraient lieu.

— Ainsi, vous êtes disposé à m'engager ?

— Deux fois plutôt qu'une.

— Je ne me mets pas au théâtre, comme beaucoup de femmes aujourd'hui, pour faire de la scène un piédestal à des succès d'alcôve. J'aime la comédie, et je veux la jouer sérieusement. Vous conviendra-t-il de me faire travailler ?

— Vous comprenez à merveille, répliqua le directeur, que quand on a une perle dans son écrin, on a tout intérêt à la faire merveilleusement enchâsser et à la montrer le plus possible.

— Ainsi je jouerai beaucoup ?

— Tous les jours, si vous voulez !

— Et de jolis rôles ?

— Les plus jolis du répertoire ; je vais mettre en répétition très-prochainement une pièce fort importante, dans laquelle je vois pour vous une ingénue délicieuse.

— Comment s'appelle-t-elle, cette pièce ?

— *Les Filles du Ciel.*

— C'est donc une féerie ?

— A peu près.

— Et je jouerai là-dedans ?...

— Une jeune fille, la plus gracieuse et la plus charmante qui se puisse imaginer, l'héroïne de la pièce.

— Le costume est-il joli ?

— Il doit être joli, répondit le directeur en souriant, d'ailleurs, vous vous entendrez à ce sujet avec les auteurs.

— Combien me donnerez-vous d'appointements ?

Le directeur fronça le sourcil.

— Nous sommes bien pauvres ! dit-il.

— Mais enfin ?

— Nous avons des charges bien lourdes ! On fait bien peu d'argent ! Les femmes n'ont guère de prétentions, la plupart ne nous coûtent presque rien, plusieurs nous donnent de l'argent pour jouer.

— Je ne m'inquiète pas de ce que font ou ne font pas les autres, je ne serai pas exigeante, mais je veux des appointements.

— Vous avez tort.

— C'est possible, mais c'est comme ça.

— Eh bien ! je vous offre...

— Vous m'offrez ?

— Je vais faire une folie, mais tant pis, je tiens beaucoup à vous avoir et je vous donne douze cents francs.

— C'est bien peu !

— Dites que c'est énorme ! inouï ! incompréhensible !

— Pour la première année seulement ?

— Sans doute.

— Eh bien ! je consens.

— Nous allons signer immédiatement, n'est-ce pas, un engagement d'un an ?

— Comme vous voudrez.

Le directeur appela son secrétaire-général qui était dans le cabinet de l'administration.

— Prépare un engagement d'un an, lui dit-il.

— Douze cents francs d'appointements.

— Monte un instant, répondit le secrétaire, M. de Cherlieu est en haut et voudrait te parler.

— M. de Cherlieu ! fit le directeur en s'adressant à Anna, justement l'un des auteurs des *Filles du Ciel*, la pièce dont je vous parlais. Je suis à vous dans un instant, on va vous apporter l'engagement prêt à signer.

Et il sortit.

VII

UN AUTEUR.

Henri de Cherlieu, qui attendait dans le cabinet de l'administration le directeur des Variétés, était un jeune homme de vingt-cinq à trente ans, grand, mince et brun avec des cheveux aussi noirs que l'aile d'un corbeau et un visage expressif, pâli par des fatigues de plus d'un genre.

— Vous voilà donc, à la fin! lui dit le directeur, ma foi, c'est bien heureux!

— Bien heureux! pourquoi? demanda le jeune homme. Est-ce que vous avez besoin de moi?

— Ces auteurs sont très-étonnants! s'écria le directeur. Quand ils vous ont apporté une idée et qu'on leur a commandé une pièce, ils semblent oublier le chemin du théâtre, et l'on n'entend plus parler d'eux!!

— Vous voyez bien qu'on entend parler de moi, puisque me voici.

— Et la pièce?

— Elle avance.

— Comment, vous n'êtes pas prêt!!

— Pas encore, mais dans trois ou quatre jours nous aurons fini.

— Vous m'avez dit cela au moins cinq ou six fois déjà!

— Ça se peut, mais aujourd'hui c'est la vérité vraie.

— Qu'est-ce que vous avez donc fait?

— Autre chose.

— Pour un autre théâtre?

— Oui.

— Merci! c'est-à-dire que vous travaillez pour tout le monde, excepté pour moi qui vous attends!

— Avec ça que vous êtes un charmant directeur, et que quand vous avez les pièces vous les mettez tout de suite en répétition. Je vous connais, beau masque!

— La preuve que je ne perdrai pas une minute, c'est que je suis en train de faire un engagement exprès pour vous.

— Ah!

— Oui, une jeune fille charmante qui vous jouera l'ingénue des *Filles du Ciel*.

— Où a-t-elle déjà joué, cette jeune fille?..

— A la banlieue. Voulez-vous la voir? elle est dans le cabinet en bas.

— Vous dites qu'elle est jolie?

— Ravissante.

— Alors, je ne demande pas mieux, descendons.

Au moment où le directeur et M. de Cherlieu entrèrent, Anna relisait l'engagement que le secrétaire de l'administration venait de lui présenter.

Elle se retourna à demi.

— Comment la trouvez-vous? demanda le directeur à l'auteur.

— C'est bien la femme du rôle? répondit Henri à demi-voix.

Anna regarda du coin de l'œil le jeune homme qui venait de parler.

— Tiens, se dit-elle à elle-même, ça n'est pas si mal que je croyais, un auteur !

— Je vous présente M. de Cherlieu, mademoiselle, c'est dans sa pièce que vous débuterez probablement, dit le directeur à Anna.

La jeune femme et l'auteur se saluèrent.

— Allons, mon enfant, continua le directeur en désignant du doigt l'engagement, signez vite, que ce soit une affaire finie.

— Pourquoi donc, demanda miss Anna, avez-vous mis un dédit de douze mille francs, que j'aurais à vous payer en cas de rupture ?

— Ah ! dam ! les jolies femmes sont comme les hirondelles, elles aiment les voyages. le dédit est une cage dans laquelle nous les enfermons, dit le directeur en riant.

— Mais, répliqua miss Dudley, je n'ai nulle envie de m'en aller.

— Alors, le dédit n'a rien d'effrayant.

— Au fait, c'est vrai.

Et elle signa.

— Maintenant que vous voilà ma pensionnaire, je vous dis au *revoir*, car j'ai affaire là haut; vous recevrez très-prochainement un bulletin de répétition.

Miss Anna et Henri de Cherlieu restèrent seuls.

— Le rôle est-il vraiment joli ? demanda la jeune femme à Henri.

— Très-joli.

— Comment s'appelle le personnage ?

— *Stella.*

— Y a-t-il du chant ?

— Beaucoup.

— Et le costume?

— Une paysanne bretonne de fantaisie. Ce sera aussi coquet que vous le voudrez.

— Vous me donnerez des conseils, n'est-ce pas!

— Sans doute, quoique je sois sûr que vous n'en aurez pas besoin.

— J'aurais bien voulu que vous me vissiez jouer avant de mettre votre pièce en répétition.

— Comment faire?

— C'est très-facile, je joue presque tous les soirs aux Batignolles.

— J'irai vous y voir.

— Oui, mais je désirerais que vous me vissiez dans un rôle que j'aime énormément.

— Lequel?

— *La Chanoinesse.*

— Quand la jouerez-vous?

— Je ne sais pas, je vais demander au directeur de donner la pièce. Ce sera probablement pour la fin de cette semaine.

— Comment le saurai-je?

— Je vous écrirai un mot pour vous prévenir.

— Voici mon adresse.

Henri donna sa carte à Anna.

— Vous viendrez, n'est-ce pas? reprit la jeune femme.

— Vous n'en doutez pas?

— C'est que, voyez-vous, il va falloir remonter la pièce tout exprès, et ce serait terrible de se donner tant de peine en pure perte!...

— Comptez sur moi, rien ne me fera manquer à ma promesse, aussitôt prévenu j'accourrai.

— Alors, monsieur, à bientôt.

Anna sortit du cabinet.

— Vous ne me donnez pas la main, dit Henri.

— Oh! si! répondit-elle.

Elle revint sur ses pas et lui tendit la main.

Puis les jeunes gens se séparèrent, car miss Dudley tourna à gauche pour regagner sa voiture, et Henri remonta auprès du directeur auquel il venait demander une loge.

— Oui, certainement, pensa miss Anna pour la seconde fois, ça n'est pas si mal que je croyais, un auteur!

§

Le tapissier du comte Réné fut exact.

Le lendemain, à l'heure dite, les ouvriers quittaient l'appartement de la rue Castellane.

Tapis, meubles et tentures, tout était prêt, tout était placé, et la jeune femme n'avait qu'à venir s'installer dans le logis préparé pour elle.

De leur côté, la couturière et la modiste n'étaient point restées oisives, et vingt-quatre heures avaient suffi pour organiser à Pivoine une garde-robe presque complète.

Le comte Réné entra dans la pièce de son appartement qui avait servi de chambre à coucher à la jeune fille.

— Si vous voulez vous apprêter, mon enfant, lui dit-il, nous allons sortir ensemble.

— Où irons-nous? demanda Pivoine.

— Chez la jeune femme que je vous ai présentée hier; elle vous plaît, n'est-ce pas?

— Beaucoup.

— Tant mieux, car je ne doute pas que vous ne lui plaisiez aussi. Allons, mettez ce châle et ce chapeau, et partons.

Pivoine et le comte montèrent en voiture.

— Rue Castellane, dit Réné au cocher.

En cinq minutes ils arrivèrent.

La porte de l'appartement leur fut ouverte par une jeune femme de chambre de fort bonne mine, à laquelle Réné ne fit aucune question.

Le comte regarda sa montre.

— Nous sommes en avance sur l'heure indiquée, dit-il, miss Dudley ne rentrera chez elle que dans quelques minutes, en attendant, je vais vous faire visiter son appartement.

Nous devons renoncer à décrire l'admiration de Pivoine en face des merveilles du salon, de la chambre à coucher et du boudoir.

Les hôtels garnis du quartier latin ne lui avaient pas permis de soupçonner qu'il pût exister quelque part de pareilles splendeurs.

— Comme c'est beau! comme c'est beau! s'écriait-elle à chaque pas.

— Vous trouvez? demandait Réné avec un sourire.

Et la jeune fille ne tarissait point en exclamations admiratives?

— Ainsi, dit le comte, vous vous contenteriez d'un semblable logis?

— Qui donc ne s'en contenterait pas? s'écria Pivoine; les meubles de la reine sont-ils aussi beaux que ceux-ci?

— En vérité, fit Réné, ce que vous me dites là m'enchante!

— Pourquoi donc? demanda la jeune fille.

— Parce que, mon enfant, répondit Réné, parce que vous êtes chez vous.

VIII

LA CHANOINESSE.

Trois ou quatre jours après son entrevue avec Anna Dudley, aux Variétés, Henri de Cherlieu reçut un billet de la jeune fille.

Ce billet était ainsi conçu :

« *Mercredi matin.*

« Monsieur,

« Je vous préviens que demain, jeudi, à sept heures, je joue la *Chanoinesse*.

« J'ai un peu tardé à vous écrire parce que la personne qui remplit le rôle de ma tante Héloïse s'étant assez gravement blessée, il lui a été impossible de jouer plus tôt.

« Ne manquez pas de venir, je vous en prie de nouveau, car, après la peine que j'ai eue à obtenir la pièce, je désire vivement que ce ne soit pas pour rien.

« J'irai aux Variétés samedi, à une heure, demander au directeur comment vous m'avez trouvée.

« Votre servante,

« ANNA DUDLEY.

« 30, rue Saint-Georges. »

Cette lettre, si courte et si simple, produisit sur Henri un singulier effet.

Depuis le jour où il avait vu la jeune fille, il n'avait pas pensé à elle une seule fois.

Son nom ne lui était pas revenu à la mémoire.

L'image de sa beauté charmante s'était effacée de son souvenir qui n'en avait pas plus gardé l'empreinte que le miroir garde un reflet fugitif.

Eh bien ! cette petite écriture de femme, ces caractères frêles et mignons courant sur le papier satiné, semblèrent évoquer une vision. Miss Anna lui apparut avec ses dix-huit ans, sa grâce infinie, son charme souverain, et s'empara de sa pensée pour ne plus la quitter.

La journée lui sembla d'une longueur interminable.

Et le lendemain, dès avant midi, il songeait à prendre le chemin des Batignolles.

Il fallut cependant, bon gré, mal gré, modérer cette impatience hors de propos, mais Henri ne put prendre assez sur lui-même pour se livrer à un travail quelconque, quoiqu'il fût attelé au manuscrit interrompu d'un grand drame, impérieusement réclamé par un théâtre du boulevard. Enfin, le soir arriva.

Avant sept heures, Henri s'installait à l'orchestre du théâtre des Batignolles.

Le pauvre garçon devait encore s'armer de patience.

Miss Anna, doutant, bien à tort, de l'exactitude du jeune homme, lui avait annoncé dans sa lettre qu'elle jouait à sept heures, tandis qu'en réalité la *Chanoinesse* ne commençait qu'à huit heures.

Henri dut avaler la presque totalité d'un vaudeville du crû, œuvre badine échappée à la verve d'auteur d'un comédien de l'endroit, lequel, bien entendu, jouait le principal rôle dans sa pièce.

A ce vaudeville succéda un entr'acte énorme, puis le ciel prit en pitié notre héros, les quatre ou cinq instrumentistes de l'orchestre exécutèrent une ouverture et la toile se leva. On commençait la *Chanoinesse*.

A vrai dire, Henri n'entendit pas un seul mot du dialogue, pas une seule note des couplets jusqu'au moment de l'entrée de miss Anna.

Quand cette dernière arriva en scène, le cœur d'Henri cessa de battre. La jeune fille était ravissante.

L'optique du théâtre n'ôtait rien de leur charme à ses traits, si fins et si délicats cependant.

Sa robe blanche et son petit tablier de soie bleu pâle à bretelles, lui allaient à ravir et donnaient à sa physionomie mobile et spirituelle une expression de candeur et d'ingénuité enfantines.

Les bandeaux épais de ses magnifiques cheveux châtains encadraient son front si pur et couronnaient gracieusement son rose et frais visage.

Elle joua comme un ange et fut applaudie à plusieurs reprises par tous les spectateurs.

Au moment où la toile allait tomber et où la jeune fille s'inclinait à demi, pour témoigner, comme c'est l'usage, de sa déférence envers le public, ce seigneur et maître de tous les théâtres, Henri se leva dans sa stalle, et, tout en applaudissant, il salua miss Dudley du geste. La jeune fille ne le regardait point, et cependant Henri comprit à merveille qu'il avait été vu.

Il quitta la salle, le cœur rempli d'une émotion joyeuse et d'une espérance indécise.

§

Le lendemain, à quatre heures et demie, M. de Cherlieu entrait dans une fort belle maison de la rue Saint-Georges, et demandait à la portière :

— Miss Anna Dudley ?

— C'est ici, monsieur.

— A quel étage ?

— Au second.

Henri monta et sonna. La porte lui fut ouverte par une bonne joufflue à figure souriante et un peu plus que naïve. Mais au moment où il allait lui demander sa maîtresse, une toute jeune fille fit brusquement invasion dans l'antichambre. Cette jeune fille, âgée de seize ans à peine, était petite plutôt que grande, très-jolie, très-gracieuse, fraîche comme une rose de mai, avec de beaux cheveux bruns, de beaux yeux d'un bleu sombre, pleins d'étincelles mais souvent boudeurs, et des dents plus blanches que des perles entre des lèvres de corail humide. C'était la sœur de miss Anna.

— Qu'est-ce que vous voulez, monsieur ? demanda-t-elle à Henri.

— Miss Dudley est-elle chez elle ? fit le jeune homme.

— Oui, monsieur.

— Voulez-vous être assez bonne pour lui faire dire que Henri de Cherlieu la prie de vouloir bien le recevoir.

— Entrez au salon, monsieur, et attendez un instant, je vais la prévenir.

Henri avait à peine eu le temps de regarder l'ameublement et les tableaux de la pièce dans laquelle il se trouvait, quand Anna vint le rejoindre.

La jeune fille lui tendit la main.

— Merci, dit-elle.

— Vous savez que je suis allé vous entendre ?...

— Oui.

— Vous m'avez vu ?

— Oui.

— Et vous ne me demandez pas comment je vous ai trouvée ?

— Dam! il m'a semblé que vous m'applaudissiez un peu.

— Dites, *beaucoup!*

— Étaient-ce des bravos de simple politesse?

— Vous savez bien le contraire.

— Ainsi je ne vous ai pas déplu?

— Oh! madame !!!

— Au fait, je suis folle de vous demander cela! Vous ne viendriez pas chez moi tout exprès pour me dire des choses désagréables! Comment avez-vous trouvé que jouaient mes camarades?

— Je n'en sais rien.

— Comment! vous n'en savez rien?

— Non, je ne les ai pas vus.

— Que regardiez-vous donc!

— Vous.

— Mais quand je n'étais pas en scène?

— Je fermais les yeux pour vous revoir dans mon souvenir.

— Suis-je plus jolie au théâtre qu'à la ville?

— Autant, mais pas plus, plus, c'est impossible.

— Et, votre pièce est-elle finie?

— Pas encore.

— Pourquoi donc?

— Parce que je n'ai pas travaillé.

— C'est une raison.

— Bonne, n'est-ce pas?

— Non, très-mauvaise! et pourquoi n'avez-vous pas travaillé?

— Parce que je pensais à vous.

— A moi! et pourquoi pensiez-vous à moi?

— Parce que je vous aime.

— Vous m'aimez!... d'amitié! bien entendu?

— Oui, d'amitié.

— Eh bien! vous avez raison, car moi aussi, je vous aime beaucoup.

— Vrai?

— Certainement! Vous m'avez plu tout de suite; figurez-vous que je me faisais une drôle d'idée des auteurs, je croyais qu'ils étaient tous très-vieux et très-laids, avec des habits noirs un peu râpés, des lunettes bleues, des cravates blanches pas très-propres, et un gros paquet de manuscrits sous le bras.

— Et, demanda Henri en riant, vous avez trouvé que je ne ressemblais pas, trait pour trait, à ce portrait peu flatteur.

— Franchement, répondit la jeune femme en riant aussi, j'y vois des différences importantes.

— A la bonne heure. Ainsi vous me permettez de revenir?

— Oui.

— Souvent?

— Aussi souvent que vous voudrez.

— Tous les jours, alors!

— Tous les jours, soit!

— Et je ne vous ennuierai pas?

— Vous devinez bien que non.

— Et je ne vous dérangerai pas?

— Jamais.

— Et quelle sera l'heure qui vous conviendra?

— Toutes, du matin au soir.

— Du matin au soir, se dit Henri à lui-même, seulement du matin au soir! C'est bien peu!

Puis il ajouta tout haut:

— Maintenant, je vous demande une grâce.

— Laquelle?

— C'est de me promettre de ne pas plus vous gêner avec moi qu'avec un vieil ami.

— Je vous le promets...

— Et de me dire : *Allez-vous en* quand vous aurez quelque chose à faire, ou quand ma visite vous aura paru assez longue.

— C'est convenu.

— Comme cela, du moins, je serai tout à fait à mon aise auprès de vous.

— Vous aurez raison.

— Ainsi le traité est signé ?

— Parfaitement signé, et je l'exécute à l'instant même.

— Vous me renvoyez ?

— Oui, je joue ce soir, je n'ai pas dîné et l'heure me presse.

— Alors, au revoir.

— A quand ?

— A demain, n'est-ce pas ?

— Penserez-vous à venir.

— Est-ce que vous en doutez ?

— Eh bien, franchement non, je n'en doute pas ; venez de bonne heure.

— Merci.

Les deux jeunes gens s'étaient levés.

Miss Dudley tendit sa main à Henri.

Henri serra cette main dans les siennes.

Puis, comme la jeune fille était tout près de lui et faisait un mouvement pour ouvrir la porte du salon, il se pencha vers elle et appuya presque timidement ses lèvres sur son front charmant.

Anna ne put s'empêcher de sourire.

— A demain, répéta-t-elle !

— Oui, à demain, dit Henri, et il quitta l'appartement.

IX.

UN AMOUR.

Le lendemain, Henri, bien heureux de la permission qu'il avait reçue de venir de bonne heure, arriva chez la jeune femme un peu après midi.

Anna dormait encore.

Elle ne se fit pas attendre cependant et, au bout de quelques minutes, elle vint rejoindre Henri au salon.

Miss Dudley n'avait pris que le temps de passer une robe, sans corset, et ses cheveux en désordre.

Combien de femmes eussent redouté les indiscrétions d'une toilette semblable.

Anna n'en était que plus charmante.

Le tissu flexible de sa robe trahissait les délicates perfections de sa taille.

On pouvait deviner la merveilleuse splendeur de sa chevelure à moitié dénouée.

— Déjà! fit-elle en entrant.

— Est-ce un reproche? demanda Henri.

— Ai-je un air de colère? répondit-elle avec un sourire.

— Non, mais je suis venu trop tôt, n'est-ce pas ?
— Peut-être.
— Ah ! murmura le jeune homme avec un commencement de tristesse.
— Oui, cela dépend.
— De quoi ?
— De vous. Si demain vous alliez venir plus tard ou, dans quelques jours, ne pas venir du tout, je souffrirais d'être forcée de rompre avec une douce habitude de vous voir ainsi...

L'émotion empêcha Henri de répondre.

Il s'assit à côté d'Anna.

Il prit une main que la jeune femme abandonna sans résistance entre les siennes et, pendant quelques secondes, il s'enivra du contact de cette main tiède et blanche.

Sans doute Anna se sentit émue à son tour, car elle retira sa main, sous le prétexte de mettre en ordre une mèche de cheveux qui flottait sur son cou.

— Pourquoi ne me parlez-vous pas ? dit-elle.
— Parce que je pense, répondit Henri.

Anna ne demanda pas au jeune homme à quoi il pensait. Peut-être le devinait-elle.

Henri écoutait les voix de son cœur qui chantaient à chaque battement l'hymne de la jeunesse et de l'amour.

Il comparait les sensations si vives et si fraîches qui s'éveillaient en lui, avec cette sorte de lassitude et de dégoût qui, depuis si longtemps, accompagnait ses tendresses de hasard et ses caprices de quelques jours.

Il se sentait revivifier au contact de cette adorable enfant, jeune d'une vraie jeunesse, belle d'une vraie beauté, diamant pur et sans tache qu'il rencontrait enfin après avoir expérimenté tant de cailloux polis, étincelants,

9.

mais sans valeur. Jusqu'à ce jour, Henri avait jeté au hasard, non pas son cœur, mais ses désirs.

Bien rarement l'idole du soir avait été pour lui celle du lendemain.

Cette fois, tout était changé.

Henri ne se faisait point illusion sur ce qui se passait en lui.

C'était le doux prélude d'une tendresse profonde et infinie.

Ce n'était ni un caprice, ni des désirs, c'était de l'amour.

Henri attacha son regard sur celui de la jeune femme.

Anna voulut détourner la tête.

Mais il y avait dans les yeux de Henri quelque chose qui l'attirait malgré elle.

Elle sentait ses paupières s'alanguir.

Il lui semblait que le regard de Henri lui donnait des baisers et que le sien les lui rendait.

Sa main, de plus en plus tiède et amollie, revint machinalement se placer dans celles du jeune homme.

Alors les paumes de ces deux mains s'embrassèrent comme faisaient les yeux.

Un tressaillement nerveux, une commotion électrique passa du corps de Henri dans celui de miss Dudley.

Les lèvres de la jeune femme s'entrouvrirent et laissèrent voir l'émail éblouissant des dents.

— Ne me regardez pas ainsi... murmura-t-elle.

Et comme Henri la regardait toujours, son corps souple se renversa mollement en arrière et ses épaules s'appuyèrent au dossier de la causeuse sur laquelle elle était assise.

Henri glissa son bras autour de la taille d'Anna.

Il l'attira doucement à lui, de manière à ce que la tête de miss Dudley reposât sur sa poitrine.

Et il resta longtemps ainsi, respirant le parfum léger de ses cheveux, caressant du regard les traits si doux de son visage, frissonnant délicieusement à chacun des tressaillements de son beau corps, la berçant enfin dans ses bras, comme on berce un enfant endormi.

Puis, un peu après, il s'agenouilla devant Anna.

Il lui baisa d'abord les mains.

Puis il attacha ses lèvres aux bandeaux épais et soyeux de sa chevelure en désordre.

Ses lèvres enhardies descendirent bientôt sur les paupières abaissées de la jeune femme.

Elles touchèrent ses joues dont une légère teinte rose nuançait la charmante pâleur.

Et enfin elles effleurèrent le coin d'une bouche frissonnante.

Anna semblait se réveiller. Elle se leva vivement.

Elle secoua la tête comme pour chasser le nuage de volupté dans lequel elle se sentait engourdie.

Elle alla s'asseoir au piano, et tandis que ses doigts couraient légers et rapides sur les touches sonores, elle dit à Henri :

— Reconnaissez-vous cet air ?

— Je commençais à vous aimer quand je vous l'ai entendu chanter pour la première fois, répondit le jeune homme.

C'était la valse de la *Chanoinesse*.

Henri était venu s'accouder au piano.

Quand Anna eut achevé sa valse, elle abandonna le clavier frémissant encore et elle vint prendre le bras de Henri qu'elle conduisit devant une glace et à côté duquel elle se regarda.

— Vous êtes grand, dit-elle.

— Ma taille, répondit Henri, est juste ce qu'il faut

qu'elle soit pour que vous puissiez sans peine vous appuyer sur mon bras.

— C'est vrai, fit-elle.

Et elle ajouta en souriant:

— On dit que pour que la proportion soit parfaite entre un jeune homme et une jeune femme, il faut que cette dernière en se haussant un peu sur la pointe des pieds puisse atteindre avec ses lèvres les lèvres de son amant.

— Voulez-vous essayer? demanda Henri.

— Voyons, dit Anna.

Elle appuya ses mains sur les épaules de Henri et sa bouche s'approcha de celle du jeune homme.

— C'est bien cela, murmura-t-elle, et elle voulut se reculer.

Mais Henri ne lui en laissa pas le temps.

Il noua ses bras autour de la taille cambrée et frémissante d'Anna et il embrassa ses lèvres avec ardeur ou plutôt avec délire.

Anna n'avait plus la force de résister.

Ses prunelles se noyaient dans un fluide voluptueux.

Une auréole d'azur se dessinait autour de ses paupières.

Et cependant elle murmurait d'une voix à peine distincte.

— Mon ami... je vous en prie... allez-vous-en... laissez-moi.

Henri entendit ces paroles.

Il dénoua aussitôt son étreinte.

— Vous me renvoyez? dit-il.

— Oui, balbutia la jeune femme, je souffre un peu, j'ai besoin d'être seule. Allez-vous-en, mais revenez...

— Aujourd'hui?

— Oui... quand vous voudrez... bientôt... dans une heure... Allez... allez...

Henri comprit que miss Dudley redoutait son trouble et se défiait d'elle-même.

Il sortit le cœur bondissant de joie et d'ivresse.

Il était sûr d'être aimé.

§

Quelques semaines après cette scène, Henri de Cherlieu envoyait à miss Dudley les trophes suivantes, qui rendent complétement inutiles les chapitres intermédiaires que nous pourrions intercaler dans notre œuvre.

5 heures 1/2 du matin.

Le jour vient, — l'horizon blanchit et se colore,
Avant de m'endormir, je veux t'écrire encore !...
Ton nom fut le soutien de ma nuit sans sommeil,
Ton nom caressera mes lèvres au réveil.

Depuis minuit, courbé sur les feuillets du drame
Qui n'a que mon esprit, car tu gardes mon âme,
Dans ce monde inconnu dont j'agite le fil,
Je voyais, par instant, passer ton doux profil...

Il me semblait sentir, comme la nuit passée,
Ta main, ta main charmante à la mienne enlacée...
Car je n'ai point rêvé, n'est-ce pas, ce bonheur
De te voir endormie, appuyée à mon cœur...?

Oh ! oui, c'était bien toi ! — ta pure et fraîche haleine
Semblait, en m'effleurant, me répéter : je t'aime !
Je pouvais, énivrant ma bouche et mes regards,
Respirer le parfum de tes cheveux épars !

Car je n'ai pas rêvé cette joie infinie
De sentir à ton front ma lèvre avide unie...
De sentir tout ton corps, ardemment agité,
Dans mes bras caressants frémir de volupté...?

Ce soir tu reviendras... (n'ai-je pas ta promesse... ?)
Et je pourrai redire, ô ma belle maîtresse,
De tes baisers de feu, jusqu'au jour abreuvé :
Non ! ce bonheur divin, je ne l'ai pas rêvé...!

. . . .
. . . .

On prétend, chère enfant, qu'en ce moment tout passe,
Qu'un jour vient où du cœur un nom chéri s'efface...!
Mais l'avenir est large à tes beaux dix-huit ans ..!
Je t'aimerai *toujours !* — il faut m'aimer *longtemps !*

TROISIÈME PARTIE

MIGNONNE

INCERTITUDES.

Nos lecteurs se souviennent sans doute de la situation terrible dans laquelle nous avons laissé Mignonne vers la fin du premier volume de ce livre.

Pendant l'accomplissement de son action, héroïque ou détestable, mais excusable à coup sûr, Mignonne avait été soutenue par une exaltation fébrile et convulsive.

Mais, aussitôt que son acte de suprême vengeance eut été consommé, cette force l'abandonna tout à coup.

Une profonde terreur s'empara de son âme.

Elle voulut s'enfuir.

Et, en effet, elle se dirigea de toute sa vitesse du côté de la ferme de son oncle.

Mais, à peine avait-elle fait quelques pas, que ses muscles se détendirent comme des cordes mouillées.

Sa course se ralentit malgré elle.

Ses pieds trébuchèrent sur les cailloux roulants et s'embarrassèrent dans les broussailles.

Sa respiration s'arrêta.

Ses yeux se voilèrent.

Elle perdit connaissance et roula sur le sol.

Jusqu'à l'aube du jour, les lueurs décroissantes et intermittentes de l'incendie éclairèrent par intervalles son corps inanimé.

Enfin ce froid piquant, qui précède d'habitude le lever du soleil, vint la ranimer un peu et lui rendre l'usage de ses sens.

Elle se traîna jusqu'à la ferme, regagna sa chambre, se déshabilla et se glissa dans son lit pour essayer de se réchauffer un peu, car il lui semblait que son sang était figé dans ses veines et que sa chair se changeait en un bloc de glace.

Cette sensation douloureuse ne fut pas d'ailleurs de bien longue durée.

Une ardente chaleur envahit presque aussitôt les membres de Mignonne. C'était la fièvre qui se déclarait.

Au bout de cinq minutes, tout le sang du cœur était monté au cerveau, et la jeune fille était en proie à un effroyable accès de délire.

Des hallucinations étranges et terribles vinrent s'asseoir à son chevet.

Il lui sembla que le cadavre à demi-brûlé de Pierre Nicod la prenait dans ses bras et l'emportait avec lui dans la fournaise.

Alors elle sentait la flamme dévorer ses vêtements et ronger lentement sa chair, tandis qu'elle respirait une atmosphère de feu et d'étincelles qui consumait sa poitrine.

Elle s'efforçait de fuir, mais elle se heurtait contre une porte de fer rouge, et les os déjà calcinés de ses jambes refusaient de la soutenir plus longtemps et se broyaient sous elle.

Pierre Nicod l'entourait de ses bras fumants et appuyait sur sa bouche ses lèvres de charbon.

La jeune fille poussait des cris inarticulés et se tordait sur son lit.

Le délire prenait tout le caractère et toute l'intensité de la folie.

Enfin, ses cris furent entendus par les habitants de la ferme ; on accourut auprès d'elle, et, quoiqu'il fût impossible de rien comprendre aux causes de son mal, les premiers soins lui furent prodigués.

Presque en même temps on s'aperçut du désastre qui avait eu lieu pendant la nuit.

Mais comme, grâce à l'activité dévorante du feu, il ne restait aucun vestige du corps de Pierre Nicod, la pensée ne vint à personne que le nain avait pu périr dans l'incendie du vieux colombier.

On s'étonna fort de sa disparition subite, et, aujourd'hui encore, personne n'a jamais pu comprendre ce qu'était devenu le fils de Jérôme Nicod.

Ajoutons, pour être vrai, que personne, dans le pays, n'accorda de regrets bien vifs à la difforme et dangereuse créature.

§

La maladie de Mignonne fut aussi longue que terrible.

Pendant plus d'un mois la jeune fille fut entre la vie et la mort.

Cependant la bonté de sa constitution et les forces de

sa jeunesse finirent par prendre le dessus, et Mignonne entra en pleine convalescence

Alors toutes les facultés de son esprit se concentrèrent sur ce point unique, à savoir si Charles de Saint-André avait paru à la ferme, et si quelqu'un s'était, de sa part, informé de Mignonne.

Mais le jeune homme n'était point venu et n'avait envoyé personne.

Ce fut pour Mignonne une première et douloureuse déception qui faillit retarder sa guérison complète.

Mais l'ardent désir de savoir à quoi s'en tenir soutint le courage de la jeune fille.

Elle laissa s'écouler quelques jours encore, puis un matin, sans prévenir personne, elle prit le chemin du village de Saint-André.

La pauvre enfant était bien faible encore et le trajet lui sembla bien long.

Cent fois, peut-être, elle fut obligée de s'asseoir au bord du chemin ou au pied d'un arbre, pour essuyer la sueur qui coulait sur son front et pour raffermir, par un instant de repos, sa marche hésitante.

Bien souvent elle fut au moment de retourner en arrière, car elle sentait que la force lui manquait pour aller plus avant.

Cependant elle continua, et, à la fin, elle atteignit le but de sa course, c'est-à-dire les premières maisons du village de Saint-André.

Elle n'avait qu'à franchir le seuil d'une de ces maisons et à s'informer de Charles.

Une sorte de superstition la retint.

C'est au château qu'elle voulait aller.

Elle irait jusqu'au château, et peut-être la première

personne qui s'offrirait à sa vue serait-elle Charles lui-même.

Mais voici qu'au moment de franchir les grilles, elle eut peur.

A qui s'adresserait-elle, et que penseraient les domestiques en entendant une petite paysanne demander à parler au fils unique de M. le baron ?

Ne devinerait-on pas son amour, et ne la renverrait-on point avec des risées et du mépris?

Ainsi indécise, Mignonne demeurait dans la rue, ne sachant que faire et que décider.

En ce moment, la porte de la basse-cour s'ouvrit, et il en sortit un jeune garçon de quatorze à quinze ans, conduisant à l'abreuvoir une demi-douzaine de moutons.

Mignonne connaissait ce jeune garçon, qui était né dans un hameau voisin de la ferme des Étioux.

— C'est le bon Dieu qui me l'envoie ! pensa Mignonne, et elle l'appela.

II

UNE RÉSOLUTION.

— Petit Claude... dit-elle.
— Hein? demanda l'enfant en cherchant du regard d'où partait la voix qui prononçait son nom.
— Petit Claude ! répéta Mignonne.
Le paysan vint à elle.
— Tiens ! c'est toi ! Mignonne ! fit-il.
— Oui, répondit la jeune fille.
— Par quel hasard donc que te voilà par ici ?...
— Ah ! dit Mignonne, je passais, et je me suis arrêtée pour me reposer un moment... j'allais continuer mon chemin quand tu es sorti.
— Est-ce que tu viens de loin ?...
— Non, je viens de chez nous.
— Et où donc que tu vas comme ça ?
Mignonne nomma un village des environs.
— Est-ce que tu ne te portes pas bien ? reprit Claude, je te trouve pâlotte...
— J'ai été longtemps malade...

— Qu'est-ce que tu avais ?
— Les fièvres.
— Et aujourd'hui ça va-t-il bien ?
— Oh ! c'est fini tout à fait.
— Allons, tant mieux ! et chez vous, comment vont-ils ?
— Ils ne vont pas mal.
— Tout le monde ?
— Oui.
— Ton oncle, ta tante et ton cousin ?
— Mon cousin, dit Mignonne en hésitant, on ne sait pas ce qu'il est devenu...
— Bah ! il est parti sans rien dire ?...
— Oui, et depuis plus d'un mois on n'a pas entendu parler de lui.
— Il reviendra peut-être ?
— Je ne sais pas...
— Ça n'est pas un très-grand malheur, car on ne l'aimait guère, ton cousin Pierre Nicod, sais-tu ?...
— C'est vrai... murmura la jeune fille d'un ton encore plus bas.
— Allons, continua Claude, allons, petite Mignonne, bon voyage et bonne santé...

Le paysan fit un mouvement pour s'éloigner.

Mais Mignonne qui voulut le retenir, se hâta de reprendre :

— Et toi, Claude, qu'est-ce que tu fais donc ?...
— Oh ! moi, répondit le paysan avec un profond sentiment d'orgueil de sa position élevée, oh ! moi, je suis en service !
— Au château ?
— Pardine !
— Tu gardes les moutons ?

— Et les vaches aussi, et j'étrille les chevaux avec le cocher...

— C'est une bonne place, alors, que tu as là, Claude?

— Ah! fameuse!

— Et tes maîtres?...

— La crême des maîtres... surtout M. le baron, il ne gronde jamais...

— Et son fils? demanda Mignonne avec une émotion profonde.

— Ah! M. Charles...

— Oui, justement...

— Un bien beau jeune monsieur, ma foi!...

— Est-ce un bon maître aussi, celui-là?

— Certainement que c'en était un, car maintenant...

— Achève... s'écria Mignonne déjà pâle et tremblante, achève, que veux-tu dire?...

— Je veux dire que nous ne le verrons plus guère à cette heure...

— Pourquoi?

— Il faut te dire que M. Charles a été à moitié assassiné, il n'y a pas bien longtemps...

— Après?...

— Après, il a été si malade qu'on a bien cru qu'il n'en reviendrait pas...

— Il en est revenu cependant?

— Sans doute.

— Eh bien?

— Eh bien! monsieur le baron et madame la baronne qui, bien sûr, ont eu peur qu'on n'assassinât encore une fois leur fils, ont décidé que M. Charles s'en irait à Paris...

— A Paris! répéta Mignonne avec stupeur.

— Oui, une bien belle ville à ce qu'on dit...

— De sorte, poursuivit la jeune fille, de sorte qu'il va partir?...

— Oh! que non pas! dit Claude en riant d'un gros rire.

— Comment?

— Dame! il ne va pas partir, pour sûr, puisqu'il est déjà parti.

— Parti! s'écria Mignonne...

— Oui, et depuis plus de quinze jours.

Il sembla à Mignonne que quelque chose se déchirait dans son cœur.

Elle s'appuya contre la muraille pour ne pas tomber.

Un sanglot lui monta à la gorge.

Mais elle se contint.

Et elle murmura seulement :

— C'est bien vrai, Claude, ce que tu me dis là?...

— Vrai, comme l'Évangile, répondit le paysan.

— Alors, merci mon garçon, bien des choses chez vous de ma part.

Le paysan s'éloigna avec son troupeau.

Puis, comme Mignonne reprenait sa marche dans la direction de la ferme des Étioux, il revint sur ses pas et lui dit :

— Tiens! je croyais que tu allais à Dampierre!...

— J'ai changé d'idée, répondit Mignonne, je ne me sens pas bien, et je m'en retourne chez mon oncle...

— Veux-tu que je te conduise un bout de chemin?

— Merci, Claude, j'irai bien toute seule.

— Tu es blanche comme une chemise.

— Ça ne sera rien! ça va se passer...

Et Mignonne, faisant un violent effort sur elle-même,

se remit en route avec une apparence de force et de résignation.

Mais à peine avait-elle dépassé les dernières maisons du village que l'angoisse morale qui la tourmentait prit le dessus et l'abattit complétement.

Elle s'assit dans un fossé sur le bord du chemin.

Elle cacha sa tête dans ses deux mains et se mit à pleurer avec une amertume convulsive.

— Il est parti!... pensait-elle, parti sans avoir un souvenir pour moi! parti en me croyant peut-être complice de l'assassinat dont il a été victime... Et tandis que moi, presque mourante pour l'avoir vengé, je me tordais sur mon lit de douleur, il partait; il partait pour ne plus revenir!... Oh! mon Dieu! mon Dieu! je souffre trop, et je sens que je vais devenir folle!

Peu à peu, cependant, des pensées plus calmes apportèrent un peu de soulagement dans l'esprit de Mignonne.

— Sans doute, se dit-elle, Charles s'est éloigné, malgré lui, sans doute il m'aime encore, mais il ne sait quel moyen employer pour communiquer avec moi! Eh bien! moi qui veux le voir, moi qui ne puis vivre sans lui, j'irai le retrouver à Paris et lui porter mon cœur qui n'appartient qu'à lui!

A peine cette soudaine et étrange résolution se fut-elle emparée de la jeune fille, qu'elle se sentit tout à coup ranimée et presque consolée.

Elle se remit à marcher avec une vigueur qu'il aurait été impossible d'attendre d'elle, après la course longue et pénible qu'elle venait de faire dans son état de souffrance et de fatigue.

Et enfin elle atteignit sans encombre la ferme des Étioux où personne ne s'était aperçu de son absence.

Mignonne laissa d'abord s'écouler une quinzaine de

jours, car elle se sentait trop faible encore pour songer à entreprendre un long voyage avec l'espérance de le mener à bonne fin.

Ensuite elle s'occupa des préparatifs de son voyage.

Ces préparatifs n'étaient ni bien longs, ni bien compliqués.

Mignonne ne possédait autre chose au monde que quelques hardes grossières et une somme de dix francs, qu'elle avait amassée sou à sou.

C'était avec ces faibles ressources que Mignonne allait se mettre en route pour franchir les cent lieues qui la séparaient de Paris.

Sauf les causes qui l'avaient amenée, sa situation était presque identique avec celle de Pivoine, l'une des héroïnes de ce livre, au moment où la jolie Normande quittait pour la grande ville, les ombrages séculaires du château de Nodêsmes.

III

LE DÉPART.

Mignonne, nous le savons, était orpheline.

Son oncle et sa tante l'avaient recueillie chez eux depuis sa première enfance, et elle éprouvait à leur endroit une affection presque filiale.

Et cependant elle allait les quitter...

Les quitter en laissant pour adieu sous leur toit hospitalier le meurtre et l'incendie.

Mignonne se disait tout cela, et ce ne fut pas sans un terrible serrement de cœur que, le soir qui précéda la nuit de son départ, elle embrassa Jérôme et Monique.

Une fois rentrée dans sa chambre, elle noua dans un petit paquet les quelques effets qu'elle voulait emporter, puis elle se jeta tout habillée sur son lit et essaya de trouver un repos de quelques heures.

Mais la trop grande agitation de son âme chassait le sommeil bien loin de son chevet.

Il lui fut impossible de fermer l'œil.

Un peu avant que les dernières clartés de l'aube vinssent à l'horizon tracer une ligne blanche sur le sombre manteau de la nuit, Mignonne se leva.

Elle mit à ses pieds ses souliers des dimanches, car ses sabots, trop lourds, devaient entraver sa marche.

Elle appuya bravement sur son épaule le petit bâton blanc qui supportait tout le bagage de la voyageuse.

Puis elle sortit, ferma la porte derrière elle, et s'éloigna sans tourner la tête.

Au moment où elle franchissait le seuil de la maison, l'étoile du berger pâlissait à l'occident.

— Hélas! pensa la jeune fille, que de fois j'ai vu le soleil monter au-dessus de ces grands bois et chasser les brouillards du matin. Je vais le voir aujourd'hui, pour la dernière fois, dorer les chênes du bois de la Souche et les gazons du plateau de la Roche!... Adieu, pays où j'ai grandi, où j'ai aimé, où j'ai souffert! Adieu... peut-être pour toujours!...

Arrivée à cet endroit qui avait été le témoin de sa première entrevue avec Charles, Mignonne s'arrêta.

Elle se souvint combien ce jour-là la soirée était douce et belle.

Elle se souvint de la chanson naïve dont elle répétait le refrain.

Et, malgré elle, ses lèvres se prirent à murmurer les notes champêtres de cette chanson.

Un soupir gonfla sa poitrine.

Une larme vint à sa paupière.

Elle étouffa ce soupir.

Elle essuya cette larme.

Et elle se remit à marcher.

§

Quand arriva midi, la pauvre Mignonne commença à s'apercevoir qu'elle avait trop présumé de ses forces.

La fatigue l'accablait.

Le désespoir et le découragement s'emparaient d'elle.

Il faisait une de ces chaleurs étouffantes de la fin de l'automne.

Le soleil étincelait comme un bouclier d'or dans un ciel que ne rayait pas un nuage.

Les grands arbres qui bordaient la route ne donnaient d'ombre qu'à leur pied.

Chacun des pas de la voyageuse soulevait des flots de poussière.

Et, devant elle, le chemin étendait à l'infini son long ruban d'un blanc crayeux.

Mignonne se laissa tomber, presque anéantie, sur un tas de pierres.

La tête lui tournait.

Elle recommanda son âme à Dieu, car il lui semblait qu'elle allait mourir.

Tandis que la pauvre enfant succombait ainsi à une absorption douloureuse, trois voitures, conduites par un seul homme, s'avançaient lentement de son côté, en suivant la même direction qu'elle avait prise elle-même.

Ces voitures étaient des fourgons de roulage.

Au milieu de l'une d'elles était pratiquée une sorte de niche dans laquelle une personne pouvait se reposer à l'aise.

A côté des chevaux du fourgon qui tenait la tête, marchait un homme dont il eût été difficile de déterminer l'âge, tant sa figure était bronzée, rougie et ridée par les intempéries de l'atmosphère.

Cet homme, de taille moyenne et d'une apparence plutôt débile que vigoureuse, était coiffé d'un large chapeau de paille, recouvert d'une enveloppe de toile cirée.

Sa blouse de toile bleue était historiée, au collet et aux

manches, de toutes sortes de fioritures en coton rouge.

Il serrait entre ses dents le tuyau court d'une petite pipe de terre, très-bien culottée, et ses lèvres laissaient échapper des bouffées de fumée avec une régularité méthodique que lui eût enviée un habitué émérite des tavernes flamandes.

Sa main droite tenait un fouet qu'elle faisait de temps à autre claquer avec une autorité magistrale, et sa main gauche, toutes les trois minutes environ, retirait la pipe d'entre les lèvres qui alors se mettaient à sifflotter l'air si connu :

> Cinq sous, cinq sous,
> Pour monter notre ménage!
> Cinq sous! cinq sous!
> Mon Dieu, comment ferons-nous?

Tout en fumant, en sifflant et en faisant claquer son fouet, notre personnage était arrivé en face du tas de pierre sur lequel Mignonne s'était assise, ou plutôt laissée tomber.

— Tiens! fit-il en s'arrêtant, une jeunesse!

Et, comme Mignonne ne levait point la tête et ne semblait pas s'apercevoir de sa présence, il lui toucha légèrement l'épaule avec le manche de son fouet.

Mignonne le regarda d'un air étonné.

— Bonjour, petite, lui dit le roulier qui, sans doute, n'avait rencontré personne depuis le matin et éprouvait le besoin de se dérouiller la langue.

— Bonjour, monsieur, répondit la jeune fille.

— Qu'est-ce que vous faites donc là toute seule?

— Vous le voyez bien, je me repose.

— Mais, si je ne me trompe, tout en vous reposant, vous pleurez!...

— Non, monsieur, dit vivement Mignonne.

— Et moi je soutiens que si, car vous avez les yeux tout rouges, et tenez, voilà deux grosses gouttes qui filtrent encore de la fontaine de vos yeux.

— Eh bien! s'écria Mignonne avec un peu d'impatience, quand même je pleurerais, il me semble...

Elle n'acheva pas.

— Il vous semble que ce ne sont pas mes affaires... reprit le roulier en complétant la phrase de la jeune fille. C'est ça que vous voulez dire, n'est-ce pas?

— Oui, fit Mignonne.

— Mon Dieu, ma petite, continua son étrange interlocuteur, je sais bien que vous avez raison; mais il ne faut pas m'en vouloir, je suis un vieux brave homme, moi, j'ai eu mon temps tout comme un autre, et, en voyant une jeunesse qui pleurait, je m'étais mis dans l'idée que je pourrais peut-être la consoler encore, moi qui en ai tant consolé autrefois. Si je vous ai dérangé, pardonnez-moi...

Mignonne regarda mieux le roulier.

Sous son enveloppe rugueuse, sa figure était franche et bonne.

— Je ne vous en veux pas, répondit la jeune fille, vous ne m'avez pas dérangée, et je vais vous dire pourquoi je pleurais...

— A la bonne heure, fit le roulier.

— Je pleurais, reprit Mignonne, parce que j'ai un long voyage à faire, et qu'à peine au départ, voici les forces qui me manquent déjà!...

— Un long voyage, dites-vous? demanda le roulier.

— Oui, bien long.

— Où donc que vous allez?

— A Paris.

— Toute seule?
— Oui.
— A pied?
— Oui.
— Ah çà, mon enfant, ça n'est pas croyable, ça!
— C'est pourtant la vérité, monsieur.
— Vous n'avez donc pas d'argent pour prendre la voiture?
— Je n'en ai pas assez.
— Et qu'est-ce que vous allez y faire, à Paris?

Mignonne baissa les yeux et ne répondit pas.

— Je comprends, fit le roulier avec un sourire malin, il y a quelque histoire d'amourette sous roche...

La rougeur de Mignonne lui prouva qu'il avait deviné juste.

Il n'insista pas sur ce chapitre délicat, et il poursuivit ses questions.

— Y a-t-il longtemps que vous vous êtes mise en route?
— Je suis partie ce matin, un peu avant le jour...
— De chez votre père?
— Je n'ai plus ni père ni mère.
— Et vous êtes déjà fatiguée?
— A ne plus pouvoir me soutenir!
— Vous devez être habituée à la marche, pourtant, une paysanne!
— Oui, monsieur, mais je viens d'être malade, et je suis encore bien faible.
— Pauvre petite! murmura l'interlocuteur de Mignonne.

IV.

LE ROULIER.

Le roulier sembla réfléchir pendant un instant, puis il reprit :
— Je vous proposerais bien quelque chose...
— A moi ?
— Oui.
— Quoi donc ?
— Si vous continuez votre chemin à pied, vous n'arriverez jamais, puisque vous voilà à bout de forces, à moitié de la première étape...
— J'en ai peur, répondit Mignonne.
— Il y a peut-être un moyen d'arranger la chose...
— Un moyen ?...
— Excellent.
— Lequel ?...
— Tel que vous me voyez, je m'en vais jusqu'à Tonnerre, et, d'ici à Tonnerre, il y a un fier ruban de queue !...
— Ah ! dit Mignonne.

— Mes voitures sont lourdes, mais mes chevaux sont bons et vous ne pesez guère ; il y a dans mon premier fourgon, une petite niche très-gentille où l'on peut dormir comme dans son lit, je vous offre tout bonnement ce domicile jusqu'à ma destination.

Mignonne parut hésiter.

— Eh bien ! acceptez-vous ?

— Mais... dit la jeune fille.

— Ah ! je comprends, vous vous défiez de moi. Vous vous étonnez qu'un inconnu vous propose, comme ça, de but en blanc, de vous rendre un service... Est-ce que je me trompe, voyons ?...

— Dame ! murmura Mignonne.

— Eh bien ! parole d'honneur, ma petite, vous avez tort. Si j'avais encore vingt-cinq ans, ça serait autre chose, vous êtes jolie et le voyage pourrait bien devenir dangereux... pour vous ; mais je suis vieux et vous pouvez vous risquer, foi de Nicolas Crochard, c'est mon nom. Je vous dirai de plus, que je suis né natif d'Épinal, dans les Vosges, et que j'ai toujours passé pour un honnête homme, ça je m'en pique ! Voyons, acceptez-vous ?...

— Eh bien !... oui... dit Mignonne qui comprit que si elle repoussait l'offre bienveillante du roulier, elle n'avait d'autre parti à prendre que de retourner sur ses pas et de regagner la ferme des Étioux.

Or, elle aurait mieux aimé mourir que de ne pas accomplir son projet.

— A la bonne heure, donc ! fit Nicolas Crochard, maintenant, donnons un coup de pied en avant, et rejoignons mes charriots.

Pendant la conversation que nous avons rapportée, les trois fourgons avaient continué à cheminer, et les piétons se trouvaient distancés de plusieurs centaines de pas.

En un demi-quart d'heure, Mignonne et le roulier les eurent rejoints.

Nicolas arrêta les chevaux.

Il souleva Mignonne comme une plume dans ses bras, et l'installa entre les ballots.

— Vous y voilà ! dit le roulier, maintenant dormez ou ne dormez pas, comme vous voudrez, et ne vous inquiétez de rien, nous arriverons...

Et le brave homme, donnant un coup de fouet sur la croupe luisante et rebondie de ses chevaux, ralluma sa pipe qui s'était éteinte et se remit à marcher à côté de ses fourgons en sifflant du bout des lèvres la ronde des *Bohémiens de Paris*.

Quant à Mignonne, elle ne tarda point à s'assoupir, en remerciant intérieurement la Providence qui venait si visiblement à son secours.

§

Trois ou quatre jours s'écoulèrent.

Nous ne dirons pas que les fourgons dévoraient l'espace.

Loin de là.

Mais enfin, pour nous servir d'une expression populaire, à chaque tour de roue, la distance s'amoindrissait d'un tour de roue.

Mignonne s'accommodait fort de cette façon d'aller.

D'une part elle ne fatiguait point.

De l'autre elle ne dépensait presque rien.

Sa nourriture consistait en un peu de pain et de fromage, ce qui n'est guère coûteux.

Elle buvait de l'eau claire.

Et enfin, la nuit, enveloppée dans l'épaisse roulière de Nicolas, elle dormait entre les ballots ou sur la paille fraîche d'une auberge de village.

Mignonne, mise en confiance avec son guide, qui, de fait, était un excellent homme, lui avait raconté une partie de son histoire et l'avait initié au motif qui l'appelait à Paris.

A cette confidence, Nicolas avait froncé le sourcil.

— Comme ça, ma petite, s'était-il écrié, notre amoureux est un jeune homme, fils de baron?

— Oui.

— Et vous l'aimez beaucoup?

— De toute mon âme!...

— Et vous croyez qu'il vous aime aussi?

— Si je le crois? répondit Mignonne avec exaltation, oh! oui!

— Et cependant il est parti du pays sans seulement chercher à vous voir!

— C'est qu'il n'a pas pu... balbutia la jeune fille qui cherchait à se faire illusion à elle-même.

— Je ne dis pas non; mais, voyez-vous, je n'ai pas bonne idée de ce garçon-là.

— Oh! monsieur Nicolas!

— Tant mieux si je me trompe.

— Vous vous trompez, j'en suis bien sûr, moi!

— Soit! Enfin, si vous le retrouvez à Paris, ce qui ne sera pas facile, puisque vous ne savez pas son adresse ni même le quartier où il demeure, que comptez-vous faire?

— Le revoir.

— C'est tout?

— Oui.

— Qu'espérez-vous?

— Lui dire que je l'aime toujours, lui entendre me dire qu'il m'aime encore.

— Et après !

— N'est-ce pas assez ?

— Avez-vous dans l'idée qu'il vous épousera, votre amoureux ?

— Je le voudrais, mais je ne l'espère pas.

— Ainsi vous serez sa maîtresse ?

— Sa maîtresse ou sa femme, tout ce qu'il voudra.

— Pauvre petite, murmura Nicolas en hochant la tête, pauvre petite, vous auriez mieux fait de rester dans votre ferme...

« Je n'ai pas dans l'idée que vous soyez heureuse là-bas. »

— A la garde de Dieu ! — fit Mignonne.

La conversation fut interrompue pendant un instant. Nicolas semblait soucieux.

Mignonne était pensive.

Le roulier reprit tout à coup.

— Voyons, petite, il faut prévoir les choses en ce monde. Si le malheur voulait que votre amoureux ne vous aimât plus du tout et vous tournât le dos quand vous arriverez chez lui ?..

— Oh ! s'écria vivement Mignonne, c'est impossible !

— Je ne dis pas que ça soit possible, continua Nicolas ; je suppose, voilà tout. Eh bien ! que feriez-vous, en ce cas ?

— Ce que je ferais ? demanda Mignonne, d'une voix sombre.

— Oui.

— Si Charles ne m'aimait plus ? Si Charles me repoussait ?

— Justement.

— Y a-t-il une rivière à Paris?
— Sans doute.
— Large?
— Oui.
— Profonde?
— Oui.
— Sur cette rivière, il y a des ponts, j'imagine ?
— Certainement.
— Et comment s'appelle-t-elle, cette rivière.
— La *Seine* ; mais pourquoi toutes ces questions?... fit le roulier qui ne comprenait point où la jeune fille en voulait venir.

— Dans le cas où ce que vous me dites m'arriverait, poursuivit Mignonne, je n'hésiterais guère! j'irais sur un des ponts, je recommanderais mon âme au bon Dieu, et je me jetterais dans la Seine.

Nicolas fit un mouvement de brusque surprise.

Il se retourna et regarda la paysanne.

Les grands yeux de Mignonne étincelaient d'un feu profond, et une détermination terrible se lisait dans toutes les lignes de son visage.

A coup sûr, ce qu'elle disait, elle le pensait et elle le ferait.

— Pauvre petite! murmura Nicolas pour la seconde fois.

Et il ajouta tout haut :

— Voyons, ne vous attristez pas comme ça, avec ces vilaines idées. J'ai eu tort de vous parler comme je l'ai fait, et vous aurez probablement plus de chance que je ne me l'imaginais. C'est qu'il y a tant de jeunesses qui tournent mal à Paris, que c'en est effrayant!

— Oh! dit Mignonne, je n'ai pas peur!

— Je suis bien fâché, continua Nicolas, de ne pas

pouvoir vous accompagner jusqu'au bout, mais il n'y a pas moyen. Une fois à Tonnerre, je décharge mes ballots, je laisse reposer mes bêtes et me revoilà en route pour le département du Doubs; mais j'ai un cousin à moi qui tient une petite auberge dans le faubourg Saint-Martin, je vous donnerai son adresse et un mot pour lui; il vous recevra bien, vous logera sans vous prendre trop cher et peut être même pourra-t-il vous aider dans vos recherches.

— Merci, monsieur Nicolas... vous êtes bien bon pour moi... fit Mignonne avec émotion.

— Dame! répondit le roulier, il n'y a pas de quoi me remercier, je m'intéresse à vous, c'est tout naturel.

IV

AU PLAT-D'ARGENT.

On arriva à Tonnerre.

C'est là qu'il fallait se séparer.

Cette séparation ne s'accomplit pas sans un réel chagrin de part et d'autre.

Le voiturier s'était pris pour Mignonne d'une affection toute paternelle.

De son côté, la jeune fille éprouvait pour lui beaucoup de sympathie et de reconnaissance.

Ses yeux se mouillèrent de larmes involontaires tandis qu'elle disait adieu à Nicolas Crochard.

Ce dernier lui glissa quelque chose dans la main.

Mignonne regarda.

Ce quelque chose, c'étaient quatre pièces de cinq francs enveloppées dans un morceau de papier.

— Oh! monsieur Nicolas, s'écria vivement la jeune fille, je ne puis pas... je ne dois pas accepter cela...

Et elle s'efforça de faire reprendre au voiturier ce qu'il venait de lui donner.

Mais celui-ci fut inflexible.

— Oh! que nenni, ma petite, répondit-il, j'ai mis

dans ma tête que vous garderiez cette bagatelle, et vous la garderez... ou nous nous brouillerons.

— Mais, voulut dire Mignonne.

— Le roulier poursuivit.

— D'ailleurs, ce n'est pas un cadeau, c'est un prêt...

— Comment cela?

— Eh! oui, un jour, plus tard, quand vous voudrez, quand vous pourrez, vous remettrez cette somme à mon cousin l'aubergiste qui me la fera parvenir... avec un mot d'écrit pour me donner de vos nouvelles. Voyons, est-ce convenu?...

— Puisque vous le voulez... fit Mignonne...

— Eh! oui, je le veux, que diable!

— Eh bien! monsieur Nicolas, j'accepte.

— A la bonne heure.

— Et maintenant, merci de toutes vos bontés et adieu...

— Vous vous mettez en route tout de suite?

— Oui, le chemin est encore bien long et vous ne serez plus là...

— C'est vrai... malheureusement! Allons, ma petite, au revoir, bon voyage, et surtout bonne chance!...

Nicolas embrassa Mignonne et la paysanne se remit en marche.

Nous n'avons point à nous préoccuper des incidents du reste de son voyage, qui furent du reste d'une très-minime importance. Au bout de plusieurs jours de fatigue, Mignonne fit enfin son entrée dans Paris.

Tandis qu'elle côtoyait les quais de la Rapée, l'aspect de la grande ville ne la séduisit que médiocrement.

Elle ne prêtait d'ailleurs aux rues et aux maisons qu'une attention très distraite.

Une préoccupation plus puissante s'était emparée d'elle et la dominait tout entière.

La pauvre enfant s'attendait à chaque pas à rencontrer Charles, et, dans la foule des promeneurs et des passants, elle cherchait à distinguer les traits de celui qu'elle aimait.

Nous n'avons pas besoin d'ajouter que cette attente fut vaine, que cet espoir fut déçu!...

Cependant il fallait songer à gagner le gîte que Nicolas Crochard lui avait indiqué.

Ce gîte était une auberge située, nous le savons, dans le faubourg Saint-Martin, et décorée de l'enseigne du *Plat d'Argent.*

Mignonne s'informa du chemin à suivre.

Les uns la mirent complaisamment dans une bonne voie.

Les autres, avec la malice proverbiale des gamins de Paris, race odieuse! s'amusèrent à l'égarer.

Enfin, après deux heures de recherches et de courses, Mignonne parvint à son but.

L'auberge du *Plat d'Argent*, n'étant guère fréquentée que par des voituriers et des provinciaux peu aisés, était, malgré sa position dans Paris, une véritable hôtellerie de petite ville.

Mignonne franchit le seuil.

Elle se trouva dans une grande pièce dallée en larges pierres.

Cette pièce servait tout à la fois de cuisine et de cabaret.

Dans le fond, un immense fourneau sur lequel mitonnaient dans des casseroles en cuivre toutes sortes de gibelottes et de veau aux oignons.

Le long des murs, une rangée de petites tables recouvertes de nappes en grosse toile, d'une propreté infiniment suspecte.

Autour de ces tables, une demi-douzaine d'individus mangeaient, buvant, ou jouant aux cartes en fumant.

Les odeurs combinées du tabac, du vin, des oignons et des gibelottes, formaient un parfum étrange dont il nous est tout à fait impossible de donner une idée exacte.

Un grand et gros homme, à figure réjouie et enluminée, coiffé d'un bonnet de coton et vêtu de la veste blanche traditionnelle, allait des fourneaux aux tables et des tables aux fourneaux, tantôt plongeant dans les casseroles une longue cuillère à ragoût, tantôt échangeant quelques mots avec les personnages attablés, tantôt, enfin, examinant les cartes de l'un des joueurs, et lui donnant un conseil bienveillant et désintéressé.

Dans ces diverses occupations, ce gros homme déployait une activité prodigieuse.

A ce moment, Mignonne entra.

De la main gauche, elle maintenait sur son épaule le bâton blanc qui supportait son humble bagage.

De la main droite, elle tenait une lettre écrite sur du papier à sucre et cachetée avec de la mie de pain.

Le gros homme s'avança au-devant d'elle avec un sourire qui épanouissait sa large bouche presque jusqu'aux oreilles.

— Que demandez-vous, ma jolie fille? dit-il de son air le plus gracieux.

— Monsieur Sébastien Crochard, s'il vous plaît? fit Mignonne.

— C'est moi.

— Ah!

— Qu'y a-t-il pour votre service?

— Je vous apporte une lettre.

— Une lettre? et de qui donc?

— De votre cousin Nicolas.

— Tiens! tiens! tiens! et comment se porte-t-il, ce brave cousin?

— Il se portait parfaitement quand je l'ai quitté, il y a huit jours, à Tonnerre.

— Allons, tant mieux; et sa lettre?

— La voici.

L'aubergiste prit l'épître que lui tendait Mignonne, et la décacheta, la déplia, la défripa en la frappant légèrement avec deux doigts, la frotta contre la manche de sa veste, comme on fait au théâtre dans les rôles comiques.

Et enfin lut à demi-voix ce qui suit :

« Mon cher cousin Sébastien,

« La présente n'est à autre fin qu'à celle de me rappeler à votre souvenir d'amitié et de parenté, et en outre pour vous dire qu'elle vous sera remise par une jeune fille qui a nom Mignonne, et que je vous prie de loger chez vous pendant quelques jours à des prix modérés, attendu qu'elle aura bientôt vu le fond de sa bourse.

« Cette jeune fille vient à Paris pour tâcher d'y retrouver quelqu'un à qui elle s'intéresse plus qu'il ne faudrait.

« C'est une bien brave fille, malgré cela, et vous pourrez peut-être lui dire comment il faut qu'elle s'y prenne pour réussir à ce qui lui tient tant au cœur.

« Tout ce que vous ferez pour elle me fera plaisir.

« Il y a longtemps que nous ne nous sommes vus, mon cher cousin; mon projet est d'aller vous faire visite à Paris d'ici à quelques mois, si le bon Dieu me garde de ce monde, ce qui est bien possible, car je me porte comme il y a vingt ans.

« J'espere qu'il en est pour vous pareillement, et aussi pour votre épouse, à laquelle je vous prie de témoigner mes salutations, quoique je ne la connaisse pas.

« Je pense que vos affaires vont toujours bien, car il nous a été dit au pays que vous faisiez fortune.

« Je m'en réjouis sincèrement et suis pour la vie, avec les sentiments d'un bon parent,

« Votre affectionné cousin,
« Nicolas CROCHARD. »

— Très-bien ! très-bien ! fit l'aubergiste après avoir lu. Puis il ajouta en s'adressant à Mignonne.

— Ainsi, ma jolie fille, vous voulez loger chez moi ?
— Oui, monsieur, je le voudrais bien.
— C'est facile, je vous donnerai un cabinet qui est charmant, tout petit, mais très-propre, avec une vue superbe sur la cour.

— Et sera-t-il cher, monsieur ?... demanda Mignonne avec hésitation.

— Oh ! répondit l'aubergiste, puisque vous êtes recommandée par mon cousin Nicolas, nous nous arrangerons toujours. Ah çà ! par quelle voiture arrivez-vous donc ?

— Je suis venue à pied, monsieur...
— Depuis où ?
— Depuis Tonnerre.
— Ah ! bon Dieu ! mais vous devez être morte de fatigue ?
— Dame ! je suis un peu lasse...
— Pauvre petite ! asseyez-vous vite.

Mignonne se laissa tomber sur une chaise.

L'aubergiste reprit :

— Vous avez faim, sans doute ?

— Depuis ce matin je n'ai pas mangé.

Sébastien courut à ses fourneaux.

Il remplit une assiette de toute la viande qu'elle put contenir.

Il prit un énorme morceau de pain, un verre et une bouteille.

Puis il apporta le tout devant Mignonne en disant :

— Buvez et mangez, mon enfant, et reposez-vous, c'est le plus pressé ; ensuite, nous irons visiter votre chambre.

La jeune fille entama son repas avec une satisfaction évidente et un vigoureux appétit.

VI

LES ÉTUDIANTS.

Il est grand temps de rejoindre un des personnages importants de ce récit.

Nous voulons parler de Charles de Saint-André.

Le jeune gentilhomme franc-comtois était arrivé à Paris lesté d'une pension suffisante et muni de lettres de recommandation pour un certain nombre de personnages notables et sérieux.

Disons tout de suite quelles étaient, à l'endroit de la vie qu'il allait mener à Paris, les idées de notre provincial.

A peine installé dans le coupé de la diligence, il avait semblé à Charles qu'on lui ôtait un manteau de plomb de dessus les épaules.

Il aspirait à pleins poumons l'air de la liberté à mesure que la voiture Lafitte et Caillard l'entraînait plus loin du logis paternel.

Et ce sentiment si joyeux, si blâmable qu'il puisse paraître au premier coup d'œil, était cependant fort naturel.

Depuis son enfance, Charles avait vécu sous le toit et par conséquent sous la domination de ses parents.

Cette vie lui pesait.

Il avait soif d'indépendance.

Il avait soif de ces plaisirs tant vantés que Paris garde pour les élus de son paradis.

Il entrevoyait tout un horizon de galantes aventures et il souriait de pitié au souvenir, si proche encore, de son naïf amour pour Mignonne.

Aussi se promettait-il bien, une fois arrivé à Paris, de n'entretenir de relations qu'avec les gens qui, par leur âge et leur position, pouvaient lui rendre faciles les plaisirs auxquels il aspirait.

Quant aux personnages graves et posés, pour qui son père lui avait donné des lettres de recommandations, Charles se promettait de les voir juste autant que l'exigeraient les plus strictes convenances, mais pas plus.

Ceci posé, franchissons avec la rapidité des télégraphes électriques la distance que Charles franchissait de son côté d'une manière beaucoup moins expéditive, et arrivons avec lui dans la cour des Messageries.

A peine débarqué, et aussitôt que le *visa* officiel eût été apposé sur ses malles par les préposés de l'octroi, le jeune homme s'adressa cette question qui ne manquait pas d'importance :

— Où vais-je planter ma tente dans ce grand Paris que je ne connais pas?

Puis, au bout d'un instant de réflexion il se répondit en ces termes :

— Allons chez Briancourt; Briancourt me donnera une idée.

Ceci convenu avec lui-même, Charles fit entasser ses bagages dans un fiacre, prit place lui-même entre une valise et un carton à chapeau et dit au cocher :

— Rue Jacob, hôtel du Nord.

Le véhicule se mit en mouvement.

Hector de Briancourt était un jeune Franc-Comtois, un peu plus âgé que Charles avec lequel il avait été au collège.

Depuis un an, Hector faisait son droit à Paris, et, comme il était resté en correspondance avec son ancien condisciple, ce dernier avait pensé tout naturellement à lui comme à un pilote habile qui pouvait le guider à travers les écueils de son débarquement.

Le fiacre s'arrêta devant l'hôtel du Nord.

Charles descendit.

— Faut-il décharger vos effets, mon bourgeois? lui dit le cocher.

— Non, répondit le jeune homme.

— Il fallait donc prévenir que vous me preniez à l'heure! fit l'automédon d'un air maussade.

— Malotru! murmura le provincial, et il entra.

— C'est bien ici que demeure M. de Briancourt? demanda-t-il au bureau.

— Oui, monsieur.

— Est-il chez lui?

— Oui, monsieur.

— A quel étage, je vous prie?

— Au second, la chambre n° 8.

— Merci.

M. de Saint-André monta.

Arrivé en face du numéro qu'on venait de lui indiquer, il frappa légèrement à la porte.

— Entrez! répondit une voix.

Charles chercha vainement un moyen d'ouvrir.

La même voix répéta avec une nuance d'impatience :

— Eh bien! entrez donc!!
— Il n'y a pas de clef... dit Charles.

Un frais et joyeux éclat de rire, un éclat de rire tout féminin, servit de réplique à cette phrase.

— Tiens, au fait, ajouta la voix d'homme, au fait, c'est vrai!

On entendit un pas à l'intérieur et la porte s'ouvrit.

— Charles de Saint-André!! Ah! bah! s'écria à l'aspect du visiteur le propriétaire de la chambre.

— Lui-même, cher ami! fit Charles, en échangeant une poignée de main avec son hôte.

— Par exemple, en voilà une surprise! entre donc, mon vieux, entre donc!..

Charles s'avança dans la chambre, puis il s'inclina vivement en murmurant:

— Oh! pardon, madame, je n'avais pas l'honneur...

— Monsieur, je suis votre servante, répondit d'un air un peu moqueur la personne à laquelle Charles venait de s'adresser.

Cette personne était une jeune fille de dix-sept à dix-huit ans, dont la pose originale mérite une mention particulière.

Accroupie sur le tapis, et les jambes croisées à la manière orientale, cette jeune fille, jolie blonde à la mine plus qu'éveillée, appuyait coquettement sur ses lèvres le long et flexible tuyau d'un narguilhé oriental, et aspirait avec une sage lenteur les émanations parfumées d'un tabac du Levant.

L'excessif désordre de la toilette de la jolie blonde, le fichu absent et le corsage mal agrafé, expliquaient d'une façon parfaitement significative pourquoi, l'instant d'avant, la porte était fermée et la clef absente.

— Mon cher ami, dit Hector en riant et en désignant

l'odalisque, je te présente mademoiselle Calypso, *ma femme.*

Charles s'inclina de nouveau, comme il eût pu faire devant une duchesse.

Hector poursuivit.

— Ma chère Calypso, reprit-il, je te présente M. Charles de Saint-André, mon ami...

Et comme mademoiselle Calypso riait en regardant Charles d'une façon assez impertinente, Hector se pencha à son oreille et lui dit tout bas :

— Son père est baron, très-riche, et lui-même doit rouler sur toutes sortes de monnaies, ainsi, de la tenue!..

Ce peu de mots sembla changer comme par enchantement les dispositions de Calypso.

Elle quitta d'un bond sa pose nonchalante, et roulant avec une prestesse de chatte un fauteuil à la Voltaire jusqu'à côté de Charles, elle lui dit de l'air le plus gracieux et avec une œillade engageante.

— Mais asseyez-vous donc!

Charles remercia et s'assit.

Calypso lui apporta une pipe toute bourrée et une allumette flamboyante.

Charles se confondit en salamalecs.

Hector l'interrompit :

— En voilà assez, cher ami, lui dit-il, Calypso est destinée à embellir pour moi le chemin de la vie, elle ne fait que son devoir en allumant pour toi le calumet de l'hospitalité; maintenant, causons...

— Je ne demande pas mieux, fit Charles.

— Te voilà donc à Paris?...

— Comme tu vois.

— Pour combien de temps?

— Pour trois ans, selon toute apparence.

— Est-ce que tu viendrais faire ton droit, par hasard ?...

— Justement.

— Bravo ! Depuis quand es-tu arrivé ?...

— Depuis une heure.

— Et où loges-tu ?

— Jusqu'à présent, dans un fiacre...

— Dans un fiacre !!

— Oui.

— Ce qui veut dire ?

— Ce qui veut dire que mes bagages m'attendent à la porte, sur les coussins classiques *d'un char numéroté*... comme disait Boileau.

— Et pourquoi t'attendent-ils à la porte ?

— Parce que je ne sais où aller m'installer et que j'ai compté sur toi pour m'indiquer un gîte.

— Et tu as pardieu bien fait ! tu vas loger ici...

— Ici ?...

— Oui, dans l'hôtel...

— Es-tu sûr qu'il y ait de la place ?

— Je le crois, d'ailleurs, nous allons le savoir... Calypso, ma fille, fais-moi le plaisir de sonner.

Calypso obéit.

Un domestique parut.

— Y a-t-il une chambre à donner à mon ami ? demanda Hector.

— Oui, monsieur...

— Laquelle ?...

— Le numéro 16, au-dessus de celle-ci.

— Je la connais, elle est gentille. Le prix ?

— Quarante francs par mois, service compris.

— Ça te va-t-il ? demanda Hector à Charles.

— Parfaitement, répondit le provincial.

— Alors, c'est convenu, nous prenons la chambre.

Et le jeune homme ajouta en s'adressant au domestique :

— Jean, il y a un fiacre devant la porte...

— Oui, monsieur, je l'ai vu.

— Vous allez descendre, vous paierez le cocher du fiacre, auquel il est dû environ une heure, et vous transporterez au numéro 16 les effets de mon ami. Qu'est-ce que ça représente tes effets, Charles ?

— Une grande malle, une petite malle, une valise, un sac de nuit, un carton à chapeau et un étui à parapluie, fit le provincial.

— Luxe insensé! s'écria Hector en riant, je suis sûr que madame ta mère t'a accablé de chaussettes et de pots de confitures! Allons un peu surveiller le transport de ces nombreux colis, nous causerons ensuite sérieusement...

— Allons, répondit Charles.

— Calypso, dit l'étudiant à sa maîtresse, empêche les pipes de s'éteindre.

— On y veillera, répliqua la jeune fille.

VII

UN HOTEL GARNI.

La chambre du troisième étage, qu'on destinait à Charles de Saint-André, était, à peu de choses près, semblable à celle de son ami Hector et à tous les logis d'étudiants que nous avons eu, jusqu'à ce jour, l'occasion de décrire.

Une alcôve à portes métamorphosait ce domicile tantôt en chambre à coucher, tantôt en salon, selon que les portes étaient ouvertes ou fermées.

Un canapé, deux fauteuils et quatre chaises, le tout recouvert en velours d'Utrecht rouge, composaient le mobilier, avec une table ronde, un petit bureau et une commode.

Derrière l'alcôve se trouvait une porte de cabinet de toilette ; deux gravures, *Galatée et Pygmalion*, d'après Girodet, et l'*Éducation d'Achille par le Centaure Chiron*, décoraient les murailles tendues d'un petit papier à fleurs.

Voilà tout le confort et tout le luxe que les hôtels garnis de la grande ville offrent aux fils de famille pour quarante francs par mois.

Et les fils de famille trouvent cela charmant.

C'est qu'à travers la poussière des vieux fauteuils et les taches des vieux papiers, ils entrevoient, souriante et joyeuse, l'image de l'indépendance!

— Eh bien! qu'est-ce que tu dis de cela! demanda Hector à Charles

— De quoi? répondit ce dernier.

— De la chambre et du mobilier...

— Ce n'est pas très-beau, mais c'est gentil.

— N'est-ce pas? D'ailleurs, les fenêtres donnent sur la rue, et la cheminée est excellente.

— Et puis, ajouta Charles gracieusement, c'est près de toi, et ça me décide.

— Merci, très-cher, fit Hector avec une poignée de main; d'ailleurs, rien ne nous empêchera de déménager si nous voulons.

— Certainement.

— Voilà qu'on apporte tes malles, redescendons chez moi.

— Descends le premier, dit Charles, je te rejoindrai tout à l'heure.

— Pourquoi pas tout de suite?

— Je veux faire ma toilette et changer de vêtements.

— Coquet!

— Ce costume de voyage n'est en vérité pas présentable.

— Allons, fais comme tu voudras, combien de temps te faut-il?

— Je te demande vingt minutes.

— Si dans vingt minutes tu n'es pas descendu, je monterai te chercher.

— Mon exactitude t'évitera cette peine.

Hector rejoignit Calypso.

— Il n'est pas mal, ton ami, lui dit cette dernière, mais il a l'air un peu jobard...

— C'est la province qui produit cet effet-là, répondit l'étudiant; en arrivant j'étais comme cela !

— Tu dis qu'il est riche?...

— Comme un comptoir de changeur. Dans les circonstances présentes, c'est la Providence en personne qui vient à mon secours.

— Vive la Providence! fit Calypso.

— Est-ce que ma pipe est éteinte?...

— Plus souvent! s'écria la jeune fille, un feu que j'entretiens ne s'éteint jamais...

— C'est un bruit que tu fais courir, mais les flammes défuntes de tous les anciens amoureux sont là pour attester le contraire...

— Impertinent!...

— Silence, ma fille, ne nous animons point et donnons cette *bouffarde* à notre ami !...

Calypso tendit la pipe à Hector.

— Très-bien, petite, dit ce dernier, et maintenant fais-moi le plaisir de sonner.

Calypso obéit passivement.

Le domestique qui venait de monter au troisième étage les malles de M. de Saint-André, apparut au bout d'un instant.

— Que désire monsieur ?... demanda-t-il.

— Je désire parler immédiatement à M. Roblot, dit Hector.

M. Roblot était le propriétaire de l'hôtel.

— Je cours le prévenir, répondit le valet.

Et il sortit.

— Qu'est-ce que tu veux donc au propriétaire ? di.

Calypso avec curiosité ; serait-ce pour lui donner de l'argent ?...

Hector haussa les épaules à deux ou trois reprises.

Puis après cette pantomime significative, il ajouta :

— Non, ce n'est pas pour lui donner de l'argent, et cela pour deux raisons : la première, c'est que je n'en ai pas, la seconde, c'est que si j'en avais je ne lui en donnerais pas.

— Mais alors... dit la jeune fille.

— Chut ! s'écria Hector, le voici.

En effet, la porte s'ouvrait et M. Roblot apparaissait sur le seuil, enveloppé tout à la fois, et dans une vaste redingote en molleton gris, et dans sa dignité de propriétaire.

La métaphore mythologique de Janus, l'homme aux deux visages, pouvait merveilleusement bien s'appliquer à M. Roblot.

Sa figure était, en effet, moitié hargneuse, moitié souriante.

Ses lèvres et ses yeux semblaient aussi près d'exprimer la mauvaise humeur la plus complète que la jovialité la plus caressante.

Son attitude était en quelque sorte indécise comme son visage.

Il ne fit que trois ou quatre pas dans la chambre et s'arrêta.

— Monsieur Hector, fit-il d'un ton mi-parti gracieux, mi-parti maussade, vous avez demandé à me parler ?

— Oui, mon cher monsieur Roblot, répondit l'étudiant, mais d'abord, je vous en prie, asseyez-vous.

Le propriétaire se laissa tomber dans un fauteuil que l'étudiant venait de lui faire avancer par Calypso.

— Nous avons à causer, répondit Hector.

— Et de quoi, s'il vous plaît? demanda le propriétaire.

— De notre petit compte...

Un charmant sourire se stéréotypa sur les lèvres de M. Roblot.

Sa voix devint affectueuse et caressante, et il modula harmonieusement ces mots :

— Vous avez reçu des fonds?...

— Pas encore... répondit Hector.

Il se fit sur le visage du propriétaire un changement de décoration à vue.

— Alors, murmura-t-il d'un air bourru, que diable avez-vous à me dire?...

— Quelque chose qui vous plaira fort...

— Enfin, quoi?...

— Ceci, tout bonnement : voulez-vous être payé, monsieur Roblot?...

— Comment si je le veux? s'écria le propriétaire en tressaillant; mais certainement que je le veux!

— Eh bien! il ne tient qu'à vous.

— D'être payé?

— Oui.

— Vous moquez-vous de moi?...

— Je n'en ai pas l'air, cher monsieur Roblot; et d'ailleurs je ne me permettrais jamais une pareille licence avec un homme de votre mérite, et surtout avec un homme auquel je dois quelque argent...

Le sérieux d'Hector parut causer une certaine impression sur M. Roblot.

Il regarda son locataire bien en face, et il dit :

— Ainsi, monsieur Hector, vous prétendez qu'il ne tient qu'à moi d'être payé?...

— Je prétends cela...

— Mais comment?... comment?... depuis trois mois vous me *faites aller* de semaine en semaine, de jour en jour, d'heure en heure, me promettant toujours un argent qui n'arrive jamais; pendant ce temps, votre compte a grossi et a atteint les proportions les plus effrayantes...

— Je sais, je sais, interrompit Hector, neuf cent quarante-quatre francs.

— Et des centimes... reprit le propriétaire; c'est à n'y pas croire! Voyant que toutes vos promesses tournaient en eau de boudin, j'ai écrit à monsieur votre père : monsieur votre père m'a répondu qu'il vous faisait une pension suffisante et qu'il ne voulait pas répondre des folles dépenses dans lesquelles vous entraînaient vos déportements!... oui, monsieur Hector, vos *déportements!*... Ce sont les propres expressions de monsieur votre père.

— Après?... demanda flegmatiquement le jeune homme.

— Comment, après?... fit Roblot interdit.

— Oui, vous voyez bien que je vous laisse aller, parce qu'il est tout à fait inutile d'opposer une digue aux écluses de votre discours. Quand vous aurez fini, je parlerai à mon tour.

— J'ai fini, dit le propriétaire.

— Ne vous gênez pas, cher monsieur Roblot, si vous avez quelque chose à ajouter, ajoutez-le... Vous êtes verbeux, mais éloquent, et je vous écoute toujours, non-seulement sans fatigue, mais encore avec un véritable plaisir.

— Je n'ai plus rien à dire, répliqua le maître-d'hôtel complétement décontenancé.

— Alors, écoutez-moi, fit Hector.

M. Roblot prêta l'oreille.

VIII

DIPLOMATIE TRANSCENDANTE.

Hector commença :

— Un jeune homme, dit-il, est arrivé dans votre hôtel il y a une heure...

— Oui, répondit le propriétaire.

— Savez-vous ce que ce jeune homme venait me demander? poursuivit Hector.

— Non, répliqua M. Roblot.

— Ce jeune homme réclamait, pour se choisir un gîte, les lumières de mon expérience ; en d'autres termes, il me priait de lui indiquer un logement...

— Ah!...

— Eh bien!... que lui ai-je conseillé, monsieur Roblot?

— Oui que lui avez-vous conseillé?... demanda le maître-d'hôtel.

— Je lui ai dit que nulle part ailleurs il ne trouverait une hospitalité aussi complète et aussi charmante que celle qui l'attendait ici, et que le maître de cet immeuble serait pour lui un ami tout autant qu'un propriétaire.

— Sans doute, je suis l'ami de mes locataires, articula M. Roblot.

Et il ajouta à voix basse :

— Surtout quand ils me paient...

— Or, poursuivit Hector, sans se préoccuper de cette interruption, savez-vous bien que ce jeune homme n'est rien moins que mon compatriote, Charles de Saint-André le fils unique du baron de Saint-André, l'un des plus grands propriétaires du département du Doubs, savez-vous bien que cet adolescent arrive à Paris muni de plus de pièces de vingt francs que tous vos locataires ensemble n'ont de pièces de vingt sous!...

— C'est joli!... fit M. Roblot.

— C'est d'autant plus joli, que sous ma direction, il va mener dans votre hôtel la vie d'un petit Sardanapale, buvant du vin de champagne à l'ordinaire, dégustant du punch à indiscrétion, et tout cela payé comptant, monsieur Roblot, comptant, entendez-vous bien?...

La figure et le ton du propriétaire s'étaient déjà singulièrement radoucis.

Cependant il répondit :

— Je vous remercie, monsieur Hector, de m'avoir procuré votre ami comme locataire, mais tout à l'heure vous m'avez dit à propos de notre compte, qu'il ne tiendrait qu'à moi d'être payé, et j'avoue que je ne saisis pas encore...

— Cher monsieur Roblot, fit Hector en souriant, je vois avec peine qu'en de certains moments votre intelligence est moins vive et moins ouverte que de coutume! Comment diable ne comprenez-vous pas que cet argent qui me manque pour vous payer, je l'emprunterai à mon ami Charles de Saint-André?...

— Ah! ah! fit le propriétaire.

— Est-ce clair, cela!

— Pas trop...

— Pourquoi ?

— Dame ! parce qu'il n'est pas dit que votre ami voudra vous en prêter, de l'argent.

— Monsieur Roblot, dit Hector en haussant les épaules, vraiment vous me faites de la peine...

— Comment ?...

— Il est logique, il est évident, il est lumineux, que moi qui ai su vous inspirer assez de confiance pour obtenir de vous un crédit de neuf cent quarante-quatre francs...

— Et des centimes...

— Et des centimes, comme vous dites, je n'aurai nulle peine à me faire avancer une somme au moins égale par mon ami qui est un provincial naïf, et qui, du reste, a besoin de moi...

— Eh bien, fit M. Roblot, demandez-lui de l'argent tout de suite, à votre ami.

Hector haussa de nouveau les épaules.

— Comme c'est joli et spirituel, ce que vous me dites-là ! s'écria-t-il, et comme j'aurai bon air de me faire ouvrir la bourse de ce garçon avant même qu'il ait ôté ses bottes de voyage.

— Comment donc faire ? demanda M. Roblot.

— Attendre.

— Encore ?...

— Mais peu de temps !

— Vous m'avez dit cela dix fois.

— C'est la dernière.

M. Roblot sembla réfléchir.

— Décidément, je ne peux pas, dit-il.

— Alors, répliqua Hector, je monte chez mon ami, je l'empêche de s'installer et je l'emmène ailleurs.

— Je garderai vos effets !

— Ça ne paiera pas ce que je vous dois, et, avec l'argent que Charles me prêtera, je remplacerai par des vêtements neufs les vieux que vous aurez gardés.

Cette réponse catégorique parut agir fortement sur M. Roblot.

— Vous me mettez le couteau sur la gorge? dit-il.

— C'est à prendre ou à laisser.

— Allons, je veux tenter encore une épreuve...

— A la bonne heure!

— J'accepte ce que vous me proposez.

— Je vous en félicite.

— Combien me demandez-vous de temps?...

— Huit jours.

— Ainsi, au bout d'une semaine, je serai soldé?

— Intégralement.

— Dieu le veuille; nous verrons si, cette fois, vous êtes homme de parole.

— Comptez-y; seulement jusque-là...

— Eh bien?...

— Eh bien, ouvrez-moi un nouveau crédit.

— Diable!

— C'est indispensable...

— Pourquoi donc cela? Il me semble que vous laisser votre chambre, c'est bien suffisant!

— Pas le moins du monde! Il importe à mes projets que Charles ne me croie pas gêné, et je veux pouvoir l'inviter à déjeuner ici, ou à dîner à mes frais.

— Vous voyez combien je suis accommodant, monsieur Hector, je consens à tout

— La récompense de cette bonne action ne se fera pas attendre, cher monsieur Roblot.

— Dieu le veuille! répéta de nouveau le propriétaire.

Et il sortit, assez médiocrement rassuré, avouons-le, sur le sort de sa créance.

Aussitôt qu'il eut refermé la porte, Hector se posa en face de sa maîtresse, la tête haute et la main gauche enfoncée dans son gilet, attitude tout à la fois napoléonienne et conquérante.

— Qu'en dis-tu? lui demanda-t-il.

— Je dis que c'est joué serré!

— N'est-ce pas?

— Seulement il s'agit de réussir avec l'autre.

— Ça ira tout seul, Calypso, ma mignonne, crois-moi, le plus fort est fait!

§

Nos lecteurs se disent sans doute que le jeune Charles de Saint-André, l'amant de Mignonne, était au moment de tomber dans un véritable traquenard, fort habilement tendu par un filou de bas étage qu'il croyait son ami.

A Dieu ne plaise que nous entreprenions de justifier les principes et les projets de notre nouvelle connaissance Hector.

Cependant ce personnage n'était pas tout à fait ce qu'il paraît être, et sa conduite pouvait offrir, sinon des excuses, du moins des circonstances atténuantes :

Hector appartenait à une famille de province, famille fort honorable, et, sinon riche, du moins dans l'aisance.

Son père lui faisait une pension modique, avec laquelle il lui eût été possible de vivre si une occupation sérieuse avait rempli une bonne partie de son temps.

Mais l'oisiveté est, à Paris surtout, la mère de la dépense.

Or, Hector, fort peu travailleur de son naturel, ne faisait rien, que des folies et des dettes.

Les cinq premiers jours du mois lui suffisaient pour dévorer sa pension, et, le reste du temps, il vivait d'industrie en usant de toutes ces ressources peu délicates, beaucoup trop préconisées, selon nous, par la littérature *bohême* de notre époque.

Ne pas payer son maître-d'hôtel, ou faire payer pour soi un ami de province, naïf et bon enfant, sont, on le sait, des hauts faits fort en honneur parmi nos *bohèmes*, et l'épopée de ces modernes Lazarilles a trouvé pour la chanter des poëtes dont le talent réel était digne d'un meilleur emploi.

La lecture et l'exemple de ces poëtes, autant que les instincts de sa nature paresseuse et fantasque, avaient entraîné Hector dans cette voie dangereuse où l'on ne s'arrête pas facilement.

Nous allons le voir à l'œuvre.

IX

UNE MAÎTRESSE D'OCCASION.

— Ça ira tout seul, Calypso, ma mignonne, crois-moi, le plus fort est fait! avait dit Hector à sa maîtresse vers la fin du précédent chapitre.

En ce moment la porte s'ouvrit et Charles de Saint-André entra.

Le jeune homme venait de faire une toilette complète.

Il était mis avec cette élégance de province, superlativement ridicule à Paris.

Calypso se mordit les lèvres pour ne pas rire.

En effet, la tournure de Charles était assez comique dans une redingote verte, trop courte de taille et trop longue de jupe, dans un gilet de cachemire trop voyant, dans une cravate trop haute, dans un pantalon trop étroit et dans des bottes trop pointues.

Ce mirobolant accoutrement donnait à M. de Saint-André, malgré la distinction de son visage, la tournure d'un clerc de notaire endimanché, se promettant de faire des conquêtes sur la promenade de sa petite ville.

Hector courut à Charles et lui serra de nouveau la main.

— Enfin, te voilà! lui dit-il, c'est heureux, j'allais monter!...

— Merci de ton impatience, répondit Charles, elle me prouve ton amitié.

— Dont tu n'as jamais douté, je l'espère...

— La meilleure réponse c'est qu'en arrivant à Paris je suis accouru chez toi.

— Tu m'as dit, n'est-ce pas, que tu venais faire ton droit? demanda Hector après avoir serré la main de Charles pour la troisième fois.

— Oui.

— Comment tes parents se sont-ils décidés à te laisser voler de tes propres ailes? J'aurais juré que madame ta mère ne consentirait jamais à rompre ta tutelle.

— Et tu aurais eu raison, répondit Charles en souriant, mais certaines circonstances sont venues influer sur sa détermination.

— Certaines circonstances, dis-tu?...

— Oui.

— Lesquelles ?

— Je te raconterai cela plus tard... C'est tout un roman.

— Un roman d'amour ?... demanda Calypso.

— A peu près... dit M. de Saint-André.

— Tant mieux! s'écria la jeune fille, j'adore les romans d'amour!...

— Elle en a tant fait, la pauvrette... et qui commençaient par le dénouement!... murmura Hector.

— Qu'est-ce que vous marmottez-là?... demanda Calypso.

Hector ne lui répondit pas.

Mais il reprit en s'adressant à Charles:

— Tu nous raconteras cela quand tu voudras... rien ne presse... et maintenant, dis-moi, mais, là franchement, est-ce que tu as le projet de travailler à Paris?

— Dam! puisque je viens pour faire mon droit!...

— Oui, oui, c'est connu, on vient toujours pour faire son droit... et on fait tout autre chose.

— Vraiment!...

— Eh! oui!... faire son droit, vois-tu, mon cher, ça consiste à prendre régulièrement ses inscriptions, à ne point mettre les pieds à l'école, à passer un examen quand on a le temps (on a soin de ne l'avoir jamais) et à s'amuser énormément dans toutes sortes d'endroits charmants...

— Ce genre de travail me plaît assez! répondit Charles avec un sourire.

— Parbleu! fit Hector, la vie est courte et la jeunesse encore plus, c'est un axiome vieux comme le monde; Désaugier et Béranger l'ont chanté sur tous les airs! D'ailleurs les pantalons sont hors de prix et ce serait folie que d'en user un grand nombre sur les bancs de l'école de droit. L'économie te le défend! De plus, ta famille est millionnaire, et tu ne te destines pas, j'imagine, à avocasser, comme un pauvre gueux d'homme de loi, dans l'enceinte sacrée de la Cour royale de Besançon ou autres lieux?

— Non, certes!... s'écria Charles avec un geste d'effroi.

— Voilà qui est parler; donc, c'est convenu, nous nous amuserons, et beaucoup...

— Tu m'apprendras à m'amuser, fit Charles, car tout seul je ne saurais pas...

— Soyez tranquille, répondit Calypso en minaudant, nous vous donnerons de bonnes leçons...

— Ce sera d'autant plus facile, appuya Hector, que

tu dois apporter avec toi les trésors de la Californie...

— Oh! pas tout à fait!...

— Je vais te faire une question...

— Fais.

— Si elle te semble indiscrète, tu ne répondras pas...

— Je m'engage d'avance à répondre.

— Quelle est la pension que te fait ton père?...

— Cinq cents francs par mois.

Calypso eut un éblouissement.

— Payables tous les mois? demanda Hector.

— Non, tous les trois mois.

— D'avance?...

— Évidemment.

— Alors tu as touché avant de partir?

—Oui, plus cinq cents francs que mon père m'a glissés dans la main au moment du départ, ce qui fait que, pour le quart d'heure, je suis à la tête de deux mille livres.

— Le Pactole! s'écria Hector, tu peux mener la vie grandement.

— Et puis, ajouta Charles, pour les étrennes et pour ma fête on ne manquera pas de m'envoyer quelques subsides supplémentaires.

— J'estime ta famille, dit Hector, la mienne se conduit avec moi de la même manière, ou à peu près; or, en mettant en commun nos deux opulences, nous serons les étudiants les plus *chic* qui se puissent voir; *l'union fait la force,* comme tu sais.

— Nous mettrons en commun tout ce que tu voudras... répondit Charles en décochant une œillade à Calypso, qui, depuis un instant, le criblait de regards brûlants, malgré sa redingote verte.

Hector s'aperçut de ce manége qui ne lui plut que très-médiocrement.

Il résolut de couper le mal dans sa racine.

— Pour inaugurer la vie de Paris, il te manque deux choses de première nécessité, dit-il.

— Lesquelles ?...

— Des pipes et une femme.

— Oh! oh! fit Charles.

— Le tout, parfaitement culotté! nous y pourvoirons.

— Comment ?

— Je me charge des pipes, moi...

— Et la femme ? demanda Charles.

— C'est Calypso que cela regarde.

— Moi ? s'écria la jeune fille.

— Toi-même, ma fille, tu vas t'orner de ton châle et de ta capote...

— Pourquoi faire ?...

— Pour filer chez ton amie Crinoline.

— Ah! je comprends! fit Calypso.

— C'est heureux! Sais-tu si la jeune personne est vacante ?...

— Je le crois, attendu qu'elle a eu des mots avec Oscar.

— D'ailleurs, vacante ou non, tu l'amèneras tout de même, elle dînera avec nous, et, au dessert, je la marierai avec Charles.

— C'est convenu, dit Calypso avec un soupir.

La jeune fille regrettait amèrement de ne pouvoir garder pour elle-même la bonne fortune californienne qu'elle allait procurer à son amie.

Mais, comme l'hésitation était impossible, elle prit son parti en brave et s'habilla pour aller à la recherche de la jeune Crinoline qui perchait vers les hauteurs de la rue de la Harpe.

— Tu es vraiment le modèle des amis! s'écria Charles aussitôt qu'il fut resté seul avec Hector.

— Bah! répondit ce dernier, je fais pour toi ce que tu aurais fait pour moi en pareille occurrence. N'en parlons plus et allumons une pipe en attendant ces dames.

Les pipes s'enflammèrent et la conversation continua.

Mais elle n'offrit rien d'assez intéressant pour que nous jugions convenable d'y faire assister nos lecteurs.

§

Une heure après, Calypso rentrait avec son amie.

Cette dernière, petite femme brune, fraîche et jolie, plus jolie même que Calypso, devait son sobriquet de *Crinoline* à l'ampleur un peu exagérée de certaines formes.

Ces proportions remarquables, dignes en tout point de la Vénus Callypige, et qui imprimaient au jupon et à la robe un balancement tout andaloux, avaient rencontré des incrédules.

On avait osé dire que Pauline, c'était le vrai nom de la jeune fille, devait ses gracieux contours à l'art de M. Oudinot.

Une semblable calomnie révoltait la pauvre enfant.

Elle changeait d'amants le plus souvent possible, tout exprès pour convaincre ses détracteurs de la fausseté de leurs assertions.

Et plus d'une fois on l'avait même vue, à la fin d'un souper joyeux, animée par le vin de Champagne et mise hors d'elle-même par les plaisanteries qu'on lui décochait, offrir aux convives la preuve irrécusable et palpable que ses appas, quelqu'invraisemblables qu'ils fussent, étaient bien sa propriété.

Et cependant, le monde est si méchant, que, malgré tout, le sobriquet de *Crinoline* restait le seul véritable nom de la pauvre petite.

Au moral, Crinoline était une fille sans caractère, sans passion, sans énergie, incapable d'un attachement réel, mais point méchante et point dangereuse.

Telle était la maîtresse qu'Hector destinait à Charles.

X

SÉBASTIEN CROCHARD.

Nos lecteurs se souviennent sans doute que nous avons laissé Mignonne en train de se délasser des fatigues de son voyage dans l'auberge *du Plat-d'Argent*, tenue au faubourg Saint-Martin par l'excellent M. Crochard.

C'est là que nous allons la rejoindre, le lendemain de son arrivée à Paris.

Il était près de midi.

La lumière entrait à flots dans la petite chambre de Mignonne, par la fenêtre sans rideaux.

Mais, quoiqu'un vif rayon de soleil vînt se poser sur son visage et le caresser, en quelque sorte, la jeune fille dormait toujours.

Sans doute un rêve de bon augure visitait son sommeil.

Un demi-sourire entr'ouvrait ses lèvres roses et laissait entrevoir, par instant, l'émail admirable de ses dents.

Ce sourire, mieux encore que le rayon de soleil, semblait éclairer la fraîche figure de Mignonne, et creusait des fossettes charmantes au bas de ses joues veloutées.

La pauvre petite se trouvait reportée par la pensée dans les bruyères du château de la Roche.

Elle y voyait Charles de Saint-André.

Elle se fondait dans ses bras d'amour et de bonheur.

Un coup léger, frappé à la porte, interrompit brusquement cette vision enchanteresse.

Mignonne se réveilla en sursaut.

Elle ouvrit les yeux.

Mais, l'esprit encore rempli des souvenirs de son rêve, elle ne se rappela point d'abord sa situation actuelle, et ne reconnut pas l'endroit dans lequel elle se trouvait. Un second coup, un peu plus accentué que le premier, rendit à ses idées leur cours naturel.

Elle se souleva sur son coude.

Elle frotta du bout de ses doigts ses yeux encore gros de sommeil. Puis elle demanda :

— Qui est là ?

— Moi, répondit une voix.

— Qui cela, vous ?

— Crochard.

— Qu'est-ce que vous voulez, monsieur Crochard ?...

— Vous éveiller, Mademoiselle.

— Et pourquoi m'éveillez-vous ?...

— Pour que vous veniez déjeuner.

— Il est donc tard ?...

— Midi sonne.

— Déjà ! fit Mignonne avec étonnement.

Puis elle ajouta :

— Je me lève, monsieur Crochard.

— Très-bien. Vous trouverez le couvert mis.

Et après cette conversation à travers la porte, on entendit s'éloigner le pas de l'aubergiste qui descendit.

Mignonne sauta à bas de son lit.

Elle renoua et lissa à la hâte ses grands cheveux bruns.

Elle agrafa son corsage autour de sa taille mince et souple. En cinq minutes sa toilette fut terminée.

Mignonne se regarda dans le miroir qui formait l'unique ornement de sa petite chambre.

Or, malgré la teinte un peu verdâtre de cette glace, la jeune fille se trouva jolie. Et elle eut raison.

La joie d'être arrivée à Paris, et l'espoir, bien ou mal fondé, de revoir bientôt son amant, donnaient une expression nouvelle et plus piquante encore à sa gracieuse figure.

Tandis qu'elle était en train de déguster le déjeuner, composé de petites saucisses et de gigot froid, qui venait de lui être servi, maître Crochard s'installa en face d'elle et commença la conversation en ces termes :

— Voyons, ma chère demoiselle, parlez-moi franchement, êtes-vous contente de l'accueil que nous vous avons fait?...

Mignonne leva ses beaux yeux sur son interlocuteur.

— Si je suis contente?... répondit-elle, oh! oui, monsieur et bien reconnaissante aussi...

— Ne parlons pas de reconnaissance, mon enfant, je n'ai pas fait grand'chose pour vous; mais enfin, quand vous reverrez le cousin Nicolas, vous lui rendrez bon témoignage de nous, n'est-ce pas?...

— Certes!...

— A propos du cousin, qu'est-ce donc qu'il me disait dans sa lettre, au sujet de quelque chose que je n'ai pas bien compris?...

— Il vous disait que je venais à Paris pour une démarche, et que, peut-être bien, vous pourriez m'aider en quelque chose...

— C'est possible, en effet, mais...

L'aubergiste s'interrompit.
— Mais quoi?... demanda Mignonne.
— Il faudrait, avant tout, savoir de quoi il s'agit.
— Vous avez raison, fit la jeune fille.
— Et, à moins que ce ne soit indiscret...
— Je vais tout vous dire, monsieur...
— Je vous écoute religieusement, dit Crochard.
— Je suis ici pour chercher quelqu'un...
— Un parent?...
— Non.
— Un ami, alors?...
— Oui.
— Homme ou femme?...
— Homme, répliqua Mignonne en baissant les yeux.
— Jeune ou vieux?...
— Jeune... fit la paysanne devenue très-rouge.
Crochard se mit à rire.
— Compris! fit-il.
— Et, après un instant de silence et de réflexion, il poursuivit :
— Un *pays* à vous, sans doute, qui est placé comme domestique dans quelque bonne maison?...
— Oh! s'écria Mignonne avec un geste de dédain.
— Alors, continua l'aubergiste, il est commis dans un magasin, ou peut-être même chez quelque banquier... Hein?... j'ai deviné, n'est-ce pas?...
— Pas le moins du monde, répondit la jeune fille.
— Peste! mais c'est donc un prince que votre ami de cœur? fit Crochard en riant.
— Non, répliqua Mignonne, ce n'est pas un prince, mais c'est le fils unique d'un baron qui est très-riche.
— Diable! diable!... Et il vous attend, ce fils unique de baron ?

— S'il m'attendait, je saurais son adresse...

— C'est juste ! et vous ne la savez pas ?...

— Mes démarches n'auront qu'un but, celui de retrouver la personne dont je vous parle, et j'espère, monsieur, que vous ne refuserez pas de m'aider dans ces démarches.

— Non, certainement, je ne le refuserai point, mais ça ne sera guère facile... Qu'est-ce qu'il fait, votre amoureux ?...

— Il étudie.

— Quoi ?

— J'ai entendu dire qu'il étudiait son *droit*, du moins je crois bien que c'est ce mot-là.

— Alors il demeure dans le quartier Latin.

— Où est-ce, ce quartier-là, monsieur ?...

— A l'extrémité opposée de Paris, de l'autre côté de la Seine.

— Je voudrais y aller tout de suite.

— Et, quand vous y serez, qu'est-ce que vous ferez ?...

— J'entrerai dans toutes les maisons et je demanderai Charles...

— Vous en aurez pour un an, ma pauvre fille...

— Que faire alors ?...

— Il suffira de visiter tous les hôtels..

— Qu'appelez-vous un hôtel, monsieur ?...

— Je veux dire une maison garnie, comme celle-ci, mais où on loge des étudiants au lieu de recevoir des rouliers et des petits marchands, ainsi que je le fais.

— Y en a-t-il beaucoup de ces hôtels ?...

— Mais, pas mal.

— Alors je vais me mettre en chemin tout de suite...

— Vous ne vous en tirerez jamais... il faut que je vous guide un peu, au moins le premier jour, car figurez-vous bien, ma chère demoiselle, que vous en avez pour plusieurs jours.

— Comment, monsieur, vous allez vous déranger, comme cela, pour moi ? fit Mignonne avec beaucoup d'embarras.

— Et je vous assure que ce ne sera pas sans plaisir ; je souhaite que nous réussissions tout de suite, mais, dans le cas contraire et si toutes vos recherches étaient infructueuses, il nous resterait un autre moyen, et, celui-là, à peu près infaillible...

— Un moyen, monsieur, lequel ?...

— Il faut vous dire, mon enfant, qu'il y a dans chaque quartier un inspecteur de police pour les hôtels garnis ; cet inspecteur fait sa tournée une fois par semaine et se fait présenter les registres sur lesquels les maîtres d'hôtel sont tenus d'inscrire les entrées et les sorties de leurs locataires. Il prennent note, pour la préfecture de police, du nom de tous les gens qui arrivent à Paris.

— Ah ! fit Mignonne.

M. Crochard continua :

— Je prierai l'inspecteur qui vient ici de questionner ses collègues du faubourg Saint-Germain, et nous saurons ainsi l'adresse qu'il vous importe tant de connaître.

— Oh ! s'écria Mignonne, faites cela, je vous en supplie !

— Je le ferai, mais mon inspecteur ne commencera sa tournée que dans quatre jours, et il lui faudra une semaine pour me donner des renseignements... Voulez-vous attendre jusque-là ?...

— Non, fit Mignonne.

— Alors, essayons des premiers moyens ; dans tous les cas nous ne risquons pas grand'chose... Je prends mon chapeau, et je sors avec vous...

— Vous êtes ma Providence ! dit Mignonne.

XI.

VOYAGE DE DÉCOUVERTE A TRAVERS LE PAYS LATIN.

L'aubergiste et la jeune fille se mirent en route.

Ils commencèrent par la rue Saint-Jacques leur voyage d'exploration.

Aussitôt qu'un hôtel garni se présentait à leurs regards, et Dieu sait si les hôtels garnis manquent dans la rue Saint-Jacques! Mignonne se détachait du bras de son guide, entrait chez le concierge, et, le cœur palpitant de crainte et d'espoir, demandait d'une voix émue :

— Monsieur Charles de Saint-André demeure-t-il ici, s'il vous plaît?...

A cette question il était répondu invariablement :

— Connais pas, ma jolie fille ! si le portier était jeune et bien disposé.

Ou bien :

— Nous n'avons pas ça ici, voyez plus loin, articulé d'une voix bourrue si le portier était vieux et maussade.

Après trois heures de marche et d'interrogations sans résultat, Mignonne, découragée et dépitée, ne pouvait plus se soutenir sur ses jambes.

— Rentrons, lui dit Crochard ; peut-être, demain, serez-vous plus heureuse...

Mignonne secoua la tête d'un air de doute.

Maintenant qu'elle venait de voir de près cette ruche humaine, cette gigantesque fourmilière qu'on appelle Paris, elle n'admettait presque plus la possibilité de trouver celui qu'elle cherchait parmi cet océan de maisons inconnues, dans ce dédale de rues qui croisaient et enchevêtraient de toutes parts leur inextricable réseau.

Cependant, le lendemain, renseignée tant bien que mal par l'aubergiste sur la direction à suivre, elle reprit ses pérégrinations.

Après s'être égarée souvent et avoir demandé son chemin plus de vingt fois, Mignonne dépassa la place Saint-Michel et s'enfonça dans les profondeurs de la rue de la Harpe.

Là recommencèrent ses interrogations et ses déceptions de la veille.

A chaque pas se succédaient les éternelles réponses :
— Connais pas, ma jolie fille !
Ou bien :
— Nous n'avons pas ça, voyez plus loin.

Enfin, tout d'un coup, Mignonne crut être arrivée au but si ardemment souhaité.

C'était aux alentours de la place du Panthéon.

La jeune fille venait d'entrer dans un hôtel de mesquine apparence, décoré, nous ne savons pourquoi, de cette pompeuse enseigne : *Grand hôtel de Brunswick meublé.*

Mignonne hésita avant d'entrer.

Elle se décida cependant, et franchit le seuil.

Il n'y avait qu'une seule personne dans la loge du concierge.

C'était un grand jeune homme, très-pâle et très-maigre, avec de longs cheveux et de grandes moustaches noires dont les pointes descendaient plus bas que son menton.

Il était coiffé d'un bonnet de velours rouge, vêtu d'un vieux paletot tout râpé, et chaussé de pantoufles en mauvais état.

Il fumait une pipe allemande.

Tout en fumant, ce jeune homme fredonnait la *Marseillaise*.

Mignonne répéta timidement sa question accoutumée :

— Monsieur Charles de Saint-André, est-ce ici qu'il demeure, s'il vous plaît ?

Le jeune homme regarda Mignonne.

Il sembla hésiter pendant un instant avant de répondre.

Puis il articula ces mots que la pauvre enfant croyait ne jamais entendre :

— Oui, mademoiselle, c'est ici.

— Oh ! mon Dieu ! s'écria Mignonne.

Et elle serait tombée si le jeune homme ne s'était élancé pour la soutenir.

— Qu'est-ce que vous avez donc ? demanda-t-il.

— Ce n'est rien, monsieur... Seulement, je voudrais... je souhaiterais voir... M. de Saint-André.

— Il est sorti pour le moment, mais il va rentrer. Si vous le désirez, mademoiselle, je vais vous conduire dans sa chambre où vous pourrez l'attendre...

— Oh ! oui, monsieur, conduisez-moi, je vous en prie.

— Venez, mademoiselle.

Et le jeune homme se disposa à sortir de la loge avec Mignonne.

En ce moment, le concierge rentra.

Il était vieux, petit et bossu.

— Voici le tabac demandé, fit-il en présentant un paquet au jeune homme. Merci d'avoir gardé ma loge, m'sieu Jules... Tiens ! ajouta le petit vieux bossu en voyant Mignonne, qu'est-ce que c'est donc que cette jeunesse ?

Celui qu'on venait de nommer M. Jules se hâta de répondre :

— Mademoiselle vient pour mon ami Charles, et je la conduis en haut, père André.

— Ah ! très-bien ! très-bien ! fit le portier.

— Venez, mademoiselle, répéta M. Jules.

Mignonne monta à sa suite.

Il lui fit franchir quatre étages.

Le cœur de la jeune fille battait avec une impétuosité si grande qu'il lui eût été impossible d'articuler une seule parole.

Enfin, son guide s'arrêta devant une porte.

Il mit la clef dans la serrure et ouvrit cette porte.

— Entrez ! dit-il.

La jeune fille se laissa tomber sur un siége.

— Où suis-je ? demanda-t-elle.

— Dans la chambre de Charles, répondit le jeune homme.

— Dans sa chambre ! répéta Mignonne avec une sorte d'ivresse.

— Oui, mademoiselle, dans sa propre chambre. C'est-à-dire quand je dis *propre*, c'est au figuré, bien entendu...

— Ainsi, ajouta la jeune fille, ainsi vous le connaissez ?

— Qui ça ? Charles ?...

— Oui.

— C'est mon ami le plus intime.

— Vraiment? fit Mignonne en jetant un regard d'affection sur celui qui se disait l'ami de son amant.

— Ma foi, poursuivit M. Jules, Charles et moi nous ne nous quittons guère ; dans le quartier, on nous appelle les deux inséparables.

— Il se porte bien ? demanda la jeune fille.

— Admirablement bien.

— Et, ajouta-t-elle d'une voix plus basse et plus timide, et... vous a-t-il... quelquefois... parlé de moi ?

— De vous ! fit le jeune homme, c'est bien possible ; mais il faudrait, pour vous répondre, que j'eusse d'abord le plaisir de savoir qui vous êtes, mademoiselle.

— Je suis Mignonne, répondit la jeune fille.

— Ah ! vous êtes Mignonne !... Alors, je le crois bien, qu'il m'a souvent parlé de vous ! Il m'en a parlé plus de cent fois...

— Oh ! mon Dieu ! répéta la naïve enfant, à moitié suffoquée par le bonheur.

— N'allez pas vous trouver mal, au moins !...

— Oh ! non ! soyez tranquille !... Et que vous disait-il de moi ?...

— Ce qu'il me disait de vous !... vous devez bien vous en douter, ce me semble...

— Qu'il m'aimait, n'est-ce pas ?...

— Parbleu !

— Alors, pourquoi est-il parti de là-bas sans me voir?

— Ah ! voilà !... des circonstances...

— Circonstances qu'il m'expliquera lui-même sans doute !...

— Certainement, qu'il vous les expliquera...

— Quand donc le verrai-je, monsieur ?...

— Quand il sera rentré.

— Sera-ce bien long ?...

— Je ne crois pas; d'ailleurs, je puis le faire prévenir.

— Oh! monsieur, s'écria Mignonne suppliante, puisque vous savez où il est, je vous en conjure, faites-le prévenir.

— J'y cours, dit le jeune homme.

Et il sortit.

Mignonne, restée seule, ne songea pas même à jeter un regard sur cette chambre poudreuse et sale, sur le lit en désordre, sur les vêtements en lambeaux qui gisaient çà et là.

Elle s'absorbait dans son bonheur et dans cette pensée unique :

— Il va venir! je vais le revoir!...

Quelques minutes s'écoulèrent sans qu'elle s'en aperçût.

Enfin, la porte s'ouvrit.

— C'est lui! pensa Mignonne.

Et elle bondit de la chaise sur laquelle elle était assise.

XII

UN PIÉGE.

La porte s'ouvrit, avons-nous dit, et Mignonne s'élança en avant.

Mais son ardent espoir devait encore être déçu.

Le nouveau venu, en effet, n'était point Charles.

C'était son ami prétendu, M. Jules.

Il referma doucement la porte et poussa un petit verrou intérieur.

Ceci fut fait avec une vivacité et une habileté si grandes qu'il fut impossible à Mignonne de s'apercevoir de l'action de son hôte.

M. Jules s'avança vers elle.

Mignonne attachait sur lui un regard plein d'interrogations.

— Je viens du café Saint-Jacques, dit-il en se posant devant Mignonne les deux mains dans les larges poches de son pantalon, et en dandinant son corps maigre et déhanché.

— Du café Saint-Jacques!... répéta Mignonne, pour qui ces mots étaient une énigme.

— Ah! oui, c'est juste; il faut vous dire, ma petite

chatte, que mon ami Charles fréquente assidûment l'estaminet susnommé...

— Eh bien?...

— Eh bien, il n'y était pas.

Mignonne se leva et fit un mouvement pour s'avancer vers la porte.

— Vous vous en allez?... demanda M. Jules avec étonnement.

— Oui, monsieur.

— Et pourquoi donc ça?...

— Je ne veux pas vous déranger plus longtemps, monsieur, mais je reviendrai...

— Nom d'une pipe, vous ne me dérangez pas le moins du monde.

— Oh! monsieur, faites excuse.

— Fichtre! laissez-moi donc achever ma narration. Je vous ai dit que Charles n'était pas au café; mais il y était venu, il venait d'en sortir, et il avait prévenu des amis qui y sont qu'il allait revenir dans un instant. J'ai chargé quelqu'un de lui dire, aussitôt son arrivée, que vous l'attendiez chez lui, et il va accourir. C'est donc cinq minutes de patience tout au plus...

Mignonne se rassit.

— Alors je reste, dit-elle.

— Maintenant, ajouta Jules, si ma société vous déplaît, je m'en vais.

Et il tourna sur les salons.

— Mon Dieu, non! s'écria vivement Mignonne, votre société ne me déplaît pas; c'est moi, bien au contraire, qui avais peur de vous ennuyer...

M. Jules prit une chaise et vint s'asseoir à côté de Mignonne.

Si près, que la jeune fille recula un peu son siége.

— Savez-vous, mon petit cœur, dit-il d'un ton très-familier, que je ne vous savais pas si jolie que vous êtes...

— Ah! murmura Mignonne, qui ne soupçonnait point où le jeune homme en voulait venir.

— Charles, en me parlant de vous, poursuivit M. Jules, me répétait bien que vous étiez charmante, mais je croyais à cette exagération naturelle aux amants, et je me défiais de tous ces grands récits... Or, maintenant que je vous ai vu, je trouve que Charles, loin d'exagérer en quelque chose, était resté bien en-deçà des limites de la réalité... Vous n'êtes pas jolie, vous êtes adorable!...

— Vous êtes bien bon!... — fit Mignonne, un peu confuse de ces compliments décochés à brûle-pourpoint.

— Ah! s'écria Jules d'un air pénétré, mon ami Charles est bien coupable!...

— Coupable! répéta Mignonne.

— Oh! oui...

— Et de quoi donc?...

— D'avoir méconnu tant de grâce!... d'avoir insulté tant de beauté...

— Parlez-vous de moi, monsieur?... demanda Mignonne.

— De qui parlerais-je, si ce n'est de vous?...

— Alors je ne vous comprends pas... Comment Charles m'a-t-il méconnue? Comment Charles m'a-t-il insultée?

— Je ne puis vous le dire....

— Pourquoi?

— Parce que Charles est mon ami, et que d'ailleurs il est plus qu'inutile de vous affliger à propos de choses auxquelles nous ne pouvons rien...

— Vous me faites mourir de peur, monsieur...

— Pauvre petite!... fit M. Jules d'un air hypocritement compatissant.

— Je vous en supplie, dites-moi tout...
— Vous le demandez?...
— A genoux...
— C'est vous qui le voulez?
— Oui... oui...
— Et vous me promettez que Charles n'en saura rien?
— Je vous le promets!
— Alors je me risque...
— Eh bien?...
— Eh bien! Charles vous trompe...
— Il me trompe! s'écria Mignonne avec stupeur, il me trompe! Alors, il ne m'aime plus!...
— Le scélérat a des maîtresses... une foule de maîtresses... des femmes qui ne vous valent pas, de vraies coquines, des coureuses ; et c'est chez l'une de ces créatures qu'il est en ce moment...

M. Jules attendit l'effet de sa délation.

Mignonne se leva, pâle comme la mort et calme d'un calme effrayant.

— Vous êtes bien sûr que ce que vous venez de me dire là est la vérité? demanda-t-elle.

— Aussi sûr que je suis de mon existence...

— Alors, monsieur, fit Mignonne en se dirigeant de nouveau vers la porte, je vous remercie bien des renseignements que vous venez de me donner... Vous avez été bon pour moi, je m'en souviendrai... tant que je vivrai...

— Où allez-vous?... demanda le jeune homme.

Mignonne ne répondit pas.

Mais un observateur aurait pu lire une pensée sinistre dans son regard profond et dans son sourire amer.

M. Jules s'interposa entre Mignonne et la porte.

— Écoutez-moi, ma petite, dit-il.

Mignonne s'arrêta et regarda M. Jules.

Ce dernier reprit :

— Charles est une canaille, c'est convenu...

Malgré sa légitime indignation contre Charles, Mignonne ne put s'empêcher d'être surprise en entendant un ami parler ainsi de son ami.

— Charles est une canaille ! répéta M. Jules, et, savez-vous ce qu'il faut faire ?...

— Non, répondit Mignonne.

— Il faut vous venger...

— Me venger ?...

— Oui...

— Comment ?

— En oubliant Charles et en en aimant un autre.

Mignonne haussa les épaules.

— Voyez-vous, poursuivit son interlocuteur, la vengeance c'est le bonheur !...

— Laissez-moi passer, dit Mignonne, il faut que je m'en aille...

— Non, mon cher cœur, vous ne passerez pas !...

— Et qui m'en empêchera ?...

— Moi.

— Et pourquoi m'en empêcherez-vous ?

— Parce que j'ai mis dans ma tête que vous appliqueriez à Charles la peine du talion et que je serais votre complice dans cet acte de haute justice !...

Mignonne ne comprit rien à cette phrase prétentieuse.

Mais ce qu'elle comprit à merveille ce fut le geste du jeune homme qui lui passa un bras autour de la taille.

Mignonne frissonna d'horreur.

Elle se souvint aussitôt de la scène du bois de la Souche, et, sous les traits de M. Jules, Pierre Nicod lui reparut hideux.

Le jeune homme sentit ce frisson, mais il ne se tint pas pour battu.

Il essaya d'enlacer complétement Mignonne, se disant qu'il était le plus fort et que d'ailleurs, où il n'y avait, à coup sûr, qu'une demi-vertu, il n'y aurait sans doute qu'une demi-résistance.

Mais Mignonne trompa toutes ses prévisions.

Avec une souplesse de couleuvre, elle s'échappa de ses bras.

Elle courut à la fenêtre qu'elle ouvrit.

Puis se retournant vers M. Jules, elle lui dit :

— Vous allez, à l'instant, sortir de cette chambre et en laisser la porte ouverte, sinon je vous jure que moi, je vais appeler au secours !... et il y a beaucoup de passants dans la rue !...

M. Jules, complétement interdit, se hâta d'obéir.

Peut-être avait-il d'excellentes raisons pour redouter un esclandre.

Il sortit tout penaud, et disparut dans le corridor.

Mignonne quitta la chambre, la tête haute, mais le cœur brisé.

XIII

HECTOR ET CHARLES.

Mignonne, arrivée au bas de l'escalier, se trouva face à face avec le concierge bossu que le bruit des voix à l'étage supérieur avait attiré hors de sa loge.

— Tiens! vous vous en allez, mam'zelle?... dit-il.

— Oui, répondit Mignonne.

— Vous n'attendez donc pas mon autre locataire?...

— Non, et quand M. de Saint-André rentrera, je vous prie de lui dire que Mignonne est venue et qu'il ne la reverra jamais... S'il ne comprend pas suffisamment, son ami lui expliquera le reste... il n'a qu'à le questionner.

Le bossu assujétit ses lunettes sur son nez et se gratta le front d'un air tout à fait désorienté.

— Quel nom que vous m'avez dit, s'il vous plaît, mam'zelle?... demanda-t-il enfin.

— J'ai dit M. de Saint-André, répéta Mignonne.

— Sauf votre respect, vous faites erreur...

— Comment?

— Nous n'avons pas ça, ici...

— M. de Saint-André n'habite pas dans cette maison? s'écria Mignonne avec stupeur.

— Au grand jamais!...

— Mais alors quel est donc ce Charles que j'attendais là-haut?

— C'est M. Morisson, un étudiant en médecine, un mauvais sujet fini, un pas grand'chose, comme son ami m'sieu Jules, du reste...

— Ah! je comprends tout, maintenant! dit la jeune fille.

— Qu'est-ce que vous comprenez donc, mam'zelle?

Mais Mignonne, sans répondre à l'interrogation du portier curieux, s'élança dans la rue.

Elle avait hâte de se sentir hors de ce bouge.

Elle descendit la rue de la Harpe en courant plutôt qu'en marchant.

Enfin, arrivée sur le quai, elle s'arrêta, hors d'haleine, s'accouda au parapet du Pont-au-Change et se mit à réfléchir.

La lumière se faisait dans son esprit.

Elle voyait clairement qu'un piége lui avait été tendu et elle remerciait le ciel d'avoir trouvé en elle-même assez de courage et de présence d'esprit pour échapper à ce piége.

L'incertitude dans laquelle elle était retombée sur son amant lui semblait presque du bonheur.

En effet, après l'avoir cru infidèle et perdu pour elle, il lui restait la chance et l'espoir de le retrouver bientôt et de le retrouver plus amoureux que jamais.

Mignonne, ainsi consolée et ranimée, se remit en marche, et, sans trop de peine, parvint à s'orienter à travers Paris et à regagner le faubourg Saint-Martin et l'auberge du *Plat-d'Argent*.

— Comme vous voilà pâle!... lui dit M. Crochard en la voyant entrer.

— Ce n'est pas sans sujet, allez!... répondit Mignonne.

— Mon Dieu, qu'y a-t-il donc?

— J'ai couru un grand danger.

— Lequel?...

Mignonne raconta ce qui lui était arrivé.

— Ma chère enfant, fit l'aubergiste quand la jeune fille eut achevé son récit, coupé vingt fois par les exclamations de surprise et de colère du brave Sébastien, ma chère enfant, vous ne courrez plus à l'avenir un danger pareil.

— Comment cela? demanda Mignonne.

— L'inspecteur des hôtels est venu hier.

— Eh bien?...

— Il a été excessivement complaisant, et, il y a deux heures, il m'a envoyé ceci...

— Quoi donc? fit la jeune fille dont le cœur battait à rompre la poitrine.

Crochard lui tendit un papier.

Sur ce papier étaient tracés ces mots :

« M. de Saint-André (Charles-Louis), âgé de vingt-deux ans, étudiant en droit, venant du château de Saint-André, près Pontarlier, département du Doubs, arrivé à Paris le 20 octobre, demeurant rue Jacob, hôtel du Nord. »

— C'est bien lui, n'est-ce pas? demanda M. Crochard.

— Oh! oui, répondit Mignonne, oh! oui! oh! oui! c'est bien lui!

— Alors, un petit peu de courage, demain vous le verrez.

— Demain, murmura la jeune fille, mon Dieu, que c'est loin, demain!

§

Depuis que nous avons perdu de vue M. de Saint-André, les projets formés à cet endroit par son ami Hector avaient reçu une complète et satisfaisante exécution.

Ainsi, après un dîner copieux, amplement arrosé de vin de Champagne (le vin de Champagne, ce *coco épileptique*, comme on dit dans la Bohême, obtient dans les repas d'étudiants la prééminence sur tous les crûs du monde), les fiançailles de Charles et Crinoline avaient été célébrées.

Une heure après, sous les clartés bleuâtres d'un vaste bol de punch, Hector avait donné aux deux jeunes gens la bénédiction nuptiale, accompagnée de ce geste goguenard, familier aux gamins de Paris et aux cantonniers des chemins de fer.

Puis les époux de hasard avaient été conduits avec pompe jusqu'à l'alcôve conjugale, qui s'était refermée sur eux.

A partir de ce moment, le monde des étudiants comptait un couple de plus.

Le lendemain matin, la figure pâlie et les yeux fatigués de Charles attestaient le bon emploi de sa nuit.

— Eh bien ! lui demanda Hector en souriant, eh bien ! es-tu content ?...

— Ah ! mon ami, s'écria Charles avec exaltation, je suis ravi, enchanté, transporté, enthousiasmé !...

— Ainsi Crinoline s'est distinguée ?...

— Crinoline est adorable. Vois-tu, mon cher, en province, on n'a pas d'idée de ces détails-là !...

— Parbleu ! je le sais bien, répondit Hector, je n'ignore aucun des petits talents de cette nymphe, et je t'assure que, de son côté, Calypso, ma déesse, est de la bonne école !...

Trois jours après, vers onze heures, Hector, tout habillé et le chapeau sur la tête, monta dans la chambre de Charles.

— Il faut que j'aille jusqu'à la rue Caumartin, lui dit-il, tu serais bien gentil de venir avec moi.

— Volontiers, répondit Charles, dont la toilette était presque achevée.

Les deux jeunes gens allumèrent leurs cigares et sortirent.

Chemin faisant, Charles demanda à Hector :

— Chez qui donc vas-tu, rue Caumartin ?

— Chez le correspondant de mon père.

— Quoi faire ?

— Lui demander cinq cents francs, en avance sur ma pension.

— Comment, *en avance?* tu n'as donc plus d'argent ?...

— Je suis parfaitement à sec.

— Alors, pourquoi ne pas m'en avoir demandé à moi? cela t'aurait évité la peine de sortir ce matin.

— Merci, mon ami ; mais à quoi bon m'adresser à toi, quand il m'est si facile de trouver ailleurs ce dont j'ai besoin.

— C'est juste! mais enfin, tu sais, ma bourse est toujours et complétement à ta disposition.

— A charge de revanche, parbleu !

Hector et Charles arrivent à la rue Caumartin.

En face le numéro 20, Hector s'arrêta.

— Attends-moi là, dit-il à Charles, je ne ferai qu'entrer et sortir, je n'en ai pas pour trois minutes.

En effet, Hector ressortit de la maison au bout d'un instant.

Sa figure exprimait la contrariété la plus vive.

Il frappait le pavé du bout de sa canne et mâchait son cigare.

— Qu'est-ce que tu as donc?... lui demanda Charles.

— Rien!... rien...

— Mais, si, je te demande pardon; tu as quelque chose...

— Eh bien! oui, un ennui, mais peu important...

— De quoi s'agit-il, mon cher Hector ? fit M. de Saint-André avec intérêt, je t'en prie, dis-le moi.

— Soit. Je n'ai pas trouvé le correspondant de mon père ; il est à la campagne pour huit jours...

— Ce qui fait ?...

— Ce qui fait que je n'ai pu toucher mon argent!...

— Où est le mal?...

— Comment! où est le mal?...

— Sans doute. Tu as besoin de vingt-cinq louis, les voici...

Et Charles, ouvrant son portefeuille, y prit un billet de banque qu'il tendit à Hector.

Celui-ci repoussa le chiffon soyeux.

— Non, non, dit-il, je ne veux pas t'emprunter ton argent...

— Pourquoi?...

— Parce que cela me contrarie...

— Alors tu ne me regardes pas comme ton ami?...

— Si, certainement, mais...

— Pas de *mais*, interrompit Charles, sinon, je me brouille avec toi. Ce n'est pas même un service que je te rends. Quand tu toucheras, tu me paieras, et, d'ici là, que cette somme soit dans ma poche ou dans la tienne, je n'en vois pas la différence.

Cette différence, par parenthèse, Hector la voyait à merveille... Cependant il se fit encore un tant soit peu tirer l'oreille !

Puis, vaincu par les instances et les raisonnements de Charles, il finit par céder.

Le billet de cinq cents francs changea de propriétaire.

M. de Saint-André avait vaincu à force de logique les scrupules de son ami.

Peut-être mes lecteurs s'attendaient-ils à ce résultat.

XIV

UN DÉJEUNER D'ÉTUDIANTS.

Un matin, quelques semaines après l'installation de Charles de Saint-André à l'hôtel du Nord, il se faisait beaucoup de bruit dans la chambre du jeune provincial.

C'est que Charles et Crinoline donnaient à déjeuner à Hector et Calypso.

A dix heures on s'était mis à table.

En ce moment, une heure sonnait.

C'est assez dire que pas mal de bouteilles vides gisaient sur le plancher et que la gaieté des quatre convives arrivait à son comble.

De joyeuses exclamations et des refrains un peu plus que lestes se croisaient et se succédaient sans interruption.

Charles, à peu près gris et dans un débraillé fort pittoresque d'esprit et de costume, applaudissait de toutes ses forces aux gaudrioles infiniment dégazées de son compagnon et de ses compagnes.

Calypso venait de chanter avec un succès non contesté certains refrains du quartier Latin, très-suffisants pour alarmer la pudeur d'un capitaine de dragons.

Crinoline, debout derrière la chaise de Charles, coiffait ce dernier avec un mouchoir dont elle avait fait un turban. De temps en temps M. Roblot entr'ouvrait discrètement la porte et s'épanouissait à voir la joie de ses locataires, et surtout à supputer mentalement la formidable rangée de chiffres qui s'étaleraient à la fin du mois sur la note de M. de Saint-André.

Il est bon de dire en passant que Jules avait donné à M. Roblot, avec l'argent de Charles, un à-compte d'environ cent écus, et que M. Roblot, en échange de cette somme, avait de son côté restitué au jeune homme sa confiance entière et toutes ses sympathies.

Tout à coup Calypso interrompit sa chanson.

Elle se leva un peu chancelante et dit d'une voix que le vin de Champagne rendait stridente et métallique :

— Silence dans les rangs! Je fais une motion...

— Laquelle? — demanda Crinoline.

Calypso poursuivit :

— Il y a sous roche une histoire d'amour...

Hector se mit à chanter :

> C'est l'amour
> L'amour
> L'amour
> Qui fait le monde
> A la ronde !...

— Tais-toi donc! s'écria Calypso, et qu'on m'écoute avec respect et attention, sinon je me tais!

— Nous sommes tout oreilles!...

— A la bonne heure! Je disais donc qu'il y avait sous roche une histoire d'amour et que ces murs recélaient un héros de roman...

— Bah! s'écria Charles.

— Il n'y a pas de *bah* qui tienne, et vous le savez

mieux que qui que ce soit, Charles, puisque ce héros c'est vous...

— Moi !!!
— En personne.
— Et, qui vous l'a dit ?...
— Vous-même.
— Quand donc ?
— Le jour de votre arrivée.
— Plaisantez-vous, Calypso ?
— Pas le moins du monde.
— Je m'y perds !
— Voulez-vous que j'aide vos souvenirs ?
— Vous me ferez plaisir.
— Eh bien ! Hector vous demandait quelles circonstances avaient pu décider vos respectables parents à vous laisser venir à Paris, et vous lui avez répondu que ces circonstances formaient tout un roman, un véritable roman d'amour et que vous nous le narreriez plus tard...

— Ça c'est vrai, dit Hector, je me souviens à présent, la petite a parfaitement raison...

— L'heure du récit est venue ! ajouta Calypso.

Une moue significative se dessina sur les lèvres d'Hector.

— Ça ne sera pas amusant, dit-il.
— Oh ! s'écrièrent les deux jeunes femmes avec le plus touchant accord, est-ce qu'une histoire d'amour peut ne pas être amusante ?...

— Ah ! fit Hector, qu'il raconte s'il veut, ça m'est bien égal, je dormirai pendant ce temps-là.

— Vilain être !!... grommela Calypso.

Puis elle ajouta en s'adressant à M. de Saint-André:

— Eh bien! mon petit monsieur Charles, vos souvenirs sont-ils revenus?...

— Du moins, répondit Charles, je sais maintenant ce que vous voulez dire, mais la chose me semble de si peu d'importance qu'elle s'était d'abord complétement effacée de mon esprit...

— Importance ou non, dit Calypso, contez toujours, nous jugerons après...

— Je cède, mesdames, mais c'est par galanterie...

— Vous êtes charmant!...

— Il faut vous dire que j'étais amoureux...

— De qui?

— De Mignonne.

— Qu'est-ce que c'était que Mignonne?...

— Une paysanne.

— Une vraie paysanne?...

— Tout ce qu'il y a de plus vrai au monde.

— Alors elle gardait des dindons?...

— Pas précisément, mais elle gardait des chèvres.

— Ça revient au même!

— Si l'on veut.

— Quel âge avait-elle, votre paysanne?...

— Seize ans.

— Je parie que c'était une grosse fille rousse avec des pieds à dormir debout et des mains aussi grosses que des gigots de présalé.

— C'était au contraire une créature mignonne comme son nom, brune, mince et frêle, et avec de tout petits pieds et les plus jolies mains du monde.

— Voyez-vous ça! s'écria Crinoline, voyez-vous comme monsieur se monte la tête en détaillant les appas de son ancienne!! peut-être bien qu'il en est encore amoureux, de cette dindonnière!...

Et l'aimable enfant accentua cette dernière phrase en pinçant Charles jusqu'au sang. Ce dernier poussa un cri.

— Tu lui as fait mal! dit Calypso.

— Bah! répondit Crinoline, les petits *pinçons* font les grandes passions!... d'ailleurs pourquoi m'agace-t-il?

— Voyons, Charles! demanda Calypso dans le but de renouer le récit interrompu, qu'est-ce que vous en faisiez de votre Mignonne?...

— Je n'en faisais rien, répondit M. de Saint-André.

— Comment, rien?...

— Pas la moindre chose...

— Ainsi... jamais?...

— Non.

— Bien vrai?...

— Parole d'honneur.

— Ce n'est pas croyable!...

— C'est pourtant exact.

— Alors vous filiez le parfait amour?...

— Oui, et le jour ou plutôt le soir qui devait amener pour moi des résultats plus positifs...

Charles s'interrompit.

— Eh bien! demanda Calypso.

— Eh bien, ce jour-là j'ai été assassiné.

— Assassiné! s'écrièrent à la fois les trois auditeurs.

— Oui.

— Et par qui, mon Dieu?...

— Je n'en sais rien; cependant je soupçonne fort un certain cousin de la petite, lequel était amoureux de sa cousine.

— Ah! ah! et ce drôle vous donna un coup de couteau?...

— Mieux que cela. Ce drôle me tira un coup de fusil, une de ses balles me traversa la poitrine, et, quelques heures après, on me ramassa dans la forêt, sans connaissance et plus qu'à moitié mort...

— Dites donc, Mesdemoiselles, s'écria Hector en ricanant, savez-vous que si tous vos amants d'autrefois s'amusaient à tirer des coups de fusil à vos amants d'aujourd'hui, la chose ne serait pas drôle !... Calypso et Crinoline haussèrent les épaules. Charles continua :

— Mon honorable famille, dit-il, après m'avoir sauvé de ce mauvais pas, craignit de me voir assassiné de nouveau et, cette fois, pour tout de bon, en conséquence, elle prit le parti de m'expédier à Paris, parfaitement guéri de ma balle et de ma passion champêtre...

— C'est-il bien vrai, au moins, que vous en soyez guéri de votre passion champêtre ? demanda Crinoline en minaudant.

— Il me semble, chère amie, répondit Charles, il me semble que je te le prouve tous les soirs...

— C'est juste ! fit Crinoline qui vint s'asseoir sur les genoux de son amant.

Et alors commença entre eux un duo de baisers sonores.

En ce moment la porte de la chambre s'ouvrit vivement. Une jeune fille parut sur le seuil.

Du premier regard elle embrassa tout le tableau qui se présentait à ses yeux.

Elle vit Charles et Crinoline enlacés. Elle tressaillit.

Elle porta la main à son cœur comme si elle venait d'être mordue par une douleur atroce. Un cri s'échappa de ses lèvres. Et enfin elle tomba évanouie sur le sol.

Cette jeune fille était Mignonne.

QUATRIÈME PARTIE

PIVOINE

I

DEUX CŒURS DE FEMME.

Un joli coupé d'une irréprochable élégance, attelé de deux chevaux bais de grande taille, courait rapidement sur le bord de la Seine dans la direction de Passy.

Un cocher en redingote noire et en cravate blanche, portant une culotte de peau, des bottes à revers et une cocarde au chapeau, tenait magistralement le fouet et les rênes.

A côté de lui, un valet de pied en livrée pareille s'étalait d'un air nonchalant.

Rien de plus charmant que cet attelage d'une simplicité et d'un bon goût aristocratiques.

Seulement sur les panneaux bruns du coupé il n'y avait ni armoiries, ni couronnes, mais simplement la lettre initiale P. surmontée d'une guirlande de myosotis imperceptibles.

Nous les connaissons toutes les deux.

La première était Pivoine.

La seconde était miss Anna.

Pivoine, adossée au coin de gauche, semblait dominée par une invincible et insurmontable tristesse.

Ses joues étaient blanches et un pli léger se dessinait au-dessus de ses lèvres pâles.

Ses yeux étaient fixes et vagues, et leur regard, si beau d'ordinaire et si lumineux, semblait voilé par un nuage.

Anna Dudley regardait sa jeune compagne avec une expression de profond intérêt.

Pivoine ne semblait point s'apercevoir, et ne s'apercevait point, en effet, de cette attention touchante.

Et, à chaque instant, elle s'enfonçait davantage dans l'abime sombre de ses pensées.

Tout à coup ses longs cils s'abaissèrent et une larme roula sur sa joue.

Miss Anna fit un mouvement.

Elle prit entre ses deux mains l'une des mains de son amie.

Pivoine leva la tête et sourit.

— Eh bien, chère petite, dit Anna, encore triste! triste toujours?

— Oui, répondit Pivoine avec son même sourire mélancolique et doux; oui, encore triste! toujours triste!...

— Vous n'êtes pas raisonnable, Pivoine!...

— Je le sais bien.

— Essayez de prendre sur vous...

— Je ne peux pas.

— Mais, pourquoi?... Vous êtes heureuse, enfin?...

— Vous savez bien que non, Anna...

— Que vous manque-t-il?...

— Rien... rien que le bonheur!...

— Toutes les femmes vous envient.

— C'est vrai.

— Tous les hommes vous admirent.
— C'est possible.
— Le comte René vous adore.
— Oh! oui, murmura Pivoine, Oh! oui, il m'adore, hélas!...
— Pourquoi : *hélas ?*... Le comte est jeune...
— Oui...
— On cite dans Paris son élégance et sa beauté...
— Oui.
— Il n'a ni plus ni moins d'esprit que tous les autres hommes du monde...
— Oui.
— Sa générosité pour vous va jusqu'à la prodigalité...
— Oui.
— Comment se fait-il donc que vous éprouviez pour lui une aussi insurmontable aversion?
— Je n'ai pas d'aversion pour le comte René, Anna.
— Cependant...
Pivoine interrompit son amie.
— Vous êtes cruelle avec moi... dit-elle vivement.
— Cruelle!... moi?...
— Oui, vous.
— Comment?
— Vous allez me comprendre...
— Dites.
— Votre amant vous aime, n'est-ce pas, et vous l'aimez?
— De tout mon cœur.
— Quand il est près de vous, vous êtes joyeuse?
— Joyeuse et heureuse.
— Quand il vous prend la main, qu'éprouvez-vous?
— Une sensation indéfinissable qui me fait doucement battre le cœur...

— Quand ses yeux s'attachent aux vôtres, quand votre regard se noie dans le sien?...

— Mon cœur bat plus vite encore, je sens que mes yeux deviennent tendres et que mon regard se charge d'amour...

— Quand ses lèvres s'unissent aux vôtres?...

— Un frisson de volupté court dans mes veines avec mon sang...

— Et enfin quand le soir, seuls tous les deux, jeunes tous les deux, vous si charmante, lui si amoureux, vous unissez vos corps comme vous aviez uni déjà vos lèvres et vos âmes, alors, dites-moi, qu'éprouvez-vous, Anna?

La voix de Pivoine tremblait en faisant cette dernière question.

— Il me semble, répondit la jeune femme en souriant et en rougissant à demi, il me semble que vous m'en demandez bien long...

— Eh bien, reprit vivement Pivoine, quand René est près de moi, je me sens triste et gênée; quand il me prend la main, je voudrais retirer la mienne; quand son regard s'attache au mien, je voudrais détourner la tête; quand ses lèvres cherchent les miennes, je frissonne, mais c'est d'ennui et d'effroi, et quand arrive la nuit, quand vient l'heure fatale... alors...oh! alors, Anna, je ne peux pas vous dire mon dégoût, ma souffrance, tandis que je force ma bouche à grimacer un sourire...

— Pauvre Pivoine, dit Anna, je ne me trompais pas, vous détestez René!

— Non, répondit Pivoine, non, encore une fois, je ne le déteste pas; j'ai pour lui de l'affection, de l'estime, de la reconnaissance; s'il voulait de moi pour amie, je serais une amie dévouée et fidèle, mais il veut de l'amour, et je n'en ai pas à lui donner; il s'efforce de parler à mes sens, et il ne s'aperçoit pas que ses caresses révoltent mes sens... Enfin, j'ai René en horreur, parce que René est mon amant...

Anna reprit la main de Pivoine.

— Vous me savez votre amie, n'est-ce pas? dit-elle.
— Oui.
— Voulez-vous être franche avec moi?
— Sans doute...
— Alors convenez que vous n'aimez pas René, parce que vous en aimez un autre.
— Moi?... s'écria Pivoine reprenant pour un instant ses brillantes couleurs.
— Oui, vous.
— Eh bien, c'est vrai, répondit résolûment la jeune femme.
— Quel est cet autre? demanda curieusement Anna.

Pivoine rougit de nouveau.

Anna s'aperçut de cette rougeur.

— Chère enfant, ajouta-t-elle vivement, si ma question est indiscrète, gardez votre secret.
— Non, répondit Pivoine, celui que j'aime et que je ne reverrai jamais, je me le suis juré à moi-même, celui-là, c'est mon ancien amant.
— Fra-Diavolo? s'écria Anna avec une prodigieuse surprise.
— Oui, Fra-Diavolo.
— Mais il vous rendait malheureuse!...
— C'est vrai.
— Il vous laissait mourir de faim!...
— C'est vrai.
— Il vous frappait!...
— C'est vrai.
— Il vous a chassée!...

— C'est vrai.

— Mais vous avez dit à René que jamais vous n'aviez aimé Fra-Diavolo, et que la pitié seule vous attachait à lui.

— J'ai dit cela à René, et quand je le lui ai dit je le croyais ; mais je me trompais, je l'ai bien compris depuis.

— Ainsi, vous regrettez l'horrible vie que vous meniez avec cet artiste ?

— Je la regrette, oui, je regrette les privations qu'il me fallait subir, je regrette ses soupçons injustes, ses brutalités, ses violences... Aujourd'hui, tout cela me semble du bonheur.

— Ce n'est pas croyable ! fit miss Anna.

— Je ne sais pas si c'est croyable, répondit Pivoine avec son sourire doux et triste, mais je vous affirme que cela est vrai... Oh! oui, malheureusement trop vrai...

Il y eut alors entre les deux jeunes femmes un instant de silence.

II

UN SUICIDE.

Anna, la première, rompit le silence.
— Mais alors, dit-elle, puisqu'il en était ainsi, pourquoi vous êtes-vous donnée à Réné?..
— Parce que Réné était bon pour moi, parce que, tout en achetant mon corps, il mettait une délicatesse infinie à ne point paraître se souvenir que je lui appartenais, et qu'il n'exigeait pas, ainsi qu'il aurait eu le droit de le faire, la possession de cette femme qu'il entretenait. Enfin, j'ai cru que je pourrais aimer Réné, et en cela encore je me suis trompée. D'ailleurs, que vouliez-vous que je fisse?... Il fallait bien en finir! Je ne regrette pas le parti que j'ai pris, seulement je ne suis pas heureuse, et il y a apparence que je ne le serai jamais...

Anna ne trouva rien à répondre.
Elle comprenait à merveille ce qu'il y avait de triste dans la position si brillante en apparence de Pivoine, et elle se disait qu'à sa place elle souffrirait comme elle.

Elle s'adossa de nouveau dans l'angle du coupé et elle se tut.

La voiture roulait toujours.

Elle était arrivée presque en face du pont des Invalides.

Déjà les chevaux, lancés au grand trot, allaient dépasser la tête de ce pont.

Tout à coup, Pivoine se jeta à demi hors de la portière en poussant une exclamation de surprise et d'effroi.

Puis, saisissant la corde qui de l'intérieur de la voiture correspondait au bras du cocher, elle l'agita violemment et à plusieurs reprises.

Le cocher retint ses chevaux qui se cabrèrent sous la pression des mors.

Pivoine continuait à jeter de grands cris.

— Qu'y a-t-il?.. qu'y a-t-il donc? lui demandait Anna.

Mais Pivoine, effrayée, ne pouvait répondre.

Le valet de pied sauta à bas du siége.

Il ouvrit la portière.

Pivoine s'élança sur la route...

Anna la suivit.

Pivoine courut jusqu'au parapet sur lequel elle se pencha et regarda la Seine avec une attention dévorante.

Mais on ne voyait rien sur la surface calme de la rivière, rien qu'un cercle profond qui s'effaçait en s'éloignant.

Anna continuait à interroger sa compagne.

Pivoine ne l'entendait même pas.

Voici quelles étaient les causes de l'émotion et de l'anxiété de la jeune fille.

L'instant d'auparavant, elle avait aperçu une femme qui traversait le pont d'un pas rapide et saccadé.

Soudain cette femme s'était arrêtée.

Elle avait élevé ses deux mains vers le ciel, avec un geste empreint de folie et de désespoir.

Puis, franchissant la balustrade de fer qui la séparait de l'abîme, elle s'était laissée tomber dans les flots qui venaient de se refermer sur elle.

C'était alors que nous avons entendu Pivoine pousser un cri soudain.

Elle regardait toujours la rivière.

Pendant quelques secondes, rien n'apparut.

L'abîme semblait garder sa proie.

Enfin, à cent pieds du pont, à peu près, l'eau se rida tout à coup, et un objet dont on ne pouvait distinguer la forme monta sur la surface et suivit le courant.

— Ah ! murmura Pivoine, la voilà !.. la voilà !..

Un homme, quelque ouvrier des ports, suivait le bord de la Seine en remontant le cours de l'eau au-dessous du parapet.

Il avait assisté, lui aussi, au drame que nous venons de raconter, mais il ne semblait pas s'en préoccuper autrement, et il continuait sa route sans hâter ni ralentir le pas.

— Monsieur !.. s'écria Pivoine à cet homme, monsieur ! monsieur !..

Le passant leva la tête et s'arrêta.

— Qu'est-ce que vous voulez ?.. fit-il.

Pivoine désigna du doigt l'objet flottant sur la rivière.

— Vous n'avez donc pas vu ?.. demanda-t-elle.

— Si, parbleu ! j'ai vu... répondit-il.

— C'est une femme...

— Oui.

— Elle se noie...

— Dam ! c'est que ça lui convient, à c'te femme...

— Oh ! monsieur, sauvez-la !..

— Comment?

— Nagez à sa poursuite.

— Est-ce que vous me prenez pour un barbet!.. merci!.. l'eau est trop froide!..

— Je vous donnerai de l'argent...

— Combien?

— Tout ce que vous voudrez...

— Cent francs, alors?

— Oui, oui, mais hâtez-vous!..

— Je veux être payé d'avance.

— Tenez...

Pivoine prit son porte-monnaie et le jeta à cet homme.

Il le prit et l'ouvrit tranquillement.

Le porte-monnaie contenait sept à huit pièces d'or.

— Merci, ma bourgeoise, dit l'homme, maintenant, soyez tranquille, je vais vous en donner pour votre argent.

Pivoine eut un instant l'idée que ce passant la prenait pour dupe, et qu'il allait s'éloigner sans faire ce qu'elle attendait de lui.

Elle se trompait.

Cet homme n'avait pas de cœur, mais il était honnête.

Il ôta sa veste et la posa par terre.

A côté de sa veste, il jeta sa casquette, ses bretelles et ses souliers.

Puis il s'élança dans la rivière en ne conservant que son pantalon et sa chemise.

— Enfin! murmura Pivoine, enfin!.. enfin!..

Pendant les pourparlers que nous venons de mettre sous les yeux de nos lecteurs, près d'une minute s'était écoulée.

On ne distinguait plus rien sur la surface azurée de la Seine.

L'homme nageait vigoureusement.

A chaque brasse, il avançait de cinq à six pieds.

D'ailleurs, le courant aidait à ses efforts.

Il eut dépassé bien vite l'endroit où le corps de la victime s'était montré pour la première fois.

Alors il plongea.

Tant qu'il fut sous l'eau, les cœurs de Pivoine et de miss Anna ne battirent pas.

Il reparut bientôt.

Mais ses mains étaient vides.

Il continua à nager, courant des bordées à droite et à gauche et explorant toute la surface de la rivière.

Ensuite, il plongea pour la seconde fois.

Quand il reparut, rien encore.

Il poussa de nouveau en avant.

Mais ses mouvements étaient plus lents et plus raides.

Evidemment l'eau glacée commençait à engourdir ses membres et à paralyser ses forces.

Une minute encore, et il faudrait perdre tout espoir de sauver la malheureuse femme qu'un désespoir inconnu venait de pousser au suicide.

Heureusement cette minute ne s'écoula pas sans résultats. A quelques brasses du nageur, deux courants qui se croisaient formaient une sorte de tourbillon.

Un objet blanc, attiré par ce tourbillon, surgit des profondeurs de la Seine. C'était le corps.

Le nageur saisit les vêtements flottants.

Il rassembla ce qui lui restait de forces et il se dirigea du côté de la rive, poussant devant lui son fardeau.

Il était temps.

Quand il atteignit le sol, il était aussi pâle que la pauvre femme qu'il portait dans ses bras, et, si quelques secondes de plus se fussent écoulées, la rivière aurait charrié aux filets de Saint-Cloud deux victimes au lieu d'une.

§

Pendant que se passaient les derniers incidents que nous venons de raconter, trop longuement peut-être, Pivoine et Anna, escortées par le valet de pied, étaient descendues sur la grève par l'un des escaliers pratiqués dans le contrefort de la chaussée, de telle sorte qu'elles arrivèrent presque aussitôt que le nageur à cet endroit de la rive où il venait d'aborder.

Il déposa sur le sable le corps de celle qu'il avait sauvée.

Nous disons *sauvée*, et pourtant la malheureuse ne donnait plus signe de vie.

Elle était livide, sans connaissance, et ses yeux largement ouverts semblaient les yeux fixes d'un mort.

III

MIGNONNE ET CHARLES.

Pivoine et miss Anna, avons-nous dit, s'approchèrent du corps étendu sur la grève.

— Mon Dieu! s'écria Pivoine avec un accent de compassion profonde, mon Dieu! comme elle est jeune!...

— Et comme elle est belle! ajouta Anna.

— Vit-elle encore? demanda Pivoine.

— Dame! ma bourgeoise, répondit le nageur en grelottant, franchement je la crois *claquée*, mais n'empêche, vous ne risquez pas grand' chose d'essayer de la faire revenir; moi je *décarre*, car j'ai dans la moelle des os un froid de tous les diables, et j'attraperai pour sûr une *plurésie*, ce qui est fort malsain...

— Merci! dit Pivoine, merci de ce que vous avez fait.

— Ah! répondit l'homme, vous ne me devez pas de remerciment... j'étais payé d'avance, j'ai gagné mon argent, voilà tout.

Et il s'éloigna.

Pivoine et Anna se regardèrent.

— Qu'allons-nous faire maintenant? demanda Anna.

— Nous allons transporter chez moi cette pauvre enfant et essayer de la rappeler à la vie.

— Sans doute, mais...

— Mais quoi ?

— Pendant le trajet, elle aura le temps de mourir dix fois... si ce n'est pas déjà fait, ce dont j'ai bien peur.

— C'est vrai !

— Le mieux, je crois, est d'aller demander des secours dans la maison la plus voisine ; on ne refusera pas de nous venir en aide.

— Vous avez raison.

Le valet de pied, d'après les ordres de sa maîtresse, prit dans ses bras le corps de la jeune femme, et tous les personnages regagnèrent le quai. Anna ne s'était point trompée dans ses conjectures. La première maison à laquelle frappèrent les deux femmes fut une maison hospitalière. On courut à Passy chercher un médecin. Des soins prompts et intelligents furent prodigués à la victime. Au bout d'une heure, à peu près, le retour à la vie se manifestait en elle d'une manière non équivoque.

§

Nos lecteurs, sans doute, ont déjà deviné que la jeune femme au suicide de laquelle nous avons assisté n'était autre que Mignonne. Nous rendons hommage à leur perspicacité et nous leur devons compte des événements antérieurs qui avaient amené la paysanne franc-comtoise jusqu'à l'accomplissement de sa résolution fatale.

Nous leur avons montré Mignonne, ouvrant la porte de la chambre de Charles dans l'hôtel garni de la rue Jacob, et tombant comme foudroyée à l'aspect de son amant et de Crinoline, enlacés dans une amoureuse étreinte.

Après le premier moment de stupeur, Charles reconnut la visiteuse évanouie.

Il dénoua vivement les bras que sa maîtresse de hasard avait passés autour de son cou, et tout en s'écriant :

— Mignonne!... elle... elle... ici!... Il s'élança vers la jeune fille qu'il releva et qu'il porta jusqu'à son lit sur lequel il l'étendit.

— Mignonne!... répéta Crinoline, la chevrière agreste dont vous nous parliez tout à l'heure, mon bon!...

Et, saisissant au passage avec délice l'occasion d'une scène de jalousie, la jeune fille s'avança vers Charles, l'œil menaçant et le poing sur la hanche, en criant ou plutôt en glapissant :

— C'est donc à dire que monsieur va me bousculer comme un pauvre chien pour courir se précipiter aux pieds de cette demoiselle en jupes de laine, qui vient ici, on ne sait d'où!... Savez-vous bien que cela ne peut pas me convenir, ces manières-là, mon cher, et que, quand je m'y mets, je ne suis bonne que tout juste!

Crinoline comptait beaucoup sur l'effet de cette apostrophe; mais Charles, en revoyant Mignonne à l'improviste, s'était senti remordre au cœur par son ancien amour.

Crinoline lui était apparue aussitôt ce qu'elle était réellement, c'est-à-dire une fille folle de son corps, qui ne pouvait en aucune façon soutenir la comparaison avec l'ingénue et amoureuse Mignonne.

Aussi répondit-il presque brutalement :

— J'espère, ma chère enfant, que tu vas te taire et me laisser tranquille!...

— Me taire!... répéta Crinoline, plus souvent!

— Et tout de suite! continua Charles.

— Nous allons voir!...

— Crinoline, encore une fois, taisez-vous !

— Je veux crier !

— Ah ! c'est comme ça !

— Oui, c'est comme ça, et je me fiche de ceux qui y trouvent quelque chose à redire !

Et, tout en parlant, la voix de la jeune fille montait à un diapason de plus en plus élevé.

— Finissons-en ! dit Charles poussé à bout.

— Je ne demande pas mieux !

— Vous allez sortir de cette chambre, Crinoline.

— Moi ?

— Vous-même.

Et comme Crinoline ne répondait à cette injonction que par un éclat de rire ironique, Charles la saisit par le poignet et la conduisit du côté de la porte.

Ici la scène se compliqua.

Calypso jugea convenable de prendre le parti de son amie.

En conséquence elle intervint dans la querelle et mêla ses récriminations bruyantes aux glapissements de Crinoline.

Charles ne se tint point pour battu.

Il lâcha le poignet de sa maîtresse.

Il alla à la porte qu'il ouvrit.

Il revint aux deux femmes qui s'étaient jetées dans les bras l'une de l'autre, et, avec sa force de campagnard, il les repoussa sur le carré, referma la porte et fit tourner deux fois la clef dans la serrure.

Cette petite expédition accomplie, Charles se trouva seul avec Hector, qui riait de tout son cœur.

— Habilement manœuvré, mon cher ! lui dit ce dernier, te voilà maître du terrain ; que vas-tu faire maintenant ?

— Je n'en sais rien ; mais, d'abord, voyons au plus pressé !

Charles s'approcha de Mignonne.

Il prit sur la table, encore servie, un flacon de rhum. Il imbiba le coin de sa serviette avec la liqueur de la Jamaïque, et il en frotta le front et les tempes de la jeune fille.

Ce simple remède produisit bientôt son effet. La poitrine de Mignonne se souleva plus rapidement. Le sang remonta à son visage. Elle ouvrit les yeux ; elle fit un mouvement, et, se soulevant sur son coude, elle regarda autour d'elle.

Il n'y avait plus dans la chambre que M. de Saint-André et Hector.

Mais des chapeaux, des écharpes de femmes, jetés négligemment dans un coin et sur lesquels s'arrêtèrent instinctivement les yeux de Mignonne, lui rappelèrent la scène à laquelle elle avait assisté en entrant.

Son premier désespoir s'empara d'elle, à ce souvenir, avec une nouvelle intensité.

Elle repoussa Charles, qui se penchait vers elle ; elle sauta à bas du lit ; elle bondit jusqu'à la fenêtre, qu'elle entr'ouvrit avec une impétuosité si grande, que deux des carreaux furent brisés ; et enfin, de la hauteur de ce troisième étage, elle se serait précipitée dans la rue, si Charles, qui s'était jeté à sa poursuite, n'était arrivé à temps pour la prendre à bras-le-corps et l'entraîner violemment en arrière.

Dans les douleurs morales comme dans les souffrances physiques, plus la crise est violente, plus la réaction est prompte et complète.

Mignonne, brisée par l'énergie de son désespoir, retomba anéantie et sans force entre les bras de Charles.

Elle n'essaya pas d'échapper une seconde fois au jeune homme.

Sa tête retomba sur son sein; sa poitrine se souleva convulsivement.

Un long sanglot monta de son cœur à sa gorge haletante, et enfin un torrent de larmes jaillit de ses yeux demi fermés.

Ces larmes abondantes amenèrent pour elle le même soulagement qu'une pluie d'orage entraîne à sa suite pour les fleurs et les arbustes courbés et allanguis sous la chaleur orageuse d'un jour d'été.

Elle pleura longtemps ainsi, renversée dans le large fauteuil sur lequel Charles l'avait placée.

Le jeune homme, agenouillé devant elle, tenait ses deux mains dans les siennes, les pressait sur ses lèvres et les couvrait de baisers.

Mignonne se laissait faire machinalement.

Peu à peu ses sanglots s'éteignirent.

Ses larmes coulèrent plus rares.

Le ruisseau tracé sur ses joues se sécha.

Quelques perles liquides restèrent suspendues à ses longs cils.

Alors son regard s'abaissa sur Charles, toujours agenouillé à ses pieds.

Elle voulut retirer ses mains.

Mais Charles les garda dans les siennes avec une violence si douce, qu'elle ressemblait à une caresse.

— Tu ne m'aimes donc plus, Mignonne? murmura-t-il en même temps.

La jeune fille leva les yeux au ciel.

— Il me demande si je ne l'aime plus!... il me demande cela... lui!... s'écria-t-elle avec amertume.

— Eh bien! oui, répondit Charles, oui, tu m'aimes

encore, je le sais ; mais moi aussi, je t'aime, Mignonne !..

La jeune fille regarda son amant avec une expression profonde où se mêlaient le doute et l'espoir.

— Vous m'aimez !... répéta-t-elle.
— Oui, dit-il, et de toute mon âme !
— Comme autrefois ?
— Plus que jamais !
— Vous ne mentez pas ?
— Je le jure !
— Comment donc est fait votre cœur, si vous pouvez aimer deux femmes à la fois ?
— Deux femmes à la fois, Mignonne !... Que veux-tu dire ?
— Vous ne me comprenez pas ?
— Non... répondit Charles, qui cependant comprenait à merveille.
— Comme il ment ! mon Dieu, comme il ment !

Et Mignonne recommença à pleurer.

— Mignonne, mon enfant, ma chérie, s'écria Charles avec un redoublement de tendresse, tes larmes me désespèrent ! Je t'en supplie, ne pleure plus et explique-toi... Je t'aime, Mignonne, je t'aime de toute mon âme... et, je te le jure, je n'aime que toi et ne pense qu'à toi !

— Mais... balbutia la jeune fille, mais... cependant... j'ai vu...

— Quoi ?
— Cette femme... là... tout à l'heure... vous l'aimez...
— Moi ?
— Oui, vous, puisque vous la teniez dans vos bras et que vous l'embrassiez...
— Non, sur la vie de ma mère, non, Mignonne, je n'aime pas cette femme.

— Pourquoi donc ?... elle est jeune... elle est belle... oh ! bien plus belle que moi !...

— Mignonne, cette femme est une de ces créatures comme on n'en trouve qu'à Paris, qui appartiennent à tout le monde et n'appartiennent à personne... on les prend pour une heure, Mignonne, et on les laisse ensuite... Ces femmes-là n'ont point de cœur et on ne les aime pas.

— Oh ! Charles, si je pouvais vous croire !...

— La preuve que je te dis la vérité, c'est qu'au moment où tu es entrée dans cette chambre, toi, Mignonne, toi que j'aime, cette femme m'est devenue odieuse et que je l'ai chassée !

Mignonne jeta ses bras autour du cou de Charles.

— Oui, je te crois, dit-elle, je te crois, j'ai besoin de te croire... j'ai tant souffert, Charles, j'ai tant pleuré !... Il y a si longtemps que je te cherche, que je veux être heureuse, puisque je te trouve enfin !...

Et les larmes de Mignonne se remirent à couler.

Mais, cette fois, c'étaient des larmes de bonheur.

Hâtons-nous de dire que, dès le commencement de cette scène, Hector avait ouvert doucement la porte et était allé rejoindre Calypso et Crinoline qui l'attendaient dans sa chambre où elles conspiraient une vengeance éclatante.

— Enfin, dit Charles en reprenant une conversation interrompue un instant par des baisers, enfin comment se fait-il que tu sois à Paris, chère Mignonne ?

— J'y suis pour te voir, Charles.

— Qui t'y a amenée ?

— Personne.

— Quoi, tu es venue seule ?

— Oui.

— Pauvre cher ange! quel courage!...

— Le courage a failli me manquer plus d'une fois... mais je pensais à toi et je sentais aussitôt la force et l'espoir me revenir.

— Mais, depuis combien de temps es-tu arrivée à Paris?

— Depuis dix jours.

— Et, pendant ce temps-là, qu'as-tu fait?

— Je t'ai cherché.

— Où me cherchais-tu?

— Dans les hôtels garnis de ce qu'on appelle, m'a-t-on dit, le quartier Latin.

Charles continua ses questions.

Mignonne lui raconta les aventures de son voyage.

L'émotion du jeune homme se devine.

— Chère enfant, s'écria-t-il en la serrant contre son cœur, si dévouée, si tendre, si fidèle, si courageuse!... Tu es un ange, Mignonne, et je t'aime comme on aime les anges, avec adoration!...

— Oh! que je suis heureuse! murmura Mignonne; folle que j'étais de vouloir mourir!...

La jeune fille s'interrompit pendant un instant.

Puis elle reprit:

— N'est-ce pas, Charles, que je me serais tuée en tombant depuis cette fenêtre?...

— Tu te serais broyée sur le pavé, pauvre petite!... Rien que d'y penser, je tremble!...

— C'est donc bien haut?...

— Viens voir.

Mignonne fit un mouvement pour se lever.

Mais elle retomba dans le fauteuil.

— Prends ma main, lui dit Charles.

Avec l'appui de cette main, Mignonne quitta son siége.

Et elle fit quelques pas vers la fenêtre... mais elle s'arrêta chancelante.

— C'est étonnant comme je suis faible! dit-elle.

Elle saisit le bras de son amant et voulut avancer.

Elle ne put pas.

Ses jambes fléchirent sous elle.

Charles la sentit défaillir.

Il la regarda.

Elle était si pâle qu'il en fut épouvanté.

— Est-ce que tu souffres? lui demanda-t-il.

— Oui.

— Beaucoup?

— Oh! beaucoup.

— D'où souffres-tu, Mignonne?...

— De partout. Oh! la tête me tourne... le cœur me manque... soutiens-moi, Charles... soutiens-moi...

La jeune fille vacillait en effet comme un roseau brisé.

— Ce ne sera rien, disait Charles pour rassurer Mignonne et pour se rassurer lui-même. La fatigue, l'émotion, l'inquiétude, sont causes de tout ce que tu éprouves...

— Oui... oui... répondit Mignonne, oui... ce ne sera rien.

Cependant sa pâleur s'effaçait par degrés et l'on voyait déjà le nuage empourpré de la fièvre monter à son visage.

Une nouvelle atteinte se manifestait de cette maladie terrible qui avait failli tuer la jeune fille avant son départ de la Franche-Comté.

Charles, très-inquiet, quoiqu'il s'efforçât de ne le point paraître, déshabilla Mignonne et la coucha dans son lit.

V

LE MÉDECIN.

Deux heures après, ce démon sinistre qu'on nomme le Délire, était accroupi au chevet de Mignonne et touchait du bout de son aile le front de la pauvre enfant.

Charles envoya chercher un jeune médecin avec lequel il s'était lié depuis son arrivée à Paris. Ce médecin venait, peu de mois auparavant, de recevoir son diplôme. Il avait fait de brillantes études et il ne lui manquait que des clients pour conquérir à la pointe de la lancette une position distinguée.

Mais, comme jusqu'à cette heure les clients ne se pressaient point d'accourir, le jeune médecin était maître de la plus grande partie de son temps et conservait des relations avec ses amis les étudiants qui lui faisaient soigner leurs rhumes, leurs fluxions et leurs maîtresses.

Il se nommait Victor Dulong.

— Eh bien ! demanda Victor en entrant dans la chambre de Charles, eh bien ! qu'y a-t-il, mon cher, et que voulez-vous de moi ? Est-ce de l'ami ou du médecin que vous avez besoin ?

— Du médecin, répondit Charles.
— Vous êtes malade ?...
— Moi, non.
— Qui donc?
— Une jeune fille.
— Crinoline?
— Non.
— Une autre ?
— Oui.
— Quel gaillard vous faites !... Et, où est-elle, cette malade ?
— Là... dans mon lit...

Charles écarta les volets de l'alcôve.

Victor Dulong s'avança.

— Peste ! dit-il en regardant Mignonne, elle est bien jolie !...
— N'est-ce pas?...
— Ravissante ! et voyons, qu'est-ce qu'elle a ?...
— C'est à moi de vous le demander...
— Vous avez raison.

Tout en parlant ainsi, le médecin souleva les couvertures et tira du lit le bras rond et charmant de Mignonne.

Aussitôt qu'il eut appuyé ses doigts sur la veine gonflée de ce bras, l'expression de sa physionomie changea.

A son air de joyeuse insouciance succéda une inquiétude manifeste.

— C'est donc bien grave ! s'écria Charles à qui ce changement n'échappa point.
— J'en ai peur, répondit le médecin.

Et il se mit à étudier les mouvements impétueux du pouls de la jeune fille. Cette étude fut longue.

Quand il l'eut achevée, il laissa retomber le bras et secoua tristement la tête.

— Ainsi, demanda Charles, le danger est grand ?...
— Très-grand.
— Que craignez-vous ?
— Une congestion cérébrale.
— Prochaine ?
— Presque immédiate.
— Est-elle inévitable ?
— A peu près. La crise sera terrible et décisive ; dans deux jours, la pauvre fille sera morte ou sauvée.
— Oh ! mon cher ami... dit Charles avec une émotion vive, sauvez-la ! sauvez-la !
— J'y tâcherai, du moins, répondit le jeune médecin, mais je ne réponds de rien...
— Quant à présent, que faut-il faire ?
— Envoyer chercher une garde-malade dévouée et intelligente, une sœur de charité, autant que possible, et exécuter de point en point l'ordonnance que je vais écrire.

Le jeune médecin prit une feuille de papier sur laquelle il traça quelques lignes qu'il signa et qu'il tendit à Charles.

— Au revoir, mon cher, dit-il ensuite à ce dernier, je reviendrai ce soir et je passerai la nuit, s'il le faut, près de votre malade. Mais, dans tous les cas, n'oubliez pas d'envoyer chercher une garde.

Vers les onze heures du soir, Victor Dulong revint ainsi qu'il l'avait promis. Il trouva une sœur de charité installée avec Charles auprès du lit de Mignonne.

Toutes les prescriptions faites par lui pendant la journée avaient été exécutées religieusement.

— Eh bien ? demanda-t-il en entrant.
— Chut ! répondit Charles à voix basse en appuyant un doigt sur sa bouche.

— Elle dort?

— Oui.

— Et depuis que je l'ai vue, rien de nouveau ?

— Je ne le crois pas, répondit Charles ; du reste cette bonne sœur qui a bien voulu joindre ses soins aux miens pourra vous renseigner mieux que moi, car elle possède une expérience qui me manque.

La religieuse, interrogée par Victor Dulong, entra dans des détails dont voici la substance :

La fièvre et le délire avaient acquis d'abord une intensité croissante et effrayante, à laquelle avait succédé bientôt une prostration complète.

Depuis une heure à peu près, Mignonne s'était endormie d'un sommeil profond, mais agité et entrecoupé de tressaillements.

Le jeune médecin lui prit le bras de nouveau et consulta son pouls.

— Toutes mes prévisions sont trompées, murmura-t-il, j'en suis heureux !...

— Comment cela ? demanda Charles.

— Il y a un mieux sensible ; je ne sais pas à quoi l'attribuer, mais il existe, et si la nuit est bonne, comme je crois l'espérer maintenant, demain cette jeune fille sera hors d'affaire...

— Dieu vous entende ! répondit M. de Saint-André.

— Nous le prierons, ajouta la religieuse.

Mais, en ce moment, et comme pour donner un démenti au mieux apparent constaté par Victor Dulong, le sommeil de Mignonne fut interrompu soudainement.

Une sorte de convulsion agita les membres de la pauvre petite.

Elle se dressa sur son séant.

Elle passa ses deux mains dans ses longs cheveux qui s'éparpillaient sur son cou et sur ses épaules.

Elle ouvrit de grands yeux effrayés et promena tout autour d'elle un regard qui ne voyait point.

Puis elle se laissa retomber en arrière en poussant un sourd gémissement et en murmurant des paroles inarticulées.

— Ça se gâte ! ça se gâte ! dit le médecin à l'oreille de la religieuse.

— Hélas ! monsieur, répondit celle-ci, je ne suis qu'une pauvre servante de Dieu, et toute instruction me manque, mais je passe ma vie entière au chevet des malades, ce qui m'a donné une sorte d'instinct ; eh bien ! cet instinct me dit que le danger est bien grand pour cette pauvre jeune fille !...

— N'allez-vous rien essayer ? demanda Charles.

— Cette nuit, non. La seule chose dont j'attende de bons résultats est l'application incessante de compresses imbibées d'eau glacée sur le front de la malade. Demain matin, si la fièvre tombe, je pratiquerai une saignée.

La nuit fut mauvaise.

Plus d'une fois, Charles et la sœur de charité furent obligés d'employer la force pour retenir dans son lit Mignonne, qui, sous l'empire de quelque hallucination fébrile, voulait s'élancer dans la chambre.

Enfin, au point du jour, la jeune fille épuisée s'endormit, comme la veille au soir, d'un sommeil lourd et profond.

Victor Dulong arriv vers huit heures.

Il se fit rendre compte de l'état des choses.

— Une saignée dégagera peut-être le cerveau, dit-il, essayons une saignée.

Il tira de sa poche des ligatures toutes préparées et s'approcha du lit.

Mignonne dormait toujours.

Victor disposa les deux oreillers sous les épaules de l'enfant, à laquelle il fit prendre doucement une position qui rendît son opération plus facile.

La couverture en désordre et la chemise déchirée pendant les accès de la nuit laissaient à découvert une partie du beau corps de Mignonne.

Les médecins, dans l'exercice de leur profession qui est un véritable sacerdoce, n'éprouvent, dit-on, ni les désirs, ni les passions des hommes.

Victor Dulong ne jeta donc sur les trésors dévoilés de la jeune fille qu'un regard de chaste admiration.

Mais tout à coup il fit un mouvement de brusque surprise. Il regarda avec une attention profonde, il appuya sa main sur la gorge et sur les flancs de Mignonne.

Puis, allant à Charles, il l'entraîna dans l'embrasure de la croisée tandis que la religieuse déposait sur la table de nuit la cuvette destinée à recevoir le sang.

Charles le suivit machinalement.

Victor Dulong regarda si la sœur était assez loin d'eux pour ne pas pouvoir les entendre.

Puis il approcha sa bouche à l'oreille de Charles.

— Qu'y a-t-il donc ? demanda ce dernier.

IV

UNE RÉVÉLATION.

— Qu'y a-t-il donc? répéta Charles au moment où le jeune médecin venait de l'entraîner d'une façon mystérieuse dans l'embrasure de la fenêtre.

— Il y a que vous êtes gentil et que vous alliez me laisser embarquer dans une jolie affaire!...

— Moi?...

— Eh! oui, pardieu! vous-même!...

— Qu'ai-je donc fait?

— Vous me le demandez?...

— Oui, sans doute, je ne comprends rien à vos réticences...

— C'est que vous y mettez de la mauvaise volonté, mon ami!...

— Le moment est singulièrement choisi pour plaisanter! s'écria Charles avec amertume.

— Aussi je ne plaisante pas le moins du monde! De ma vie je n'ai été plus sérieux.

— Alors expliquez-vous! dans quelle affaire risquais-je donc de vous embarquer par ma faute?

— Ne m'avez-vous pas entendu dire, tout à l'heure, que j'allais saigner votre maîtresse ?

— Si fait, je l'ai entendu.

— Et vous me laissiez faire?

— Pourquoi non ?

— Sans me prévenir !

— De quoi ?...

— Eh ! pardieu ! que la demoiselle est grosse!

La figure de Charles se décomposa.

— Comment avez-vous dit ? demanda-t-il.

— J'ai dit que cette jeune fille est grosse de trois mois à peu près, et que vous devez bien le savoir...

— Grosse ! répéta Charles, grosse ! vous en êtes sûr?...

— Oui.

— C'est impossible !...

— C'est si peu impossible, que cela est...

— Mais, dit le jeune homme qui doutait encore, quoique Mignonne et moi nous nous aimions, nous n'avons jamais eu ensemble que des rapports fraternels...

— Eh bien ?...

— Eh bien ! comment donc voulez-vous que je lui aie fait un enfant?

Victor Dulong se mit à rire de cette naïveté.

— Savez-vous ce que cela prouve? demanda-t-il.

— Non.

— Voulez-vous le savoir?

— Oui.

— Eh bien ! cela prouve tout simplement que cet enfant que vous ne lui avez pas fait, elle se l'est fait faire par un autre. Ces choses-là sont reçues dans le monde, mon cher.

Charles tressaillit comme s'il eût été mordu au talon par un serpent.

— C'est impossible ! répéta-t-il pour la seconde fois.

— Comme vous voudrez ! répondit le médecin en tournant sur ses talons ; toujours est-il que je ne puis plus saigner la malade et qu'il faut aviser à tout autre chose.

La révélation de Victor Dulong venait de donner à Charles un véritable coup de massue.

Le cœur de l'homme est ainsi fait.

La veille au matin, Charles ne pensait guère plus à Mignonne que si elle n'avait jamais existé.

En la revoyant tout à coup, en apprenant ce qu'elle avait déployé de résolution et de courage pour venir le retrouver, il avait senti son ancienne tendresse se réveiller en lui. Il croyait au dévouement complet, à l'amour absolu de la jeune fille, et cet amour et ce dévouement chatouillaient sa vanité tout en charmant son cœur. Et voici que, tout d'un coup, on lui disait brutalement, en face, que cette jeune fille, de l'innocence de laquelle il aurait répondu, portait dans son sein le gage d'une faute dont il n'était pas le complice. Alors s'alluma dans l'âme de Charles la plus terrible de toutes les jalousies, parce qu'elle est sans remède, la jalousie passée. A ce sentiment se joignit la honte d'avoir été pris pour dupe par une paysanne de dix-sept ans qui ne rêvait rien moins sans doute que de faire accepter à Charles comme lui appartenant, le rejeton de quelque rustre Franc-Comtois aux gros sabots et aux mains sales. Tout ceci déposa dans le cœur du jeune homme un terrible levain d'amertume.

Cependant il ne voulut pas condamner Mignonne sans l'avoir entendue. Si elle est franche avec moi, pensa-t-il, si elle rachète sa faute par un aveu sincère, peut-être lui pardonnerai-je !

§

Nous avons laissé Calypso et Crinoline en train de faire toutes sortes de plans de vengeance, dans la chambre d'Hector, contre le *monstre d'homme* qui venait de les mettre à la porte d'une manière fort incivile.

Hâtons-nous d'ajouter que, lorsque Crinoline apprit la situation terrible, presque désespérée, dans laquelle se trouvait la rivale à qui elle voulait arracher les yeux, sa colère tomba comme par enchantement et elle poussa la charité évangélique jusqu'à s'offrir pour aller lui donner ses soins. L'offre généreuse de la jeune fille ne fut point acceptée, mais elle n'en est pas moins méritoire, et nous tenons à la constater. Les joyeuses bohémiennes du quartier latin ressemblent souvent à Crinoline. Pas de tête... Pas de principes... Mais un reste de cœur excellent.

Voilà leur physiologie en douze mots.

Ceci dit, ne nous occupons pas davantage de mademoiselle Crinoline et de son amie Calypso.

§

Trois jours s'étaient écoulés. Mignonne n'allait pas encore bien, mais il y avait un mieux sensible.

Charles jugea que le moment était venu de l'explication qu'il voulait avoir avec la jeune fille.

Il s'assit à côté de son lit et lui prit la main.

Cette main fiévreuse encore frémit de bonheur au contact de la sienne, et Mignonne attacha sur lui deux yeux remplis d'une tendresse infinie.

Ainsi, demanda Charles en entamant l'entretien et en donnant à sa voix une inflexion caressante, ainsi, tu m'aimes, Mignonne ?...

La jeune fille fit un mouvement pour appuyer sur son cœur la main de son amant, et elle répondit :

— Oh! oui, oh! oui, je t'aime !...

— Depuis le jour où nous nous sommes rencontrés pour la première fois !

— Depuis la première minute où je t'ai vu, je t'aime.

— Et avant de me connaître, tu n'avais jamais aimé personne ?... tu me l'as dit autrefois, Mignonne, t'en souviens-tu ?...

— Oui, je m'en souviens, et je te l'ai dit parce que cela était vrai ?...

— Et, depuis mon départ de Franche-Comté, tu n'as pas cessé de m'aimer ?...

— Tu le sais bien, puisque je suis ici...

— Tu n'as pas cessé un instant de penser à moi ?...

— Pas un seul instant, Charles.

— Personne ne t'a parlé d'amour ?...

— Personne.

— Les lèvres d'un homme ne se sont pas approchées de tes lèvres ?...

— Oh ! s'écria Mignonne avec autant de force que sa faiblesse lui permit d'en mettre à ce cri, oh! Charles, est-ce que tu doutes de moi ?...

— Non, répondit le jeune homme après un instant d'hésitation, mais j'ai un motif pour t'adresser ces questions et je te prie d'y répondre...

— J'y répondrai, dit Mignonne très-émue et presque épouvantée.

— Ainsi, poursuivit Charles, tu ne m'as pas été infidèle une seule fois ?...

— Non.

— Même en pensée ?...

— Même en pensée.

— Tu me l'affirmes?
— Oui.
— Tu me le jures?
— Sur quoi veux-tu que je te le jure, Charles
— Sur quelque chose qui te soit sacré...
— Eh bien! murmura Mignonne, en se soulevant à demi, sur la mémoire de ma mère, je te jure que je ne t'ai pas été infidèle, même en pensée, et je te jure que je t'aime plus que ma vie!...

Ensuite, épuisée par cet effort, elle retomba en arrière.

VII

PAUVRE MIGNONNE!!

Charles resta stupéfait. Rien ne lui paraissait plus bizarre et plus effrayant que la suprême audace, que l'étrange impudence de cette jeune fille qui, presque en face de la mort, jurait un mensonge, et le jurait sur la mémoire de sa mère... C'était à n'y pas croire!!... Aussi Charles doutait presque de lui-même. Et cependant l'évidence était là. La grossesse de Mignonne donnait à ses paroles le plus irrécusable, le plus éclatant démenti. Charles eut horreur d'une perversité si précoce et d'une rouerie si consommée. La pauvre fille lui devint odieuse. Il se leva de la chaise sur laquelle il était assis.

Pendant un instant, il resta debout et immobile au chevet du lit de Mignonne, fixant un long et triste regard sur le beau visage de la pauvre enfant dont la tête si pâle et si douce reposait parmi les masses de ses cheveux noirs, et dont une auréole d'azur entourait les grands yeux fermés.

Une ride légère se creusa sur le front de Charles. Une

larme furtive s'échappa de sa paupière et roula sur sa joue. Un soupir involontaire s'exhala de sa poitrine soulevée. Puis la ride s'effaça. La larme séchée disparut. Le soupir s'éteignit. Et Charles refermant les portes de l'alcôve, comme on cloue sur une morte les planches d'un cercueil, s'éloigna lentement du lit et sortit de la chambre.

Quelques heures après la scène que nous venons de raconter dans les pages précédentes, Mignonne, à travers les brumes d'un demi-sommeil, entendit vaguement, non loin d'elle, un bruit d'allées et de venues, un mouvement inaccoutumé.

Elle ne pensa même pas à se rendre compte de ce bruit et de ce mouvement.

Le soir, quand on ouvrit les portes de son alcôve, ce fut une figure inconnue qui lui apporta la potion que Charles, chaque jour, lui présentait lui-même.

Mignonne pensa que Charles était sorti pour quelques affaires, qu'il ne tarderait pas à rentrer, et, après avoir pris le breuvage calmant, elle se rendormit de ce bienfaisant sommeil de la convalescence.

Le lendemain, à son réveil, la même figure inconnue lui apparut.

Alors une inquiétude instinctive s'empara de son esprit.

— Charles n'est donc pas là? demanda-t-elle.

— Non, mademoiselle... lui répondit-on avec une teinte d'embarras marqué.

— Où est-il?

— Il est sorti.

— Quand rentrera-t-il?

— Je n'en sais rien.

Ces réponses évasives ne satisfirent point Mignonne.

— Il y a quelque chose que vous me cachez?... murmura-t-elle.

— Mademoiselle...

— Comment se fait-il que Charles, avant de sortir, ne m'ait pas dit adieu?

— Peut-être que mademoiselle dormait et que monsieur n'aura pas voulu l'éveiller...

Mignonne fut obligée de se contenter de cette explication, d'autant plus que la personne à qui elle s'adressait, et qui était une servante de l'hôtel, se hâta de quitter la chambre comme pour se soustraire à des questions nouvelles.

Quelques heures se passèrent. Charles ne revenait point. L'inquiétude de Mignonne redoublait. Elle sonna.

La domestique ne se fit pas attendre.

— Charles est-il rentré? demanda la jeune fille avec une impatience fiévreuse.

— Non, mademoiselle.

— Alors dites à son ami que je voudrais lui parler et que je le prie de monter.

L'embarras de la domestique redoubla.

Elle garda le silence.

— Est-ce que vous ne m'avez pas entendue?... fit Mignonne.

— Si, mademoiselle, mais...

— Mais quoi?

— M. Hector est sorti avec M. Charles...

— Sortis tous les deux!... s'écria Mignonne, et pas rentrés! qu'est-ce que cela veut dire!...

— Dam! mademoiselle, je ne sais pas...

La jeune fille cacha pendant un instant sa tête dans ses mains.

Puis elle dit :

— Je voudrais voir le maître de cette maison.

— Je vais vous envoyer M. Roblot, mademoiselle.

La servante sortit.

Mignonne demeura seule, anéantie et comme éperdue en songeant à la catastrophe qu'elle prévoyait, mais sans la comprendre.

Au bout d'un instant, M. Roblot entra.

— Monsieur, s'écria Mignonne en le voyant, où est Charles?...

— Mais, mademoiselle, balbutia le propriétaire en tournant sa casquette entre ses doigts, on a dû vous dire...

— On m'a dit qu'il était sorti, répliqua impétueusement Mignonne, mais vous devez savoir où il est?...

— Je vous assure, Mademoiselle...

— Au nom du ciel, Monsieur, parlez!!

— Vous voulez savoir la vraie vérité, Mademoiselle?

— Oui, oui, je vous en supplie!...

— Vous ne vous ferez pas trop de chagrin?...

— Non, mais vous me tuez en ne parlant pas!...

— Eh bien!...

— Eh bien?... répéta Mignonne haletante.

— M. Charles a quitté l'hôtel.

— Quand?

— Hier soir.

— Pour aller où?

— Il ne me l'a pas dit.

— Mais il doit revenir, n'est-ce pas?...

— Je crois que vous auriez tort de l'espérer, Mademoiselle.

— Abandonnée! murmura Mignonne avec stupeur, mais que lui avais-je donc fait, mon Dieu!

— M. Charles n'est entré avec moi dans aucune espèce de détail à ce sujet.

— Abandonnée! répéta la jeune fille, abandonnée! abandonnée!...

Et elle éclata en sanglots.

— Vous avez bien tort de vous désoler comme cela, reprit M. Roblot.

Mignonne regarda fixement le propriétaire.

— Tort! s'écria-t-elle, vous dites que j'ai tort!...

— Sans doute, vous n'êtes pas abandonnée ainsi que vous le croyez, mademoiselle...

— Comment?...

— M. Charles, avant de partir, a payé votre dépense pour un mois à partir d'aujourd'hui, et m'a laissé de plus deux cents francs pour vous. Je vous les remettrai le jour où vous quitterez l'hôtel... J'espère que c'est gentil cela!...

Mignonne écoutait, les yeux fixes et les lèvres contractées. Puis, soudain, elle fut prise d'un accès de rire nerveux et saccadé, qui s'éteignit dans un sanglot.

— De l'argent!... murmura-t-elle, de l'argent!...

Et elle cacha sa tête sous ses couvertures.

M. Roblot quitta la chambre.

— La petite trouve sans doute que deux cents francs ce n'est pas assez!... se disait-il à lui-même en descendant l'escalier, pourtant, deux cents francs pour une coureuse, peste! c'est un joli denier!...

VIII

MOURIR...

A peine M. Roblot avait-il quitté la chambre, que Mignonne rejeta les couvertures qu'elle avait, ainsi que nous l'avons dit, ramenées sur sa tête, et qu'elle s'élança hors du lit.

Mais, hélas! elle avait compté sans la faiblesse résultant de sa maladie.

Ses jambes plièrent sous elle et il lui fallut se recoucher.

Ce qui se passa alors dans l'esprit et dans le cœur de la jeune fille, nous devons renoncer à l'analyser et à le mettre sous les yeux de nos lecteurs.

Comment peindre, en effet, cet amer désespoir aux prises avec cette impuissance?

Comment fouiller le découragement profond et les pensées sinistres qui vinrent, sans relâche, assaillir et torturer 'a pauvre enfant?

Désormais pour elle plus d'espérances, plus d'illusions, plus d'avenir. Elle n'attendait rien, elle ne croyait a rien, elle ne souhaitait rien, si ce n'est une seule chose : mourir!

Les liens qui l'attachaient à la vie et au bonheur venaient de se rompre violemment.

Dans son cœur déchiré, il n'y avait plus de place pour l'amour, il n'y en avait que pour la souffrance.

Quand elle avait essayé de se lever, un instant auparavant, c'était dans une pensée de suicide.

Elle s'était souvenue de cette large rivière, roulant au milieu de Paris ses flots rapides et profonds.

Et elle s'était dit qu'on pouvait trouver dans ce mouvant linceul une mort facile et prompte.

Aussi nous l'avons vue se jeter au bas de son lit pour courir à la Seine.

Mais nous savons aussi que sa faiblesse maladive avait trahi cette résolution suprême.

Mignonne se dit alors qu'il fallait se hâter de reprendre des forces pour mourir.

Elle accepta tous les soins, elle se conforma à toutes les prescriptions du médecin.

Elle s'engourdit dans ce calme terrible qui suit toujours les résolutions énergiques et décisives.

Au bout de trois jours, elle pouvait se lever, et elle faisait à plusieurs reprises le tour de sa chambre.

Le quatrième jour, elle s'habilla et sortit.

M. Roblot la rencontra dans l'escalier.

— Tiens ! vous voilà sur pied, lui dit-il ; allons, il paraît que ça ne va pas mal !...

— Oui... oui... répondit Mignonne, je vais bien...

— Vous serez bientôt tout à fait hors d'affaire...

— Oui... bientôt... murmura la jeune fille.

— Ah çà ! j'espère que vous ne vous en allez pas... Vous savez que le loyer de votre chambre et votre nourriture sont payés pour un mois... et que, de plus, j'ai deux cents francs à vous remettre.

— Je sais cela... merci, monsieur...

— Ne restez pas trop longtemps dehors... ça pourrait vous rendre plus malade, voyez-vous...

— Soyez tranquille... rien ne me fera de mal maintenant...

Et Mignonne descendit les dernières marches de l'escalier.

Une fois dans la rue, elle marcha à peu près au hasard, se dirigeant du côté où ses souvenirs lui montraient la Seine. Elle n'osait demander son chemin à personne, car il lui semblait que le premier passant à qui elle s'adresserait lirait sur son visage qu'elle allait se noyer.

Il résulta de cela que Mignonne, au lieu de gagner le quai par la rue des Saints Pères, descendit dans toute sa longueur la rue Saint-Dominique et arriva jusqu'à la place du Palais-Bourbon.

Là, elle prit à droite, et parvint enfin sur le bord de l'eau.

Le pont de la Concorde s'offrit à elle.

Mais ce pont était couvert de monde, et un grand nombre de petites barques se croisaient sur la Seine.

Mignonne cherchait un endroit solitaire.

Elle voulait être sûre qu'on ne la sauverait pas.

Elle atteignit ainsi le pont des Invalides.

Le hasard semblait l'avoir conduite par la main à l'endroit le plus favorable à la réalisation de son projet.

Du côté où elle se trouvait, la rive était absolument déserte.

Du côté opposé, personne non plus; seulement, un petit coupé s'approchait au grand trot de ses deux chevaux.

Sur la grève, le long de la rivière, un homme en costume d'ouvrier remontait lentement le cours de l'eau. Mignonne s'avança sur le pont d'un pas incertain et chancelant, sans se préoccuper des réclamations de l'invalide qui, du fond de sa logette, lui criait d'acquitter l'impôt du péage.

Arrivée au milieu du pont, elle s'arrêta.

Elle leva les mains au ciel en murmurant des lèvres et du cœur :

— Mon Dieu ! vous qui savez que je ne puis plus vivre, mon Dieu, pardonnez-moi de mourir !...

Puis elle s'approcha du parapet.

Une seconde après, les flots rapides de la Seine se refermaient sur elle.

Nous savons le reste.

Quand Mignonne ouvrit les yeux, Pivoine et Anna Dudley étaient penchées sur elle. Elle ne semblait pas les voir.

Anna lui prit la main et la lui serra affectueusement en lui demandant :

— Eh bien, mon enfant, comment vous trouvez-vous ?

Mignonne ne parut pas entendre.

— J'ai froid, murmura-t-elle, j'ai bien froid...

En effet, quoique très-couverte, elle grelottait comme si elle eût été sous la neige, et ses dents se heurtaient avec violence.

On approcha des lèvres de la jeune fille un verre rempli de vin chaud fortement épicé.

Elle but machinalement.

Puis elle répéta :

— J'ai bien froid !... oh ! oui, j'ai bien froid !

Après un instant de silence, elle reprit :

— Cette eau qui m'enveloppe me glace et m'étouffe...

Elle est noire... elle est sale, cette eau... Je sens que je vais mourir... Si Charles était là, pourtant, il me sauverait, lui... il me réchaufferait sur son cœur... il chasserait cet horrible froid qui me tue... Mais Charles n'est pas là, et Charles ne sait pas que je meurs...

En face de ce tranquille et triste délire, Anna et Pivoine se regardaient avec effroi.

Mignonne continua :

— J'ai bien souffert, mais c'est fini !... je suis morte... je suis dans le ciel... le bon Dieu m'a pardonné, et je vois les anges autour de moi...

Mignonne prit la main d'Anna, et lui dit avec une expression de fervente prière :

— Si c'est vous qui êtes mon bon ange, faites ce que je vais vous demander... Dites, le ferez-vous ?

— Oui !... oui !... je le ferai, répondit Anna d'une voix entrecoupée par les larmes.

— Eh bien, descendez sur la terre, allez auprès de Charles, dites-lui que je l'ai aimé de tout l'amour que Dieu m'avait donné, et que je l'aime encore, à présent, plus peut-être qu'il n'est permis d'aimer dans le ciel... Dites-lui que mon âme est ici, mais que mon corps est resté là-bas, perdu sous des eaux froides et profondes ; dites-lui qu'il cherche ce corps, qu'il le trouve, et que, puisqu'il l'aimait, il lui donne un cercueil... dites-lui qu'il me suive au cimetière... qu'il ne m'oublie pas tout à fait et qu'il jette quelques fleurs sur ma tombe... de ces pauvres petites fleurs de nos montagnes que j'aimais tant quand je vivais... Vous lui direz cela, n'est-ce pas ?

Anna pleurait et ne pouvait parler. Elle fit signe qu'elle ferait ce que lui demandait Mignonne.

— Oh ! merci ! merci ! s'écria la jeune fille, je vois

bien maintenant que je ne me trompais pas et que vous êtes mon bon ange...

Puis, après avoir prononcé ces paroles, Mignonne laissa retomber sa tête en arrière, et se plongea de nouveau dans une muette et profonde atonie.

IX

FOLLE!

Pivoine et Anna ne laissèrent pas leur bonne action inachevée.

Mignonne, bien enveloppée de vêtements chauds, fut portée dans la voiture.

On l'installa dans un des coins.

Les deux jeunes femmes, se serrant un peu, prirent place à côté d'elle.

Puis Pivoine donna l'ordre à son cocher de regagner Paris.

Mignonne dormait, ou du moins paraissait dormir, car ses yeux étaient fermés, et sa respiration douce et égale.

— Pauvre enfant!... murmura Pivoine.

— Pauvre enfant! répéta Anna Dudley en essuyant ses yeux rougis.

— Quel profond désespoir peut l'avoir conduite là ?...

— Un chagrin d'amour, sans doute... répondit miss Anna.

— Oui, l'amour, murmura Pivoine ; ainsi, c'est donc bien vrai, l'amour en ce monde ne cause que déception et douleur ?

Anna ne répondit pas. Mais l'expression de son beau visage indiqua clairement qu'elle ne partageait pas l'opinion de Pivoine sur l'amour.

— Elle a aimé, poursuivit Pivoine, elle a aimé, la pauvre enfant, et on ne l'aimait pas !... elle a aimé et on l'a trompée !... Elle s'est donnée, pleine de jeunesse et de candeur, de tendresse et de confiance, et elle a été repoussée !... elle a aimé et elle a voulu mourir !... Elle a aimé et la voilà folle !...

— Folle! répéta Anna, vous croyez?...

— Oui, sans doute, mais c'est du délire, je l'espère, et non de la folie...

— Ne vous y trompez point, Anna, j'ai lu dans son regard... l'étincelle de la raison en est pour tout jamais partie... elle est folle, croyez-moi, elle est bien folle, et ne la plaignez pas d'être ainsi, car, au moins, elle ne souffre plus...

— Quels sont vos projets, maintenant?...

— Au sujet de cette enfant?

— Oui.

— Je compte l'emmener chez moi et l'y prendre jusqu'à ce qu'il m'ait été possible d'assurer sa position d'une façon quelconque.

— Voulez-vous me faire un plaisir, Pivoine?

— Un plaisir?... lequel?...

— Laissez-moi cette jeune fille.

— A vous?

— Oui.

— Pourquoi?

— Elle vous doit la vie, car, sans vous qui l'avez aperçue la première elle serait morte à cette heure... Eh bien, je voudrais qu'à moi aussi elle dût quelque chose, et c'est pour cela que je vous la demande.

— Soit, chère Anna, prenez-la... Comme vous le dites, j'ai sauvé sa vie; qui sait si, malgré mes prévisions sinistres, vous ne sauverez pas sa raison...

En ce moment la voiture atteignit la place de la Concorde. Le cocher arrêta ses chevaux. Le valet de pied se présenta à la portière et demanda :

— Où vont ces dames?

— Rue Saint-Georges, répondit Pivoine.

Un instant après le coupé s'arrêtait devant la demeure de miss Dudley. Les deux jeunes femmes descendirent.

Le valet de pied prit Mignonne dans ses bras, et la porta jusqu'à l'appartement d'Anna. Henry de Cherlieu attendait sa maîtresse. Il serra la main de Pivoine, embrassa Anna et lui demanda :

— Qu'est-ce donc que cette jeune fille? en désignant Mignonne que le domestique venait de placer dans une chauffeuse.

— Cette jeune fille, Henry, répondit Anna en souriant, c'est une bonne action pour nous deux, et peut-être un sujet de roman pour toi.

— Une bonne action... un sujet de roman... répéta Henry.

— Tu ne comprends pas?

— Jusqu'à présent, non, je l'avoue.

— Eh bien! voici le prologue du roman et de la bonne action. Nous trouverons ensemble le dénouement.

Et Anna raconta à son amant ce que nos lecteurs savent déjà, s'ils ont apporté quelque attention aux pages précédentes.

— Ah! pauvre fille! pauvre fille! s'écria Henry quand sa maîtresse eut achevé son récit simple et touchant, comme elle a dû souffrir pour en arriver là... Oui, tu as raison, mon Anna, nous veillerons sur elle, nous la protégerons, elle sera notre enfant, en attendant que...

Henry n'acheva pas la phrase.

Mais sans doute Anna comprit ce qu'il ne disait point, car elle lui serra doucement la main et elle attacha sur lui un regard adorable.

— Elle sera notre enfant à tous trois, dit Pivoine, et demain je reviendrai savoir de ses nouvelles; maintenant, je vous laisse, car Réné m'attend... Et, ajouta-t-elle intérieurement, Réné me paie trop cher pour que j'aie le droit de le faire attendre...

Anna reconduisit son amie jusqu'à la porte de l'antichambre.

— Oh! Anna, lui dit cette dernière en la quittant, qui pourrait croire, qui voudrait croire que moi, dont on envie le bonheur... moi qui passe pour une femme heureuse entre les plus heureuses, j'envie tout bas le sort de cette pauvre fille, et que peut-être bientôt je finirai comme elle!...

Puis Pivoine descendit rapidement l'escalier, sans donner à Anna le temps de lui répondre.

§

Avec ce merveilleux instinct des cœurs qui souffrent eux-mêmes, Pivoine ne s'était pas trompée.

Dans les yeux de Mignonne elle avait bien lu la folie et non pas le délire. En effet, Mignonne était folle.

La preuve ne tarda point à en être acquise d'une façon malheureusement incontestable, durant les quelques jours qui suivirent les événements que nous venons de raconter. Rien n'était altéré dans l'organisation physique de la pauvre petite.

Ses forces revenaient rapidement et les fraîches couleurs de la santé renaissaient sur ses joues.

Seulement le flambeau de son intelligence vacillante ne se rallumait pas.

Sa folie, d'ailleurs, se résumait dans une mélancolie profonde et dans cette idée fixe, qu'elle était morte, que son âme était au ciel, mais que les eaux noires de la Seine gardaient son corps glacé.

Or, elle voulait que Charles retrouvât ce corps et lui fît rendre les derniers honneurs.

Aussi, tout le jour, elle appelait Charles, et, comme Charles ne venait pas, elle pleurait.

Ou bien, elle chantait sur elle-même le cantique des morts et se figurait suivre au cimetière son propre enterrement. Anna entourait Mignonne des soins les plus tendres et les plus dévoués.

Elle la traitait comme une sœur chérie.

Et disons-le, Henry de Cherlieu la secondait de tout son pouvoir dans cette action généreuse.

Mais peu à peu, la tristesse continue et parfois si lugubre de Mignonne finit par exercer sur Anna une fâcheuse influence.

Cette mélancolie sinistre déteignit en quelque sorte sur la jeune femme.

Henry la trouva quelquefois sombre sans cause et la surprit un jour à pleurer sans motif.

Henry comprit que cela ne pouvait durer plus longtemps ainsi.

De toutes les maladies, la folie est la plus contagieuse, dit-on, et les cerveaux les mieux organisés ne résisteraient point au contact incessant d'une raison troublée.

Henry provoqua pour Mignonne une consultation de médecins. Ces derniers déclarèrent qu'il y avait un espoir, espoir bien vague et bien incertain, de rendre la raison à la pauvre fille.

Mais pour cela faire, ajoutaient-ils, il était indispensable, avant tout, de la transporter dans une maison de santé. Anna insista pour ne point se séparer de sa malheureuse protégée. Mais Henry lui fit comprendre qu'il serait peu généreux de sacrifier l'intérêt de cette dernière à une satisfaction personnelle. Anna céda. Il ne restait plus qu'à décider dans quelle maison de santé on conduirait Mignonne. La maison choisie fut celle du docteur Blanche que connaissent déjà tous ceux de nos lecteurs qui ont feuilleté *les Amours d'un Fou.*

X

DISPARUE.

Une après-midi, un mois environ après l'entrée de Mignonne dans la maison de santé que nous nommions plus haut, le domestique de miss Dudley lui annonça la visite du comte Réné.

Anna reçut le comte.

Il était pâle et semblait ému.

— Qu'avez-vous donc? lui demanda Anna un peu étonnée de cette apparence.

Réné ne répondit à cette question que par une autre question.

— Avez-vous vu Pivoine? fit-il.
— Aujourd'hui?
— Oui ! aujourd'hui.
— Non.
— Et hier?...
— Pas davantage.
— Et elle ne vous a pas écrit?
— Non.
— Et vous n'avez pas entendu parler d elle ?

— En aucune façon !... Mais vous m'inquiétez, mon cher comte !... Pourquoi toutes ces questions ?

Réné se laissa tomber sur un siége.

— Est-il arrivé quelque chose à Pivoine ?... poursuivit Anna.

— Pivoine a disparu, répondit brusquement Réné.

— Disparu ! répéta Anna.

— Oui.

— Ah ! mon Dieu ! et depuis quand ?

— Depuis hier.

— Et vous ne savez pas où elle est ?... et vous ne devinez pas ce qu'elle est devenue ?...

— Je ne sais rien !... je ne devine rien !...

— Mais, enfin, que s'est-il passé ?

— Écoutez : Depuis quelque temps, Pivoine était sombre, vous l'avez remarqué sans doute ?

— Je l'ai toujours vue ainsi.

— Sans doute, mais depuis quelque temps, sa tristesse avait redoublé, elle semblait malheureuse, et, cependant, Dieu le sait, je m'efforçais de deviner ses moindres désirs afin de les satisfaire avant même qu'elle eût eu le temps de les exprimer...

— Ah ! le fait est... interrompit Anna, le fait est que vous étiez parfait pour elle...

— Sans doute elle me témoignait de la reconnaissance, reprit Réné, mais l'expression de cette reconnaissance était morne, glacée, contrainte ; elle ne m'aimait pas !...

— Je le sais bien, pensa Anna.

Le comte poursuivit :

— Moi, au contraire, chaque jour je m'attachais à elle plus que le jour précédent, et je souffrais de la voir souffrir. Cependant j'espérais beaucoup du temps et des preuves d'affection que je lui prodiguais. Hier matin, j'envoyai mon valet de chambre chez elle pour lui demander s'il lui convenait de passer la journée avec moi.

« On répondit qu'elle était sortie depuis une heure environ, toute seule, sans dire où elle allait et sans prévenir du moment où elle rentrerait.

« Ceci ne m'inquiéta nullement.

« Dans l'après-midi, je passai chez elle.

« Elle n'était pas revenue.

« Je l'attendis, et pour l'attendre, j'entrai dans sa chambre à coucher.

« Sur la cheminée se trouvaient dans leurs écrins, tous les bijoux que Pivoine avait reçus de moi.

« Dans une coupe d'agathe, je vis les bagues et les menus joyaux que je lui avais donnés.

« Il n'en manquait pas un seul.

« Sa montre même se trouvait mêlée à toute cette orfèvrerie à côté d'un petit porte-monnaie que j'ouvris.

« Dans ce porte-monnaie il y avait deux billets de mille francs que je lui avais envoyés la veille.

« Évidemment Pivoine n'avait rien voulu emporter avec elle.

« L'idée qu'elle était partie pour ne plus revenir ne se présenta pas tout d'abord à mon esprit.

« J'attendis encore.

« J'attendis jusqu'au soir.

« L'inquiétude commençait à s'emparer de moi.

« Je vins chez vous.

« Vous étiez sortie avec Cherlieu.

« Je retournai chez Pivoine.

« On ne l'avait pas revue.

« Je passai une triste nuit, je ne me couchai pas, j'attendis chez ma maîtresse, penché à la fenêtre ouverte, guettant les moindres bruits qui se faisaient dans la rue et espérant toujours.

« Les domestiques semblaient inquiets comme moi, car Pivoine était douce et bonne avec eux et ils l'aimaient.

« Ce matin, le cœur serré et rempli d'angoisses, je sortis et j'allai, — je ne sais comment dire cet horrible mot ! — j'allai à la Morgue...

— A la Morgue !!... répéta Anna avec un cri de terreur.

— Oui ! à la Morgue ! Heureusement mon épouvante était chimérique, elle n'y était pas...

« Je retournai encore chez elle.

« Rien, toujours rien !

« Alors, je suis revenu ici, où vous tuez mon dernier espoir en me disant que vous ne l'avez pas vue, que vous n'avez pas entendu parler d'elle !...

« Et maintenant, chère miss Dudley, maintenant que vous savez tout ce que je sais moi-même, dites, que pensez-vous de cela et que croyez-vous que je doive craindre et espérer ?...

— Ah ! répondit Anna, cette disparition est une chose étrange, inexplicable, et, pour ma part, je redoute un malheur !...

— Parlez-moi franchement, chère Anna, croyez-vous à un accident ? croyez-vous à un suicide ?...

— Voulez-vous que je vous dise le fond de ma pensée ?...

— Je vous en supplie.

— Eh bien ! je crois à un suicide.

— Mon Dieu ! et d'où vous vient cette pensée sinistre ?...

— Du sombre découragement de la vie qui s'était emparé de la pauvre Pivoine et dont je m'apercevais avec un chagrin profond...

— Ah ! s'écria Réné, avec une tristesse mêlée de colère, elle me détestait donc bien ?...

— C'est justement là ce que je lui demandais un jour...

— Et que vous répondait-elle ?...

— Elle me répondait qu'elle ne vous détestait point, mais que, vous, vous l'aimiez trop...

— Eh ! murmura Réné avec un soupir, elle était si belle ! pouvais-je l'aimer moins ?...

— Votre amitié l'eût rendue heureuse, — votre amour la faisait souffrir...

Il y eut alors, entre les deux interlocuteurs, un instant de silence.

Puis Réné reprit le premier :

— Savez-vous bien que si elle était morte ce serait horrible, car, enfin, c'est moi qui l'aurais tuée !!...

— Ce serait horrible en effet, dit Anna, aussi, Dieu veuille que je me trompe dans mes conjectures !...

— Oui, que Dieu le veuille ! Quant à moi, je donnerais tout au monde pour savoir que Pivoine m'a quitté, qu'elle en aime un autre, qu'elle est avec un autre amant, mais au moins, qu'elle est vivante !...

Anna prit la main de Réné et la serra.

En ce moment le domestique entra et remit à la jeune femme une lettre qu'on venait d'apporter pour elle.

Elle jeta les yeux sur l'adresse.

Puis, elle s'écria, en déchirant l'enveloppe :

— Son écriture ! son écriture !...

— L'écriture de Pivoine ?... demanda vivement Réné.

— Oui.

— Oh ! alors, lisez !... lisez !...

Miss Dudley lut tout haut les lignes suivantes :

« Chère Anna,

« Peut-être savez-vous déjà que je ne suis plus avec Réné.

« J'avais résolu d'abord d'entourer ma fuite d'un profond mystère, mais, comme je sais que Réné m'aime et que vous m'aimez aussi, je n'ai voulu vous laisser croire, ni à quelque acte désespéré de ma part, ni à une ingratitude que je n'ai point dans le cœur.

« Vous ne me reverrez ni l'un ni l'autre ; mais je penserai toujours à vous comme à deux bons et vrais amis.

« Je suis reconnaissante à Réné de tout ce qu'il a fait et surtout de ce qu'il a voulu faire pour moi.

« Je vous suis reconnaissante, à vous, de votre généreux accueil et de votre bonne affection.

« Chère Anna, vous êtes heureuse ! vous avez le seul vrai bonheur de ce monde : vous aimez ! vous êtes aimée !

« Que ce bonheur ne vous manque jamais.

« Je vous prie avec instance de ne point chercher à découvrir ce que je suis devenue ; vous ne sauriez croire combien me serait pénible la moindre démarche de vous à ce sujet.

« Pensez quelquefois à moi, chère Anna, à moi qui, le cœur serré, vous dis : Adieu pour toujours !

« PIVOINE. »

— Eh bien, dit Anna quand elle eut achevé cette lecture, vous le voyez, elle est vivante.

— Oui, mais je vois aussi qu'elle en aime un autre !

— Elle ne le dit pas.

— Je le devine.

— Ne souhaitiez-vous pas cela tout à l'heure ?...

— C'est vrai ; mais, maintenant que mon souhait est accompli, je souffre !

— Allons, du courage !

— J'en aurai, je veux me distraire... l'oublier, et j'y parviendrai !... Mais convenez d'une chose avec moi, chère miss Anna, c'est qu'il y a des femmes qui n'ont pas de cœur !...

— C'est vrai ! répondit Anna.

Et elle ajouta tout bas :

— Oui, il y a des femmes qui n'ont pas de cœur, mais la pauvre Pivoine en a trop !...

X

CHARLES.

Quelques minutes après le départ du comte Réné, le valet de chambre d'Anna Dudley frappa doucement à la porte de la jeune femme.

— Madame, dit-il, il y a dans l'antichambre un jeune homme qui insiste beaucoup pour voir madame...

— Qu'est-ce que ce jeune homme ?...

— Il est très bien mis, et il a l'air fort distingué, mais je ne l'ai jamais vu venir ici.

— Demandez-lui son nom.

— Oui, madame.

Le valet sortit.

Il revint au bout d'une seconde, apportant une carte qu'il présenta à Anna. Cette dernière lut ce nom :

« CHARLES DE SAINT-ANDRÉ,
« *Rue Jacob, hôtel du Nord.* »

— Je ne connais pas ce monsieur, répondit Anna ; demandez-lui s'il vient de la part de M. de Cherlieu, et, dans le cas contraire, dites-lui qu'il m'est impossible de le recevoir.

Le domestique sortit pour la seconde fois.

Son absence fut plus longue que la première.

Il reparut tenant un papier à la main.

— Eh bien, demanda Anna, est-il parti?...

— Non, madame.

— Vous lui avez dit cependant que je ne pouvais le recevoir?

— Oui, madame.

— Qu'a-t-il répondu?...

— Il m'a prié de lui donner de quoi écrire.

— Et?...

— Et il m'a chargé de remettre ceci à madame...

Anna prit le papier, sur lequel elle jeta rapidement les yeux. Il contenait les lignes suivantes :

« Madame,

« Je n'ai pas l'honneur d'être des amis de M. de Cherlieu.

« Je comprends à merveille que ma visite vous paraisse étrange, aussi je crois devoir vous expliquer les motifs qui me font désirer si vivement d'être reçu par vous.

« A force de recherches et de démarches, j'ai fini par découvrir, madame, que vous aviez sauvé de la mort une jeune fille qui se précipitait dans la Seine.

« Cette jeune fille, je le crois du moins, était la même qu'une personne qui m'est bien chère, et je viens vous demander ce qu'elle est devenue.

« Permettez-moi donc de solliciter de vous la faveur d'un entretien de quelques minutes, et agréez, madame, l'assurance de la considération la plus distinguée

« De votre très-humble et très-obéissant serviteur,

« CHARLES DE SAINT-ANDRÉ. »

— Ah! s'écria Anna, ce doit être ce Charles dont ma pauvre protégée parle sans cesse! qu'il entre!... qu'il entre!...

Le domestique introduisit le visiteur.

§

Avant d'aller plus loin dans ce récit, nous devons expliquer sommairement la présence de Charles chez miss Anna et les événements qui l'avaient conduit à tenter cette démarche.

Nous serons brefs, car il nous reste encore bien des choses à dire, et l'espace nous manquera bientôt.

Après avoir, ainsi que nos lecteurs le savent, quitté l'hôtel du Nord dans lequel il laissait Mignonne, Charles éprouva d'abord un mouvement d'orgueil.

Il se grandit à ses propres yeux.

Il se dressa à lui-même un piédestal imaginaire.

Il se dit que c'était le fait d'un beau caractère et d'un vaillant esprit de rompre aussi courageusement avec un amour mal placé.

Enfin, il se battit les flancs pour se prouver qu'il était joyeux et fier, et qu'en agissant ainsi qu'il venait de le faire, il avait pris le seul parti vraiment bon et vraiment honorable.

Cette sorte d'illusion dura trois ou quatre jours tout au plus, quoique Hector s'efforçât de la prolonger par ses conseils.

Au bout de ce temps, Charles vit clair dans son propre cœur.

Il se dit qu'il aimait encore Mignonne.

Qu'il l'aimait plus que par le passé.

Qu'il n'avait jamais cessé de l'aimer.

Il se dit que sa colère haineuse et jalouse n'avait été si grande que parce que son amour était grand.

Enfin il se donna, pour excuser la jeune fille, autant de raisons, bonnes ou mauvaises, qu'il s'en donnait la veille pour la condamner.

Afin d'expliquer et d'atténuer la faute de Mignonne et la grossesse qui en avait été la suite, il admit la possibilité d'une surprise, d'un évanouissement, d'un viol.

Et en cela, nous le savons, il touchait à la vérité.

Enfin, il s'avoua que Mignonne, fût-elle aussi coupable qu'elle le paraissait, il aimait mieux lui pardonner que de ne plus la voir.

La conséquence de tout ceci est prévue.

Il alla à l'hôtel de la rue Jacob.

M. Roblot le reçut d'un air effaré, et, aux premiers mots de Charles relatifs à Mignonne, il changea de visage et ne répondit pas.

— Eh bien ! dit Charles, que s'est-il donc passé, et pourquoi vous taisez-vous ?...

— Dame ! monsieur, je me tais parce que je n'ai rien de bon à vous dire.

— Mignonne serait-elle plus malade ?

— J'espère que non.

— Comment, vous espérez ?

— Oui, monsieur.

— Vous ne le savez donc pas d'une manière positive ?...

— Hélas !...

— Voyons, monsieur Roblot, je vous en prie, expliquez-vous !...

— Eh bien ! monsieur Charles, fit le propriétaire tout d'une haleine, la pauvre jeune fille est partie d'ici avant hier, sans même emporter les deux cents francs que vous m'aviez laissés pour elle, et que je vais vous remettre...

— Partie !... s'écria Charles. Mais c'est impossible !... impossible !...

— Faites excuse, monsieur Charles, et je vous assure qu'il n'y a pas de notre faute, et qu'elle était bien soignée et traitée avec tous les égards possibles... Jusqu'au soir, j'ai cru qu'elle reviendrait, comme elle me l'avait dit en partant...

Et M. Roblot raconta sa conversation avec Mignonne sur l'escalier.

— Depuis, ajouta-t-il, je me suis informé de la petite à droite et à gauche dans le quartier, mais personne ne l'avait vue !...

Il n'y avait pas à douter de la parfaite véracité des paroles du maître d'hôtel.

Charles désespéré, s'éloigna emportant dans son cœur un remords, car il ne se dissimulait point que son abandon avait pu et avait dû pousser Mignonne à quelque résolution funeste.

A ce remords se joignit le pire des tourments, ce serpent rongeur qu'on appelle l'incertitude.

Charles se jura de découvrir ce qu'était devenue Mignonne.

Ses recherches, immédiatement commencées, furent d'abord infructueuses. Il fouilla Paris dans tous les sens.

Mais, vingt fois, au moment où il croyait qu'il allait apprendre quelque chose, il s'apercevait qu'il avait suivi de fausses pistes, lesquelles le conduisaient à des résultats négatifs.

Vingt fois, espérant toucher au but, le fil conducteur se brisait dans sa main et le laissait plongé dans l'obscurité.

Cependant il ne se décourageait pas.

Après un mois de démarches, le hasard lui fit découvrir dans un vieux numéro de journal, qu'une jeune fille, au moment de se noyer dans la Seine, avait été sauvée par les soins de deux femmes belles et élégantes.

Le signalement de la jeune fille répondait à celui de Mignonne.

La date de l'événement correspondait avec le jour de la disparition de la pauvre enfant.

L'identité de cette dernière était, on le voit, presque certaine.

Charles interrogea les habitants de la maison de Passy où la jeune fille noyée avait reçu les premiers secours.

Par le valet de pied on avait su l'adresse de Pivoine.

Les gens de Pivoine indiquèrent à Charles la demeure d'Anna Dudley.

Il courut chez Anna, guidé par un pressentiment qui, cette fois, ne le trompait pas.

XI

LA MAISON DE SANTÉ.

Au bout de cinq minutes de conversation entre Charles de Saint-André et Anna, il n'existait plus l'ombre d'un doute dans l'esprit des deux interlocuteurs.

La jeune fille du pont des Invalides était bien et incontestablement Mignonne. Charles la retrouvait.

Mais il la retrouvait folle, et folle par sa faute.

Il se mit à pleurer comme un enfant.

Puis, quand ce premier transport de douleur se fut un peu calmé, il s'écria, en s'adressant à Anna :

— Oh! madame, madame! je veux la voir... la voir à l'instant! au nom du ciel, dites-moi où elle est!...

— Je ferai mieux, répondit Anna, je vous conduirai auprès d'elle.

— Vous-même ?...

— Moi-même... quoique vous ne le méritiez guère, car vous avez causé un bien grand malheur!... Mais peut-être sera-t-il encore temps de le réparer...

— Que vous êtes bonne! merci, mille fois merci...

— Dans un quart-d'heure je suis à vous... le temps de passer une robe et de mettre un chapeau.

Charles s'inclina.

Anna fit quelques pas pour sortir.

En ce moment, Henry de Cherlieu entra dans le salon.

La jeune femme courut à lui.

— Le roman marche ! s'écria-t-elle joyeusement.

— Quel roman ? demanda Henry.

— Tu sais bien, celui de ma pauvre petite protégée...

— La jeune fille folle ?...

— Oui, le dénouement est venu.

— Le dénouement !! répéta Henry qui ne comprenait guère.

— Sans doute, dans la personne de monsieur, que je te présente.

Et elle indiqua Charles de Saint-André.

Les deux hommes se saluèrent.

— Je vous laisse ensemble, ajouta Anna, il t'expliquera tout; moi je vais m'habiller pour aller avec lui chez le docteur Blanche, où tu nous accompagneras.

Et Anna sortit.

Charles, en quelques mots, mit M. de Cherlieu au courant. Il achevait à peine quand la maîtresse de Henry reparut. Elle était prête.

Tous trois montèrent en voiture, et l'ordre fut donné au cocher de toucher à Chaillot.

Chemin faisant, la conversation roula sur tous les événements obscurs ou lumineux que nos lecteurs connaissent infiniment mieux que les personnages eux-mêmes que nous mettons en scène.

— Mon Dieu ! dit Charles tout à coup, j'ai peur...

— Peur de quoi ? demanda Anna.

— Peur que ma présence inattendue ne cause à la pauvre Mignonne une révolution terrible et peut-être dangereuse...

— Il a raison... dit Henry.

— Il a tort ! répliqua Anna, j'augure bien de ce qui l'effraie, et j'attends les meilleurs résultats de ce qui l'épouvante !...

— Que veux-tu dire ? demanda Henry.

— Toi qui fais des livres et des pièces, tu devrais me comprendre sans explications.

— Ça se peut bien, chère enfant, mais j'avoue à ma honte que je ne te comprends pas.

— Quand, par suite d'un désespoir d'amour, une jeune fille perd la raison au troisième acte d'un drame ou au deuxième volume d'un roman, qu'arrive-t-il au cinquième acte et au quatrième volume ?

— Je n'en sais rien.

Anna haussa les épaules. Puis elle reprit :

— Eh bien ! il arrive ceci, invariablement, sans exception : c'est que l'héroïne se trouve brusquement placée en face de celui qu'elle a aimé et pour qui elle a souffert; alors elle pousse un grand cri, passe ses deux mains sur son front, éparpille ses cheveux et s'évanouit. Quand elle revient à elle, elle n'est plus folle... est-ce vrai, cela, oui ou non ?

— Oui, dans les romans et dans les drames.

— La littérature est l'image de la vie. Ce qui se passe dans les livres se passe aussi dans le monde. Je compte sur l'émotion de Mignonne et j'espère que nous allons la ramener avec nous parfaitement guérie...

— Dieu vous entende !... murmura Charles.

La voiture s'arrêta. On était arrivé.

Anna et ses deux compagnons demandèrent le docteur Blanche qui les reçut immédiatement.

Il apprit à ses visiteurs qu'il n'y avait aucune modification dans l'état de Mignonne.

Anna lui exposa sa théorie sur les guérisons instantanées et en quelque sorte homéopathiques.

A l'appui de ses opinions elle cita le dénouement de plusieurs vaudevilles.

Le savant médecin écouta la jeune femme en souriant.

— Vous ne semblez pas trop de mo' avis, docteur ?... demanda Anna un peu inquiète.

— Pas entièrement à la vérité; le résultat romanesque que vous espérez n'est point impossible, mais n'est au moins guère probable... D'ailleurs, nous verrons bien. La jeune fille est au jardin, madame et messieurs voulez-vous me suivre ?...

Tous quatre descendirent.

Le temps était beau mais froid.

Le disque un peu pâle d'un soleil d'hiver brillait dans un ciel sans nuages.

Aux branches dépouillées des arbres des massifs scintillaient, comme autant de diamants, les cristaux lumineux du givre.

Les pensionnaires de la maison de santé se promenaient, isolés ou par petits groupes, sur le sable fin de longues allées.

Le médecin dirigea les pas de ses visiteurs vers la partie la plus reculée du jardin.

Là, dans une allée contiguë au mur d'enceinte, une jeune fille se promenait lentement.

Cette jeune fille, pâle et les regards attachés sur le sol, semblait une personnification vivante de la poétique image d'Ophélie.

De la main gauche elle tenait une petite branche de sapin, que les doigts de sa main droite effeuillaient avec distraction.

Elle semblait rêveuse et recueillie, mais non pas triste. Cette jeune femme était Mignonne.

Charles, en la reconnaissant, tressaillit et porta son mouchoir à ses yeux pour essuyer une larme.

En même temps, il ralentit un peu sa marche, afin de demeurer de quelques pas en arrière.

Anna se trouvait la première.

Elle s'arrêta en face de Mignonne.

Cette dernière releva brusquement la tête et elle attacha sur les visiteurs ses grands yeux un peu égarés.

Sans doute elle reconnut la jeune femme.

Une expression de joie et de respect se peignit sur son charmant visage.

Elle prit la main d'Anna et la porta à ses lèvres en murmurant :

— Merci, mon bon ange, merci de vous être souvenu de moi et d'être revenu me visiter.

— Comment allez-vous, chère enfant?... demanda Anna.

— On ne souffre pas au ciel, répondit doucement Mignonne, ou si l'on souffre, ce n'est que par le souvenir... et je ne me souviens plus...

— Quoi, vous avez tout oublié?...

— Tout.

— Même ceux que vous aimiez et qui vous aimaient dans le monde?...

— Non, mon bon ange, pas ceux-là, ou plutôt celui-là... Car celui-là est venu me rejoindre et je vois chaque jour...

— De qui parlez-vous, Mignonne?...

— De qui parlerais-je, si ce n'est de lui... de Charles !...

— Et vous le voyez, dites-vous?

— Quand je veux... et je veux sans cesse...

— Il est donc ici ?

— Oui, il est ici dans ce coin du ciel, près de moi... Pauvre ami! ma voix est arrivée jusqu'à lui... il a cherché mon corps... il l'a cherché longtemps... mais il l'a trouvé à la fin et il me l'a rapporté... ugez si j'ai été heureuse!... Alors le bon Dieu, qui a vu notre bonheur et notre amour, le bon Dieu a permis que Charles restât ici... Depuis ce jour-là, nous ne nous sommes pas quittés, et nous nous aimons, oh! nous nous aimons de toute notre âme !

Mignonne prononça ces derniers mots avec une profonde expression de ravissement et d'ivresse.

— Où est Charles dans ce moment?... demanda Anna.

— Tout près!... tout près d'ici!...

— Ne puis-je le voir ?

— Non.

— Pourquoi ?

— Il ne revient que quand je suis seule... quand quelqu'un est auprès de moi, j'ai peur et je le cache...

— Vous avez peur ?

— Oui, qu'on me l'enlève, mon Charles!... Il y a d'autres femmes ici, voyez-vous, et je suis jalouse?...

Et Mignonne jeta autour d'elle un sombre regard.

Anna fit signe à Charles d'avancer.

Le jeune homme obéit.

Il était sous le poids d'une émotion terrible et ses jambes fléchissaient sous lui.

Anna prit la main de Charles et la mit dans celle de Mignonne. Cette dernière se recula brusquement.

— Qu'avez-vous?... lui dit miss Dudley très-surprise, car elle s'attendait à un résultat tout différent.

— Pourquoi cet homme m'approche-t-il? murmura Mignonne.

— Cet homme!... répéta miss Dudley avec stupeur, vous ne le reconnaissez donc pas?

— Je ne l'ai jamais vu, répondit la jeune fille, je ne l'ai jamais vu et il m'épouvante!

Et en effet, à l'aspect de Charles, une pâleur plus grande envahissait son visage, ses dents claquaient et un tremblement nerveux secouait tout son corps.

— Retirons-nous, dit tout bas le docteur Blanche, la vue de monsieur fait mal à cette pauvre enfant, et sa présence trop prolongée déterminerait une crise terrible.

Anna, toute en larmes, serra contre son cœur Mignonne, frémissante encore, et nos trois personnages, silencieux et mornes, obéirent à l'injonction du médecin et quittèrent le jardin de la maison de santé.

Charles, en arrivant sur le seuil, pressa la main de miss Dudley et d'Henry de Cherlieu, et s'éloigna sans prononcer une seule parole.

XII

L'AMOUR QUI TUE.

Un an s'était écoulé, ce qui nous reporte environ au mois de décembre de l'année suivante.

Henry de Cherlieu et miss Anna s'aimaient plus encore, si faire se peut, qu'aux belles nuits de leur lune de miel.

C'était un de ces couples modèles que nous ne saurions nous empêcher de comparer aux tourtereaux amoureux qui se becquêtent, sans s'en lasser jamais, sur les pendules en porcelaine de Sèvres, pâte tendre.

Or un soir, comme les deux jeunes gens rentraient dans leur logis, nous allions dire dans leur nid, de la rue Saint-Georges, le concierge remit à Anna une lettre qu'un enfant du peuple, sale et déguenillé, avait apportée pour elle quelques heures auparavant.

Cette lettre, écrite sur du gros papier commun, était néanmoins pliée avec une certaine élégance.

On ne pouvait reconnaître les caractères de la suscription, tant était grand sans doute le tremblement de la main qui les avait tracés.

Anna décacheta cette lettre, dont l'étrange apparence piquait sa curiosité.

Elle s'approcha du bec de gaz allumé au bas de l'escalier.

Et, à sa lueur papillotante, elle lut ce qui suit :

« Chère Anna,

« Si vous vous souvenez encore d'une amie qui ne vous oublie pas, venez.

« Si vous consentez à venir, hâtez-vous, car je meurs.

« Je ne vous implorerais point pour moi-même, Anna, mais mon enfant a froid, mon enfant a faim, je vous implore pour mon enfant.

« Si ce n'est par affection, que ce soit par pitié, mais venez, venez vite.   « Pivoine.

Rue du Foin, 17. Quartier Saint-Jacques. »

— Ah! s'écria miss Dudley, Pivoine a un enfant!... Pivoine se meurt et son enfant souffre!!!... viens, Henry, courons!

La voiture qui avait ramené les deux jeunes gens n'était pas encore repartie. Henry la rappela.

Au bout d'une demi-heure à peu près, elle s'arrêtait devant le numéro 17 de cette rue étroite et infecte qui donne d'un côté dans la rue Saint-Jacques, de l'autre dans la rue de la Harpe, et qui se nomme la Rue du Foin.

Il était en ce moment onze heures du soir et il gelait, comme on dit vulgairement, *à pierre fendre.*

Henry agita à plusieurs reprises le marteau rouillé d'une porte bâtarde en mauvais état.

Cette porte finit enfin par s'ouvrir.

Henry et miss Dudley entrèrent alors dans une allée

longue et puante dont un quinquet fumeux combattait fort peu victorieusement les ténèbres opaques.

En même temps une voix, qui réalisait le problème d'être tout à la fois enrouée et glapissante, cria du fond de la loge du portier :

— Monsieur Fra-Diavolo, c'est-il vous, à la fin des fins ?...

— Fra-Diavolo !!!... répéta miss Dudley en tressaillant ! oh ! je comprends tout maintenant ! pauvre... pauvre Pivoine !

§

Retournons en arrière, s'il vous plaît, et remontons jusqu'aux événements contemporains de la lettre écrite par Pivoine à miss Dudley le jour où elle avait disparu du splendide appartement à elle donné par le comte Réné.

La veille de ce jour, Pivoine persistait comme de coutume à promener aux Champs-Élysées son incurable ennui. Tandis qu'elle passait au grand trot de son rapide attelage, elle entrevit dans la contre-allée, non loin du Carré Marigny, un jeune homme, adossé contre un arbre et jetant sur les promeneurs un regard morne, empreint de découragement et de désespoir.

Pivoine crut reconnaître ce jeune homme.

Elle poussa un faible cri et se pencha vivement à la portière.

Mais déjà des groupes de passants s'étaient formés entre elle et l'objet de sa curiosité.

D'ailleurs la voiture marchait toujours et il lui fut impossible de rien distinguer.

Au bout d'une centaine de pas elle donna au cocher

l'ordre de tourner bride et de remonter très-lentement la grande allée des Champs-Élysées.

Le jeune homme était toujours à la même place.

Son regard conservait la même expression amère et désolée. Il était maigre, il était pâle. Il semblait abattu par une grande douleur.

Cette fois rien ne le cachait à Pivoine.

Elle attachait sur lui ses yeux avides dans lesquels se concentrait toute son âme.

Ce regard, magnétique en quelque sorte, attira celui du jeune homme.

Il porta la main à sa poitrine et chancela.

Pivoine et Fra-Diavolo venaient de se reconnaître...

Une véritable commotion électrique, suivie d'un éblouissement, paralysa pour un instant toutes les facultés de la jeune femme qui s'affaissa demi-pâmée dans l'angle de la voiture. Quand elle revint à elle-même et qu'elle regarda de nouveau, Fra-Diavolo avait disparu et le coupé atteignait la place de la Concorde.

La voiture s'arrêta.

— Où va madame?... demanda le valet de pied, venant prendre les ordres de sa maîtresse.

— Chez moi, répondit Pivoine, et brûlez le pavé!

Elle voulait être seule et pouvoir s'enfermer pour penser à son aise, peut-être pour pleurer.

Les chevaux partirent comme l'éclair et arrivèrent en quelques minutes à la rue Castellane.

En descendant de voiture, Pivoine faillit tomber à la renverse.

Fra-Diavolo qui au risque de se faire briser cent fois, s'était cramponné aux ressorts du coupé, lui apparaissait, pâle et immobile à côté de la porte.

Il ne lui adressa pas la parole, mais il la salua en

passant. Pivoine sentit que ses lèvres blanchissaient et elle n'eut pas la force de rendre le salut, même par une inclination de tête. Rentrée chez elle, elle se laissa tomber sur un siége, en pleurant amèrement, et elle murmura :

— Mon Dieu! mon Dieu! que vais-je devenir?...

Puis, après avoir poussé cette exclamation désespérée, elle alla à sa fenêtre, l'ouvrit et regarda dans la rue.

Sur le trottoir opposé, en face de sa maison, elle revit Fra-Diavolo dont le regard fixe et ardent semblait dévorer ses croisées.

Quand le soir vint, l'artiste n'avait changé ni de position, ni d'attitude.

Pivoine souffrait horriblement; elle avait la fièvre, elle aurait voulu mourir, et cependant elle sentait en elle quelque chose qui l'enchaînait irrésistiblement à la vie.

A onze heures elle se coucha comme de coutume.

Mais sa nuit fut une nuit d'angoisses morales et de tortures physiques.

Pivoine était malade de corps et d'esprit.

Elle ne dormit pas un instant, et chaque heure lui parut longue comme un siècle, tandis qu'elle se débattait contre les pensées qui l'obsédaient. Enfin l'aube parut.

Pivoine courut à la fenêtre et elle écarta avec précaution les lourds rideaux que sa femme de chambre avait fermés la veille.

Malgré le froid, malgré la neige, l'artiste n'avait pas quitté son poste. Seulement il était plus pâle encore et plus abattu que la veille.

— Allons, se dit Pivoine, allons, le sort en est jeté! C'est la fatalité qui le veut! que ma destinée s'accomplisse!...

Puis, sans appeler sa femme de chambre à son aide, elle revêtit la plus simple de toutes ses robes.

Elle réunit sur la cheminée, et bien en vue, tous les bijoux et tout l'argent qu'elle tenait du comte Réné.

Elle n'emporta ni une bague ni une pièce de monnaie.

Rien, rien, rien.

Ensuite elle quitta l'appartement, descendit l'escalier et sortit de la maison.

Elle alla droit à Fra-Diavolo.

Ce dernier chancelait de fatigue et de froid.

— Écoute-moi... lui dit-elle.

— J'écoute... répondit-il.

— Tu m'aimes toujours?

— Tu me le demandes? s'écria l'artiste, tu me le demandes! à moi qui, depuis que tu m'as quitté, ai eu le courage de ne pas mourir parce que je voulais te revoir!...

— Moi, je t'aime encore, poursuivit Pivoine, je t'aime plus que ma vie et que mon bonheur!... Que notre destinée à tous les deux s'accomplisse donc, puisque nous ne pouvons pas nous passer l'un de l'autre, me revoici à toi, où tu iras, j'irai...

— Écoute, dit Fra-Diavolo à son tour. Avant que j'accepte ce que tu m'offres, il faut que je te dise tout.

— Parle, répondit Pivoine.

— En ce moment, tu es riche... tu es heureuse...

— Riche, oui, heureuse, non.

— Moi, je suis plus pauvre que jamais.

— Qu'importe?

— Je n'ai pas tous les jours du pain.

— Quand il n'y aura pas de pain, nous n'en mangerons pas, voilà tout!...

— Peut-être m'arrivera-t-il de te reprocher souvent

de m'avoir abandonné pour te vendre à un autre...

— Ces reproches seront une expiation pour moi ! je les mérite... En te quittant, j'ai été coupable... tu ne m'avais frappée que parce que tu étais jaloux, et tu n'étais jaloux que parce que tu m'aimais.

— Ainsi, tu n'as pas un regret, pas une arrière-pensée ?...

— Je te le jure !...

— Les teintes sombres de notre avenir ne t'épouvantent pas ?

— Nous sommes assez jeunes tous deux pour que l'avenir devienne beau !...

— Viens alors ! viens avec moi !...

XIII

LA MISÈRE.

Fra-Diavolo n'avait point exagéré les sombres couleurs de l'avenir qu'il promettait à Pivoine.

La pauvre enfant, installée avec lui, rue du Foin, dans une sorte de grenier dont il avait fait son atelier, dut se trouver aux prises de nouveau avec la froide et hideuse misère, misère d'autant plus horrible qu'elle succédait à toutes les molles voluptés de la vie dorée et luxueuse.

Fra-Diavolo n'avait point menti en disant à Pivoine qu'il n'aurait pas tous les jours du pain à lui donner.

Plus d'une fois Pivoine eut faim, car l'artiste était sans travail, et la jeune femme dut se condamner à un labeur sans trêve pour gagner quelques sous et subvenir ainsi, pour sa part, aux humbles dépenses du pauvre ménage.

Ajoutez à cela que, dès le second mois de la réconciliation des deux amants, Pivoine devint grosse.

Cette grossesse, au lieu de l'épouvanter, la réjouit.

— Dieu aura pitié de nous, se dit-elle, et il veillera sur le cher innocent qui va venir au monde.

Un moment, en effet, il fut possible de croire que la chance allait tourner pour Fra-Diavolo.

Des commandes assez importantes lui furent faites par un riche propriétaire de Versailles, lequel faisait orner de peintures anacréontiques l'intérieur d'un magnifique hôtel.

Fra-Diavolo toucha de l'argent, et, disons-le, se hâta de le dépenser avec l'insouciante prodigalité des artistes.

Pivoine accoucha d'un charmant petit garçon, blanc et rose. Les deux jeunes gens étaient heureux. Ce bonheur ne devait pas être long.

L'hiver arriva. Les travaux de Versailles cessèrent, momentanément interrompus par le froid.

L'argent disparut du ménage.

Pivoine, qui nourrissait son enfant, ne pouvait rien faire, et, par conséquent, ne gagnait rien. La gêne revint ; puis la misère.

Quand on est jeune, quand le printemps sourit à la terre et que le soleil vous caresse de ses rayons bienveillants et doux, la misère peut être joyeuse et chanter pour tromper sa faim.

Mais quand le ciel est noir, quand la bise souffle à travers les plafonds disjoints d'un grenier et vient éparpiller sur les carreaux du sol les cendres d'un âtre sans feu...

Quand un enfant pleure en tendant vainement ses petites mains rougies par le froid, alors que sa mère ne peut plus lui présenter qu'un sein aride où la faim a tari le lait...

Oh ! alors, la misère est horrible et les larmes qu'elle fait couler sont des larmes de sang.

Voilà quelle était la position de Fra-Diavolo et de Pivoine : pas de feu par un froid de douze degrés, pas de pain depuis la veille; ces quelques mots disent tout.

Pivoine, mal garantie par une couverture en lambeaux, grelottait sur le grabat où la clouait une fièvre violente.

Elle essayait de réchauffer son enfant contre son cœur.

Fra-Diavolo, assis auprès du grabat, cachait dans ses deux mains son visage décomposé.

Tout à coup il se leva brusquement et prit son chapeau.

— Tu sors?... murmura Pivoine.
— Oui.
— Où vas-tu?
— A Versailles.
— Quoi faire?...
— Trouver le comte de G..., il me reste des travaux à finir pour lui au printemps, je lui dirai notre position et il ne me refusera pas une avance.

Un rayon d'espoir illumina le visage de Pivoine.

— Va! dit-elle.
— A bientôt, répondit l'artiste.
— Quand reviendras-tu?
— Ce soir.
— Ne perds pas de temps, car, vois-tu, j'ai bien faim, et à chaque heure qui se passe, mon lait tarit goutte à goutte...

Fra-Diavolo embrassa Pivoine et son enfant; et s'élança dans l'escalier.

Le jour se passa, jour de douleurs.

La nuit vint, nuit d'angoisse.

Fra-Diavolo n'arrivait pas.

L'enfant de Pivoine vagissait plaintivement.

La jeune femme n'avait plus de lait à lui donner, elle lui fit boire ses larmes.

Quand parut le matin, la portière, inquiète de n'avoir

pas vu rentrer Fra-Diavolo, monta jusqu'au grenier de ses locataires. Elle trouva Pivoine évanouie.

Elle la fit revenir à elle-même en lui jetant un peu d'eau glacée à la figure.

— Avez-vous besoin de quelque chose, ma pauvre petite dame ? lui demanda-t-elle.

— Voulez-vous me rendre un service ? fit Pivoine.

— De tout mon cœur.

— Eh bien, donnez-moi du papier et une plume, et envoyez par quelqu'un la lettre que je vais écrire.

— Mon petit garçon la portera.

— Vous êtes bonne, madame, et je vous en remercie.

— Mais, M. Fra-Diavolo, où donc est-il, et pourquoi ne rentre-t-il pas ?

— Il est absent pour ses affaires, et je l'attends d'un moment à l'autre ; mais au nom du ciel, ce papier, madame, ce papier et cette plume...

— J'y cours, ma pauvre dame, ne vous impatientez pas !

La portière sortit et revint en effet au bout d'un instant, apportant ce que désirait Pivoine.

Cette dernière écrivit à Anna la lettre que nous connaissons.

— Mon petit garçon va courir, dit la portière quand Pivoine eut achevé, et maintenant, si vous avez besoin d'autre chose, dites-le, ne vous gênez pas !...

— Je n'ai besoin de rien, madame, répondit la fière jeune fille.

La portière sortit.

Pivoine retomba en arrière et n'eut que la force d'appuyer de nouveau son enfant sur son cœur.

— Oh ! mon Dieu ! murmura-t-elle, oh ! mon Dieu ! pourvu qu'elle arrive à temps !...

Pivoine n'avait pas mangé depuis deux jours.

§

Onze heures du soir sonnaient.

Fra-Diavolo n'avait pas reparu.

La porte du grenier de Pivoine s'ouvrit vivement pour laisser pénétrer Anna et M. de Cherlieu, que suivait la portière un flambeau à la main.

Anna courut au grabat.

Elle écarta rapidement la couverture, et colla sa main blanche et fine sur le cœur de son ancienne amie.

— Trop tard! dit-elle d'une voix étouffée, après un instant de silence, trop tard!... il est trop tard!

Le corps de Pivoine était encore chaud.

Celui de son enfant était déjà froid.

ÉPILOGUE

I

Fra-Diavolo, en quittant le grenier de la rue du Foin, où sa maîtresse et son enfant se mouraient de froid et de misère, s'achemina du côté de Versailles avec cette force surhumaine que donnent les grands désespoirs.

Mais il n'avait pas encore dépassé Saint-Cloud que déjà cette énergie fébrile s'était presque entièrement éteinte.

Fra-Diavolo était faible et brisé par la fatigue.

Il y avait longtemps que, lui non plus, n'avait pas mangé.

La route, durcie par la gelée, meurtrissait les pieds de l'artiste à travers ses chaussures crevassées.

Les vertiges de son estomac creux montaient à son cerveau et obscurcissaient les regards de ses yeux rougis.

Chaque pas qu'il faisait en avant éveillait en lui une douleur, et son voyage était un long martyre.

Il marchait toujours, cependant, essuyant avec un lambeau de mouchoir la sueur qui ruisselait sur son front et s'efforçant d'oublier que ses pieds étaient saignants et que ses jambes fléchissaient sous le poids de son corps.

Le souvenir de Pivoine agonisante l'aiguillonnait sans cesse et galvanisait en quelque sorte ses membres épuisés.

Derrière lui était Paris, c'est-à-dire la mort à coup sûr. Devant lui était Versailles, c'est-à-dire la vie peut-être, pour ceux qui lui faisaient aimer la vie.

Et, tandis que Fra-Diavolo se traînait avec une lenteur convulsive sur cet interminable chemin qui déroulait à l'infini ses horizons décourageants, les souvenirs du passé venaient l'assaillir en foule.

Sa mémoire le remettait en face des insouciantes flâneries de son enfance aventureuse.

Puis venaient les scènes joyeuses et comiques de sa jeunesse d'artiste et de bohême.

Fra-Diavolo se rappelait la mansarde de la rue de Fleurus et les pochades mythologiques dont son pinceau facile encombrait les boutiques des brocanteurs. Il se rappelait Olibrius, ce gamin fantastique, ce modèle des rapins dévoués et soumis; il n'avait garde d'oublier ces toilettes inouïes dont nous avons raconté jadis les inventions phénoménales et dans lesquelles le vernis copal et le papier enluminé jouaient un si grand rôle.

Ces souvenirs en évoquaient d'autres.

Fra-Diavolo revoyait la mystérieuse avant-scène du théâtre Bobino. Il assistait par la pensée aux débuts de Pivoine dans le rôle de *Madelinette*.

Mais, aussitôt, deux figures odieuses surgissaient à côté de lui. C'étaient celles d'Arsène Bachu et du comte Réné, les deux amants de sa maîtresse.

Alors une souffrance aiguë s'emparait de l'artiste et

le mordait au cœur ; une brûlante jalousie ajoutait sa torture à toutes celles qu'il subissait déjà, car Fra-Diavolo était bien changé, son amour avait grandi dans les larmes et sa nature un peu grossière s'était ennoblie et purifiée au contact de la douleur.

L'artiste luttait contre son désespoir et finissait par en triompher; l'image de Pivoine, sacrifiant tout pour le rejoindre, de Pivoine, mère d'un enfant qui était à lui, versait sur ses blessures un baume consolant.

Hélas ! ces instants de calme duraient peu, et Fra-Diavolo se sentait défaillir à cette pensée horrible que Pivoine et son enfant pouvaient, d'une seconde à l'autre, succomber aux mortelles étreintes de la faim et du froid.

Oh ! alors, Fra-Diavolo essayait une course insensée, il aurait donné de grand cœur la moitié de sa vie pour pouvoir attacher à ses talons les ailes des noirs corbeaux qui passaient au dessus de sa tête, et, comme eux, dévorer l'espace.

Ce que souffrit le malheureux artiste pendant les quatre heures que dura son voyage, nous pouvons le comprendre, mais nous ne saurions le décrire.

Enfin il atteignit Versailles.

A peine eut-il la force de se traîner jusqu'à la porte de l'hôtel du comte G...

Il sonna. La porte s'ouvrit et Fra-Diavolo se trouva en présence du concierge.

Ce dernier, nouvellement au service de M. de G... ne connaissait pas Fra-Diavolo.

A la vue de l'artiste, il recula avec un sentiment de défiance parfaitement explicable.

L'aspect de l'infortuné jeune homme était effrayant.

Les longs cheveux de Fra-Diavolo flottaient en désordre autour de son visage dont la pâleur livide égalait celle d'un cadavre.

Un large cercle noir marbrait le contour de ses yeux. Sa barbe, vierge du rasoir depuis plus d'une semaine, poussait drue et inculte, et cachait à moitié le bas de sa figure. Le désarroi complet du costume s'accordait bien avec l'étrangeté sinistre de la physionomie.

Le concierge prit Fra-Diavolo pour un voleur, et, après le premier moment de surprise, il lui barra résolûment le passage en disant :

— Eh! l'ami, qu'est-ce que vous demandez ?...

— Je voudrais parler au comte de G..., répondit Fra-Diavolo.

— Vous! s'écria le concierge en toisant le peintre de la tête aux pieds, et qu'est-ce que vous lui voulez, s'il vous plaît ?...

— Ceci ne regarde que lui et moi, ce me semble, répliqua l'artiste d'un ton aussi sec que celui du domestique était hautain et arrogant.

— Sans doute, murmura le subalterne un peu remis à sa place ; mais vous comprenez bien que je ne puis laisser passer les premiers venus...

— Je ne suis pas le premier venu.

— Qui êtes-vous donc ?

— Je suis un artiste de Paris qui ai fait des peintures dans cette maison et qui dois en faire encore. Je me nomme Fra-Diavolo, et votre maître me connaît bien.

— C'est possible, dit le concierge.

— Faites dire au comte, je vous en prie, que je suis là, et que je le conjure de me recevoir un instant...

— Ah! s'écria le concierge en ricanant, pour dire cela à M. le comte, il faudrait un fameux porte-voix !...

— Pourquoi donc ?...

— Il est à Paris pour le quart d'heure.

Il sembla à Fra-Diavolo qu'il recevait sur la tête un coup de massue.

— A Paris !... balbutia-t-il.
— Mon Dieu, oui.
— Depuis quand ?...
— Depuis ce matin.
— Pour longtemps ?...
— Dame ! on ne sait pas !... Peut-être reviendra-t-il ce soir, peut-être demain, peut-être dans huit jours... Si vous tenez vraiment à le voir, je vous conseille de repasser...

Et le concierge, repoussant peu à peu Fra-Diavolo jusque dans la rue, ferma sur lui la lourde porte.

L'artiste se laissa tomber sur un banc de pierre à côté de cette porte. Ainsi donc, tout était fini, et son dernier espoir venait de s'évanouir. Le ciel se montrait inflexible, l'arrêt de mort était prononcé. Fra-Diavolo cacha sa tête entre ses mains et se mit à pleurer amèrement, non pas sur lui, mais sur Pivoine et sur le pauvre enfant, qui n'avaient plus désormais d'autre asile à espérer que la tombe.

— Autant mourir ici qu'ailleurs, se dit-il, je resterai là où je suis...

Mais presque aussitôt il se releva en s'écriant :

— Eh bien, non, j'irai jusqu'au bout !... Il ne sera pas dit que quelque chose restait à tenter et que je ne l'aurai pas tenté !...

Et il se dirigea vers l'entrée de la rue la plus fréquentée de Versailles.

Là, il s'arrêta ; puis, s'adossant à la muraille, car il était trop faible pour se soutenir autrement, il découvrit sa tête, et, tenant son chapeau dans sa main droite qui tremblait, il le tendit vers chaque passant en murmurant d'une voix étouffée :

— Pour ma femme et pour mon enfant qui meurent de faim !...

Fra-Diavolo mendiait.

Les passants se succédaient devant lui.

— Les uns le regardaient avec curiosité, les autres avec indifférence.

Quelques-uns s'éloignaient en criant tout haut :

— Fainéant !

Pas un sou ne tombait dans le chapeau du malheureux, qui répétait toujours et d'une voix de plus en plus faible :

— Pour ma femme et pour mon enfant qui meurent de faim !...

Un gros monsieur, chaudement enveloppé dans une douillette ouatée qui recouvrait un paletot volumineux, lequel cachait un bel habit marron, s'approcha de Fra-Diavolo.

La figure de ce gros monsieur respirait la mansuétude et la bénignité.

Il était membre de plusieurs sociétés de bienfaisance.

— Mon bon ami, dit-il à l'artiste, vous êtes jeune et fort, et vous tendez la main au lieu de chercher de l'ouvrage !... c'est honteux !...

— Du pain ! s'écria Fra-Diavolo, du pain, au nom de Dieu, pour ma femme et pour mon enfant qui meurent...

Le gros monsieur sourit.

— Nous connaissons cela, fit-il, et nous n'en sommes point dupes ! La femme et l'enfant dont vous parlez, c'est l'eau-de-vie et le cabaret ; cherchez autre chose, mon bon, et surtout, croyez-moi, passez votre chemin, car la mendicité est interdite dans l'arrondissement de Versailles, et je vous ferais arrêter si vous restiez ici.

Puis l'honnête homme s'éloigna.

Fra-Diavolo était à bout de courage.

Il remit son chapeau sur sa tête et se dit :

— Allons, puisqu'il faut mourir, tâchons au moins de mourir avec eux!...

Et il reprit le chemin de Paris, mais d'un pas si lent et si mal assuré qu'il semblait, à chaque seconde, près de s'abattre sur les pavés.

Il marcha longtemps ainsi.

Depuis trois heures il se traînait, et c'est à peine s'il avait fait une lieue.

La nuit descendait rapidement du ciel, et roulait sur les campagnes mornes et désertes les plis de son manteau de crêpe. La neige tombait à flocons pressés et rendait l'obscurité plus compacte.

Fra-Diavolo marchait toujours et sans s'arrêter un instant. Son regard était fixe, ses dents serrées, sa poitrine se soulevait convulsivement sous le hoquet déchirant de la faim.

Son corps engourdi ne souffrait plus. L'intelligence vacillante ne laissait place en lui qu'au sentiment confus de la douleur morale.

A le voir, on eût dit un automate mis en mouvement par un ressort caché.

La nuit était devenue de plus en plus sombre. La neige recouvrait les chemins de son linceul blanc et monotone. Fra-Diavolo heurta du pied un caillou qu'il ne voyait pas. Il tomba.

En vain essaya-t-il de se relever. Ses nerfs, détendus comme des cordes mouillées, refusaient de lui venir en aide. Il ne lutta pas longtemps.

— Adieu, Pivoine !... adieu !... adieu !... murmura-t-il en cessant de se débattre sur cette couche glacée où la fatalité l'étendait.

Au bout d'un instant il dormait, et son sommeil devait être éternel. La neige tombait toujours.

Lorsque vint le matin, une petite éminence se voyait sur le bord de la route.

C'était la tombe que le ciel improvisait à l'artiste.

Le lendemain, on trouva le corps qui fut porté à la Morgue.

Personne ne le reconnut, personne ne le réclama.

On jeta dans la fosse commune les restes de celui qu'avait aimé Pivoine.

II

Nous voici arrivé au terme de notre tâche.

Il ne nous reste plus qu'à dire à nos lecteurs ce que sont devenus les principaux personnages du récit qu'ils viennent de parcourir, peut-être avec une impatience bien excusable, mais peut-être aussi avec une indulgence dont nous sommes touché et reconnaissant comme il convient.

Mignonne est accouchée dans la maison de santé.

Son enfant, créature difforme et monstrueuse, hideux portrait de Pierre Nicod, par bonheur n'a pas vécu. Charles de Saint-André est reparti pour la Franche-Comté. Il avait pris Paris en horreur.

C'est lui qui paie, à l'heure qu'il est, la pension de Mignonne chez le docteur Blanche.

La pauvre jeune femme est toujours folle.

On désespère de la guérir.

Charles de Saint-André va, dit-on faire un riche mariage. Si l'on en croit le bruit public, il n'épouserait rien moins que la fille unique du préfet de son département.

A coup sûr, sa femme l'aimera moins que ne l'aimait Mignonne.

Souhaitons-lui plus de bonheur qu'il n'en a donné à la pauvre fille des montagnes dont nous avons fait l'héroïne de ce livre.

Le come Réné est consolé, et, qui plus est, le comte Réné est amoureux.

Il a installé dans l'appartement de Pivoine une jeune actrice du Palais-Royal qui joue les *bouts de rôles* grivois avec un aplomb étourdissant.

Cette enfant aimable ne se plaint point comme faisait Pivoine, d'être *trop aimée* par le comte.

Elle lui coûte un argent fou, le mène par le bout du nez et le trompe quotidiennement avec plusieurs jeunes premiers des théâtres du boulevard.

Elle appelle cela *étudier son art*.

Nous ne savons ce qu'ils étudient ensemble, mais nous croyons pouvoir affirmer que si Réné assistait à une de leurs représentations, à huis-clos, il jouerait immédiatement le mélodrame, sans étude.

Hector a assisté à vingt-et-une représentations de la *Vie de Bohême*, aux Variétés.

Il profite de son mieux des utiles enseignements moraux dont cette pièce abonde.

Calypso a cessé d'embellir les jours et les nuits de l'étudiant en question.

Elle a *passé l'eau*, comme on dit, ce qui signifie que l'inconstante jeune fille a délaissé le quartier Latin pour les hauteurs du mont Bréda.

Elle est protégée par un diplomate qui lui promet un petit coupé après une fidélité de trois mois.

Les méchantes langues prétendent qu'elle ira toujours à pied. Crinoline continue de prouver à tout venant que ses appas sont bien à elle.

Elle doit servir de modèle à Pradier pour une *Vénus*

Callypige que nous verrons à l'exposition prochaine.

En attendant ces triomphes artistiques, la Closerie des Lilas, la Chaumière et le Prado se disputent les grâces printannières et les invraisemblables beautés de Crinoline. Les cousins Crochard font de bonnes affaires, l'un sur la route de Pontarlier à Tonnerre (aller et retour), l'autre dans son auberge du *Plat d'Argent*.

Miss Anna et M. de Cherlieu s'aiment plus que jamais, et, dit-on, s'aimeront toujours.

Ils ont fait élever dans le cimetière du Père-Lachaise une tombe entourée de fleurs, sous lesquelles reposent une jeune femme et son enfant.

Souvent Anna vient s'agenouiller auprès de cette tombe dont le marbre blanc porte gravé ce nom :

PIVOINE.

Et plus bas ces trois mots :

Priez pour elle!

FIN.

TABLE DES MATIÈRES.

PREMIÈRE PARTIE
UN AMOUR CHAMPÊTRE

I.	Un souper de famille.	5
II.	Une catastrophe	12
III.	Mignonne.	18
IV.	La grotte.	25
V.	L'inconnu.	30
VI.	Pierre Nicod	37
VII.	Un crime.	43
VIII.	Le borgne	49
IX.	La passerelle.	55
X.	Le rendez-vous.	61
XI.	Un coup de carabine.	69
XII.	***	74
XIII.	Le réveil.	81
XIV.	Perfide comme l'onde.	86
XV.	Une vengeance	94
XVI.	Projets de famille.	99

DEUXIÈME PARTIE
MISS DUDLEY

I.	Le comte René.	104
II.	Pivoine.	107
III.	Confidence.	113
IV.	Rue Castellane.	119
V.	Miss Dudley.	126
VI.	L'engagement.	133
VII.	Un auteur.	139
VIII.	La chanoinesse.	145
IX.	Un amour.	152

TROISIÈME PARTIE

MIGNONNE

I. Incertitudes. 159
II. Une résolution. 164
III. Le départ. 170
IV. Le roulier. 176
V. Au *Plat d'Argent*. 183
VI. Les étudiants. 190
VII. Un hôtel garni. 197
VIII. Diplomatie transcendante. 203
IX. Une maîtresse d'occasion. 209
X. Sébastien Crochard. 216
XI. Voyage de découverte à travers le pays latin. 222
XII. Un piège. 228
XIII. Hector et Charles. 234
XIV. Un déjeuner d'étudiants. 241

QUATRIÈME PARTIE

PIVOINE

I. Deux cœurs de femme. 247
II. Un suicide. 253
III. Mignonne et Charles. 259
IV. Le médecin. 269
V. Une révélation. 275
VI. Pauvre mignonne!!! 281
VII. Mourir.... 286
VIII. Folle ! 292
IX. Disparue. 298
X. Charles. 305
XI. La maison de santé. 311
XII. L'amour qui tue. 318
XIII. La misère. 325

ÉPILOGUE

I. 330
II. 338

Paris. — Imprimerie G. Rougier et Cie, rue Cassette, 1.

Original en couleur

NF Z 43-120-8

www.ingramcontent.com/pod-product-compliance
Lightning Source LLC
Chambersburg PA
CBHW072011150426
43194CB00008B/1073